생 명 의 샘 을 여 는

내적치유

생명의 샘을 여는 내적치유

2011년 6월 30일 초판1쇄 발행

지은이 | 구자형 강봉숙
펴낸이 | 황성연
펴낸곳 | 글샘 출판사
교정·교열 | 석윤숙·이지영

주소 | 서울특별시 중랑구 상봉동 136-1 성신빌딩 3층
등록번호 | 제 8-0856호

총판 | 하늘물류센타   전화 | 031-947-7777   팩스 | 031-947-9753

ISBN : 978-89-913-5838-6 03230

** 글샘은 가정사역을 위한 하늘기획의 또 다른 이름입니다.**

생명의 샘을 여는

내적치유

INNER HEALING MANUAL

구자형 · 강봉숙 지음

" 지금 알고 있는 것을
그 때도 알았더라면 "

글샘

추천사 1

　우리의 가정들이 너무나 쉽게 무너져 가고 있다. 한국의 가정도 그렇지만 이민자들의 형편도 심각한 지경에 이르고 있다. 이런 상황에서 우리의 간절한 바람은 모든 가정이 건강하고 행복한 가정과 신앙인들로 세워져 가는 것이다.

　지금까지 가정과 인간의 내면을 다루는 수많은 외국인 저자들의 서적들이 출판됐다. 그러나 무언가 남의 옷을 빌려 입은 듯한 어색함과 괴리감을 떨쳐 버리지 못하였다.

　그러던 중 2010년 봄에 구 목사 부부를 초청하여 4일간의 치유 세미나를 하게 되었다. 결과는 기대를 뛰어넘는 신선한 충격이었다. 상처의 치유와 통증 해결에 초점을 맞추지 않고 모든 어려움의 원인을 찾아내는 진단과 검사에 초점을 맞추는 어프로우치는 참으로 인상적이었다. 두 분은 "우리" 삶의 이야기를 해 주었고 그 깊은 뿌리를 보게 해주었다. 놀랍게도 집회에 참석한 성도들의 삶에서 곧바로 변화와 성숙의 열매가 맺히기 시작했다.

　"생명의 샘을 여는 내적 치유"는 우리 민족 정서의 뿌리를 정확하게 진단하며 예수를 믿고 나서도 해결되지 않고 있는 우리 삶의 문제점들의 원인을 명쾌하게 설명하고 있다. 부부관계, 자녀 문제, 시부모와의 갈등, 만연하고 있는 성폭행의 문제들이 심도 있게 다루어진다. 거기에 강의 내용을 잘 이해할 수 있도록 풍성한 사례를 포함하고 있다. 책 속에서 아마도 여러분 자신의 이야기와 저자들이 그 상황에서 제시한 해결책을 함께 발견할 것이다. 당신의 문제가 바로 해결되기 시작할 것이다.

자신이 겪고 있는 문제와 아픔이 무엇인지도 모르고 묶이고 눌린 채로 어둠 속에서 살아가는 신앙인들이 너무나 많다. 이 책은 그런 이들에게 햇빛이 쏟아지는 창문을 열어주며 영양이 풍부한 생명수가 솟구치는 샘을 열어준다. 우리의 내면 깊숙이 숨어 있는 상처의 뿌리들을 보게 해주고 어디서부터 손을 써야 할지 알 수 없는 상처들을 부드럽게 만져준다. 그 과정을 인도하는 따뜻하면서도 카리스마틱한 저자들의 영성이 참으로 멋지다.

저자 부부는 명석한 지성과 자상한 감성으로 모든 어려움을 하나님의 안목에서 자연스럽게 풀어나간다. 원숙한 세대로 부름 받은 목회자 부부로서, 동양과 서양의 전통과 현대적 가치들을 성경의 그릇 안에서 아름답게 조화시킨 모습이다. 풍성한 현장 임상 목회의 경험에 기초한 치유의 메시지들은 복잡한 현대를 살아가는 우리들의 모든 문제를 성령님과 함께 풀어준다. 맛있는 생수를 마시는 것처럼 말이다. 신앙인이라면 누구나 꼭 읽어야 할 인생의 가이드북이며 한번 손에 잡으면 놓을 수 없게 하는 "우리들의 이야기" 이다.

김재열 목사
(뉴욕중부교회 담임 / SEED 선교회 미주 이사장 / 뉴욕실버선교회 회장)

구 자형 목사 부부에게는 아주 특별한 치유의 은사가 있다. 그들과 만나면 아주 짧은 시간 내에 깊은 치유를 경험한다. 조용하게 대화를 나누는 중에 주님이 찾아오셔서 예상하지 못했던 치유가 일어난다.

두 분은 전 세계를 다니면서 상처받은 영혼들을 섬기고 있다. 이제 여러 해 동안 목회와 선교 현장에서 수많은 이들의 아픔을 만지고 치유한 경험을 바탕으로 종합적이면서 매우 실제적인 내적치유 교과서를 저술하였다. 이들의 메시지가 설득력이 있는 이유는 자신들이 갖가지 상처를 치유받고 풍성한 삶을 누리고 있는 상처 입은 치유자이기 때문이리라.

우리나라의 정신적인 기상도는 참으로 답답하다. 동네마다 마을마다 교회가 넘쳐나는데 왜 사회가, 나라가 이렇게 되어갈까? 우리 주변에는 전심으로 신앙생활을 하면서도 풍성한 삶을 누리지 못하는 절름발이 그리스도인들이 너무나 많다. 마치 모래 자루를 허리에 두르고 수영을 하는 사람들처럼 보인다. 지도자들도 크게 예외가 아닌 모습이다. 그 원인이 무엇일까? 대부분 아주 어릴 때에 받은 채로 아직 치유되지 않은 마음의 상처들 때문이다. 그러면 그 해결책은 어디에 있는가?

구 자형 목사 부부는 든든한 성경적 치유신학을 바탕으로 우리 민족 마음의 토양에 꼭 들어맞는 치유 교과서를 쓰고 있다. 마음의 상처를 안고 신음하는 그리스도인들은 물론이고, 모든 목회자와 선교사, 영적 지도자들에게 이 책을 자신 있게 추천한다.

정동섭 목사

(가족관계연구소장, 전 침신대 상담심리학 교수, 캐나다VIEW대학원 교수; Ph.D.)

자신도 알지 못하는 마음의 질병을 안고 살아가는 현대의 크리스천들. 그러나 "나는 신앙이 있으니까 괜찮아"라고 말해버린다. 신앙이 있으면 모든 마음의 병이 자동으로 치유될까? 누구나 치유의 갈망을 갖고 있지만 겉으로는 그 사실을 망각하려 애를 쓰는 것이다. 어떻게 나의 내면을 들여다보고, 관찰해야 할까? 그것은 전문가에게만 가능한 일로 생각되어 왔다. 마음의 치유는 그렇게 우리로부터 아주 멀어져 갔다.

「생명의 샘을 여는 내적 치유」이 책은 마음의 치유로부터 멀어진 우리의 관심에 불을 댕겨 준다. 구체적인 사례를 통해 소망을 준다.

"나도 새로워 질 수 있구나!"

지난 10년의 세월… 구자형 목사 부부는 고통 받는 이들을 위로하고 치유하기 위해 혼신의 노력을 기울였다. 상처받은 이들의 마음을 어루만져 주기 위해 모든 소유를 쏟아 부었다.

이 책에는 그들이 날아다녔던 수 천만리 거리가 함축되어 있고 치유를 향한 부부의 열정과 방법이 고스란히 녹아있다. 이 책은 저자가 만나주지 못하는 아픈 영혼에게 다가가 상처를 어루만져 주게 될 것이다.

신앙이 건강해지려면 마음이 건강해야 한다. 독자들은 이 책을 읽는 동안 자기 자신을 향한 예수님의 사랑과 위로를 경험할 것이며 또한, 우리의 문화적 배경에 들어맞는 치유의 과정과 방법들을 통해서 생명수가 흐르는 '당신의 내면'을 발견하게 될 것이다.

추태화 교수 (안양대학교 기독교문화학과)

추천사 4

선교사의 가정이 회복되면 선교지가 회복된다. 마찬가지로 내 가정이 치유되고 회복되면 내가 섬기는 공동체는 새로운 활력을 얻게 될 것이다. 구자형 목사님과는 2007년도 중앙아시아에서 열린 한인 선교사 내적치유 부부세미나에서 처음 만났다. "흔히들 하는 내적치유 부부세미나 중의 하나이겠지." 하며 별 기대감 없이 참여하였다. 하지만 세미나가 진행되어갈수록 구목사님의 부드러우면서도 날카로운 말씀, 사색을 담은 한 마디 한 마디에 나의 내면과 우리 부부는 가식과 위선을 벗어내고 있었다. 주체할 수 없이 성령님이 은밀하게 내 영과 혼을 만지시는 작업이 시작된 것이다. 우리 가정의 수많은 갈등 원인의 엉켜 있던 실마리를 잡는 기회가 되었다.

어떤 동역자 부부는 해결할 수 없는 부부 갈등 속에서 괴로워하다가 더는 사역을 계속할 수 없다고 결론을 내리고 한국으로 돌아가려고 했었다. 그런데 치유세미나와 상담을 통하여 각자의 내면이 치유되며 하나님과의 친밀한 관계가 회복되었다. 부부간의 관계가 놀랍게 회복된 것은 물론이고 선교지를 떠나려고 쌓은 짐을 소망 속에서 다시 푸는 감격의 역사가 있었다.

안식년 중에 교회에서 열린 두 분의 세미나를 한 번 더 참석할 수 있었다. 강의를 들으면서 아내가 여러 번 이렇게 말했다 "아, 사모님이 그때에 선교지에 오셨어야 했는데" 여성들의 마음을 깊이 만지시는 사모님의 강의와 상담에 아내의 가슴이 많이 만져지고 치유되었다는 말이었으리라.

두 분의 주옥같은 치유 사역을 책안에 다 담을 수는 없겠지만, 치유하시는 주님과 주님이 우리에게 원하시는 치유의 핵심을 파악하게 하는 데는 손색이 없는 책이다. 가정과 개인의 회복을 추구하는 크리스천이라면 이 책을 필독하기를 추천한다. 나아가서 당신의 교회 그리고 선교지 공동체에 치유와 회복이 일어나길 원한다면 두 분을 초청하여 세미나를 여는 것이 아주 빠른 지름길이 될 것이다.

방대식 선교사 중앙아시아 "U" 국 선교사 (SEED 선교회 소속)

치유는 하나님의 나라가 임하시는 능력입니다. 예수님의 사랑과 말씀이 있는 곳마다 치유가 일어납니다. 프론티어 변방의 수많은 그리스도인들은 예수 그리스도의 치유를 경험하며 새로운 삶을 체험합니다. 치유는 예수님의 삶이셨으며, 사랑의 생명력입니다. 항상 치유의 말씀과 사역은 한국뿐 아니라 프론티어의 선교사들과 현지 교회 모두에게 너무나 소중한 주제입니다.

구자형 목사님은 풍성한 목회의 경험을 가지고 계실 뿐 아니라 열정적으로 선교하는 분입니다. 그리고 선교사들과 선교지 교회에 특별한 사랑을 가지고 계신 치유자입니다. 캐나다 밴쿠버에서부터 북미주와 한국뿐 아니라 중앙아시아, 몽골 시베리아, 중동 등 전 세계를 다니며 상처 입은 심령을 말씀과 사랑으로 치유하시는 영혼의 의사입니다. 목사님과 사모님이 함께 치유사역을 하시기에 가정의 치유에 더욱 온전함을 보입니다.

본 책, 「생명의 샘을 여는 내적 치유」는 모든 사역자들과 모든 성도들, 특별히 프론티어의 미전도 종족 영혼들을 섬기는 선교사들에게 더없이 소중한 치유 교과서이기에 너무나 감사합니다. 하나님께서 구자형 목사님과 사모님의 사랑사역을 통하여 주신 귀한 선물입니다. 이 책을 접하는 자마다 주님의 치유를 경험하게 될 것이며, 또한 고통당한 자들의 마음을 보듬어주는 치유자가 될 것을 믿어 의심치 않습니다.

강요한 선교사 (인터콥 본부 사역디렉터)

감사의 글

기존 펴내기 출판부 (인터콥 선교회 소속)에서 출간한 내용에 "성폭행치유사례들"을 추가해서 증보판을 내게 되었다. 아름다운 새 옷을 입혀주신 글샘 출판사의 여러분께 감사를 드린다.

* * *

이 책의 주인은 아버지 하나님이시고 예수 그리스도 우리 주님이시고 성령님이시다. 늘 나와 함께 하시며 내가 얼마나 부족한 존재인가를 사랑으로 가르치시며 나의 연약함을 만지시고 격려하며 치유해 주셨다. 틈만 나면 내 생각대로, 내 뜻대로 달려나가는 나에게 나의 목자가, 나의 주인이, 나를 다스리는 왕이 누구이신가를 참으로 부드럽게 깨우치시곤 했다. 내 마음 요동함의 원인이 어디에 있는가를 세세히 가르치셨고 이 마음 치유 사역이 우리 부부에게 허락하신 하나님의 기업이라는 것을 늘 확인시켜 주시며 내 마음을 붙잡아 주셨다. 모든 감사와 영광을 주님께 돌리며 우리 부부를 만지시고 치유하시고 회복하시는 주님의 손길이 여러 독자에게도 함께하시기를 기도한다.

이 책이 나오기까지 많은 사람이 도움을 주었지만, 먼저 사랑하는 아내와 두 딸에게 감사를 전해야겠다. 아내는 내 인생의 최고의 동역자로서 함께 강의하고 상담하며, 나에게 조언하며, 방향을 조절해 주며 재정을 감당하면서 사역을 함께 감당해 왔다. 부부가 한 몸이지만 우리의 치유 사역에서 아내의 역할은 참으로 지대한 것이었기에 깊은 감사를 전하지 않을 수 없다. 그 사랑의 연합과 섬김의 열매로 이 책이 나올 수 있게 된 것이다.

사랑하는 두 딸은 늘 아빠에 대한 신뢰를 표현해 주었다. 내가 딸들을 실망하게 했을 때도 그러했고 아빠가 우울해할 때도 늘 그러했다. 그 신뢰와 격려를 받으며 나를 향하신 하나님 아버지의 변함없으신 신뢰와 사랑과 위로를 깨닫곤 했다. 딸들의 지나온 삶과 그동안의 아빠와의 관계를 돌아볼 때마다 또 부모와 멀리 떨어져서 삶을 담대하게 개척해 나가는 자랑스러운 모습을 볼 때마다 자녀 세대들을 통해서 부모들의 삶을 인도하시고 부모들의 마음을 치유하시는 주님의 은혜와 사랑의 손길을 깨닫곤 한다.

이 책에 나오는 사례들을 제공한 많은 형제자매, 특히 여러 선교지에서 만난 사역자들, 또 지면의 부족함으로 이 책에 사례로 기록되지 못했지만, 마음을 활짝 열고 우리를 만나주었던 여러 형제자매에게 깊은 감사를 드린다. 그 진솔한 만남을 통해서 우리 부부가 마음의 원리를 깊이 배우게 되었고 아름다운 결실이 이루어진 것이다.

이 책이 나오기까지 마치 아기를 잉태하고 출산하는 것처럼 전심으로 노력해준 펴내기 편집자와 글샘의 편집자에게 깊은 감사를 드린다. 그들의 헌신과 노력의 결과로 태평양을 사이에 두고서, 낮과 밤의 시차를 극복하며, 이렇게 멋지게 우리 앞에 나타나게 되었다. 또한, 뒤에서 늘 도와주시고 격려하신 인터콥의 여러 형제에게 감사를 드리며, 우리 부부를 꾸준히 격려하시며 집필을 독려하신 정동섭 목사님, 추태화 교수님께 감사를 드린다.

☐ 서문

"주린 자에게 네 심정을 동하며 괴로와하는 자의 마음을 만족케 하면 네 빛이 흑
암 중에서 발하여 네 어두움이 낮과 같이 될 것이며 나 여호와가 너를 항상 인도
하여 마른 곳에서도 네 영혼을 만족케 하며 네 뼈를 견고케 하리니 너는 물 댄 동
산 같겠고 물이 끊어지지 아니하는 샘 같을 것이라"(사 58:10-11).

치유사역을 하면서 주님으로부터 받는 깊은 위로의 말씀이다. 우리의 아픈
마음, 상한 마음을 이해하며 함께 나누기를 원하시는 하나님 아버지의 마음
이 가득히 전해져 온다.

하나님은 고통받는 당신의 자녀를 돌보는 사람들에게 놀라운 축복과 보상
을 약속하신다. 나의 영혼을 만족하게 하시며 육신을 건강하게 하시고, 나의
삶의 현장을 생기가 넘치는 물 댄 동산으로 만들어 주신다고 말씀하신다.

나는 이 말씀을 우리 부부에게 주시는 약속의 말씀으로 의심 없이 받는다.
우리 가정의 삶이 이 말씀대로 꾸준하게 변화되어 가는 것을 경험하기 때문
이다. 치유사역을 시작한 이후로 부부 사이, 그리고 두 딸과의 관계가 참으
로 놀랍게 변했다. 모두다 무척 당당해졌다. 물 댄 동산이 되어가는 것이다.
나아가서 이 말씀은 이 책을 손에 잡은 당신에게도 주시는 말씀이라고 나는
믿어 의심치 않는다. 당신이 어떤 이유에서 이 책을 읽게 되었더라도 하나님
은 당신을 고통받는 하나님의 자녀들을 치유하는 사람으로 세우며 훈련하기
원하신다고 믿는다. 당신은 머지않아 물 댄 동산이 될 것이고 물이 끊어지지
아니하는 샘이 될 것이다.

이 책은 우리 부부가 함께 쓴 책이다. 우리 가정과 여러 사역 현장에서 적용되어 그 결과가 확인된 것들만 기록했다. 남편인 구목사가 대부분을 썼지만 모든 내용을 부부가 함께 경험하며, 상의하고 검토해 왔다.

우리 부부가 가는 곳에 육신의 앉은뱅이가 일어나거나 소경이 눈을 뜨는 기적은 일어나지 않았다. 그러나 우리가 만나는 수많은 사람들의 삶이 변하고 찾아가는 교회마다 부드러워지고 안정을 찾고 분쟁이 잦아든다. 성도들이 서로의 마음을 읽을 수 있는 눈이 열리면서 마음의 앉은뱅이가 일어나고 마음의 소경이 눈을 뜨기 때문이다. 생명수가 흐르는 것이다.

밴쿠버에서 치유학교를 반복하면서, 또 여러 선교지와 유럽, 북미주, 중국, 한국의 여러 교회를 방문하여 세미나와 집회를 인도하면서 하나님이 우리 부부에게 주신 귀한 단어 몇 개가 있다. '상처', '치유' 라는 단어들과 함께 '생명(生命)' 이라는 단어이다. 사역이 점점 깊어지면서 '생명의 샘', '생명 나무', '생명의 열매' 와 같은 잠언의 단어들의 깊은 의미가 연결되어 깨달아지기 시작했다.

그런 단어를 강의 중에 깊이 있게 조명할 때마다 눈앞에서 생명의 역사가 일어나는 것을 본다. 조용하게 강의를 하는 중 참석자들에게 성령님의 치유와 회복의 기름 부으심이 잔잔하게 임하신다. 그 가운데 관계의 회복, 성품의 회복, 인격의 성숙, 나아가서 육신의 회복이 저절로 시작되는 것이다. 불안해하던 사람들이 마음의 눈을 뜨고 생명의 은혜를 체험하고 당당해지며 관계를 회복해 가는 것을 보는 것은 참으로 감격스러운 일이다.

그러나 다른 한편으로는 안타까운 마음이 커지는 것을 감당하기가 어렵다. 그것은 우리 주위의 대부분의 크리스천들, 또 교회의 많은 지도자들이 내적치유의 놀라운 은혜에 대해서 마음이 닫혀 있다는 사실 때문이다. 자신 속에 주님이 만들어 놓으신 생명의 샘들이 쓰레기에 덮여 있는 것을 모르고 있고, 혹 알더라도 그 쓰레기를 치우는 일에 관심을 두지 않는 것이다.

이것은 마치 잘 설치된 상수도 파이프의 한 부분이 터져서 깨끗한 물이 길바닥으로 흘러나가고 있는 것을 보는 것과 같은 안타까움이다. 그런데 더 큰 안타까움은 파이프가 터진 집의 입주자들이 망가진 파이프를 무료로 수리해 주겠다는 파이프 수리공의 제안을 거절한다는 사실이다. 터진 파이프 위에 너저분하게 쌓여 있는 것들을 치우는 작업이 귀찮은 일이고 또한 지저분한 자기 집안을 남에게 보이는 것이 수치스럽기 때문일 것이다.

주님의 생명수는 지금도 우리에게 풍성하게 흘러오고 있지만, 대부분이 길바닥으로 새어 버린다. 먹고 새 힘을 얻게 하는 생명수, 영양분이 가득해서 우리를 강건하게 하고 성장하게 하는 귀한 생명수가 버려지는 것이다. 그래서 우리 자녀들은 집안에서 먹을 물을 구할 수 없기에 밖에 나가 먹을 물을 구한다. 더러운 물을 마신다. 마실수록 '세상 중독자'로 만드는 썩은 물을 받아 마시고 병이 들어간다.

우리 속의 생명 샘을 청소하고 망가진 생명수 파이프를 수리하는 일은 그리 어렵지 않은 일이다. 나 혼자 하는 일이 아니라 항상 주님이 나와 함께 일하시기 때문이다. 오랫동안 철야 금식 기도를 해야 하는 것이 아니다. 성경을 다섯 번, 열 번 읽어야 하는 것도 아니고 봉사나 선행을 많이 해야 하는 것도 아니다. 그런 것은 마치 저수지에서 집까지 수도 파이프를 새로 가설하는 것과 같다.

하지만 그렇지 않다. 하나님의 생명수 파이프는 이미 당신 마음의 부엌 싱크대 위에까지 설치가 완벽하게 되어 있기 때문이다. 이미 집안에 잘 설치되어 있는 파이프의 찌그러지고 터진 부분을 수리하고, 수도꼭지만 조금 고치면 된다. 특별한 연장도 필요 없다. 당신이 지금 가지고 있는 것으로 충분하다. 하나님의 자녀라면 누구나 이 파이프 수리 작업을 시작할 수 있다. 머지않아 당신은 주위 사람의 망가진 파이프까지 수리해 줄 수 있게 될 것이다. 이제 이 책을 통해서 여러분 모두가 하나님의 파이프쟁이(연관공 : God's plumber)가 되기를 기도하며 기대한다.

앞에서 언급했지만, 이 사역에는 하나님의 놀라운 보너스가 따라온다. 당신 한 사람의 파이프 수리 작업이 제대로 이루어지고 당신의 생명 샘이 열리게 되면 온 가족과 모든 주위 사람이 생명수를 함께 마시게 된다. 주위 사람들이 함께 변한다. 남편이 변하고 아내가 변하고 자녀들이 변한다. 해결하지 못하던 관계들이 봄눈 녹듯이 풀어져 나간다. 눈도 마주치기 어려웠던 시어머니와 며느리 사이가 친구처럼 되어 간다. 오랫동안 간구해 온 기도들이 응답되어진다.

너무 쉬운 것 같아서 믿기 어렵겠지만 전혀 이상한 일이 아니다. "하나님이 자기를 사랑하는 자들을 위하여 예비하신 모든 것은 눈으로 보지 못하고 귀로도 듣지 못하고 사람의 마음으로도 생각지 못하였다 함과 같으니라"라는 고린도전서 2장 9절의 말씀이 우리의 삶에서 이루어지는 것을 경험하는 것이다.

이같이 놀라운 일은 영적으로 충만한 사람, 은사를 많이 받은 사람, 또는 목회자, 선교사들에게만 일어나는 일이 결코 아니다. 예수 그리스도를 구세주로 영접한 하나님의 자녀들 모두에게 차별 없이 일어난다. 당신이 이 은혜의 선물을 의도적으로 거부하지 않는 한 당신의 삶은 귀한 열매를 맺게 될 것이다.

스트레스가 많은 일을 하면서 치유학교를 몇 번 반복해서 수료한 어떤 집사님이 이렇게 말한다.

"목사님, 지난 일 년 사이에 제 능력이 최소한 열 배는 커진 것 같아요. 이제는 아무리 바쁜 일, 어려운 일이 생겨도 걱정이 되질 않는답니다."

이같이 쉽게 믿어지지 않는 일이 당신의 삶에서도 일어날 것에 대해 기대하기를 부탁드린다.

이 책은 그리스도인들을 위한 책이다. 신앙생활을 오래했고 자신의 삶을 예수님께 헌신한 사람들을 위한 책이다. 예수님을 나의 구세주로 영접하고 나에게 영원한 천국이 약속된 것을 확실히 알고 있는 사람들을 위한 책이다. 성경 말씀이 한 치의 오류도 없는 하나님의 말씀인 것을 믿는 사람들을 위한 책이다. 성령님의 많은 은사를 체험한 사람들, 교회에서 사람들을 가르치는 사람들, 회중을 인도하는 지도자들을 위한 책이다.

물론 그렇지 않은 사람들도 읽고 많은 것을 배울 수 있을 것이다. 그러나 그러한 사람들에게는 이 책을 통해서 깊은 치유와 회복이 기대하는 만큼 일어나지 않을 가능성이 크다. 왜냐하면 내면세계의 '온전한 치유와 회복'은 오직 하나님과의 친밀한 관계를 간절히 사모하는 사람, 그리고 하나님의 기록된 말씀을 사랑하는 사람에게만 일어나는 일이기 때문이다.

이 책은 치유 교재로 사용할 수 있도록 쓰였다. 비록 많은 연구 질문이 들어 있지는 않지만, 소그룹으로 모여서 순서대로 읽어 가면서 중간마다 대화와 나눔의 시간을 갖기만 하면 자연스럽게 많은 치유와 회복이 이루어질 것을 보장한다.

차례

마태복음 11장 28-30절

수고하고 무거운 짐진 자들아 다 내게로 오라 내가 너희를 쉬게 하리라 나는 마음이 온유하고
겸손하니 나의 멍에를 메고 내게 배우라 그러면 너희 마음이 쉼을 얻으리니 이는 내 멍에는
쉽고 내 짐은 가벼움이라 하시니라

01

왜 저는 감정을 절제하지 못하나요?

"무릇 지킬만한 것보다 더욱 네 마음을 지키라
생명의 근원이 이에서 남이니라"(잠 4:23).

미국 대도시에서 만난 육십이 훨씬 넘은 목사님이 나에게 이렇게 한탄을 한다. "목사님, 왜 나는 한번 감정이 끓어오르기 시작하면 절제가 안 되지요?" 더 이상 여쭤 보진 않았지만 부부 사이에서 그렇게 화가 난다는 말씀이 틀림없으리라. 오직 기도로 살아가시는 분들인데도 말이다. 예수님을 확실히 만났고 구원의 확신도 흔들림 없다. 성령의 다양한 은사를 받고 많은 사람을 도우면서 이제는 교회의 지도자가 되었는데, 왜 그렇게 계속해서 자신을 절제하지 못하는 불만스러운 삶이 해결되지 않는 것일까?

오늘날 수많은 크리스천의 부르짖음이다. 남들에게 차마 그 말을 할 수가 없어서 그냥 적당히 얼버무린 채 타협하며 살아가는 것뿐이다. 마음속에서 늘 자신의 부족함을 꾸짖는 소리가 들린다. 교회의 중진이 되어 가는데 자기 자신은 밑바닥이 빠진 그릇과 같이 느껴진다. 부흥 집회에서 눈물 흘리면서 은혜를 넘치게 받았는데도 돌아서면 벌써 빈 그릇이다. 집에서도 교회에서도 불평, 불만이 차오른다. 별로 부정적으로 반응할 일이 아닌데도 입에서 쓴소리가 나오고 부부간에 팽팽한 긴장감이 돈다. 자식들 앞에서는 물론이고 새 신자들에게 보이기 창피해서 어디다 하소연도 못하는 것이다.

어떻게 해야 하는가? 좌절하고 패배한 크리스천으로 일생을 살아가야 하는가? 결코 그럴 수는 없다. 그렇게 살기에는 너무나 중요한 인생이다. 문제의 원인을 찾아야만 한다. 원인을 제대로 파악하면 해결책이 저절로 나오게 되기 때문이다. 그런데 많은 크리스천은 이 상식을 무시한다. 자신이 문제의 해결책을 이미 다 알고 있기에 더 애써서 원인을 찾을 필요가 없다고 굳게 믿는 것이다.

"기도가 부족하지요. 새벽 기도를 나가야 하는데…."

"말씀이 너무 부족하지요. 말씀을 더 읽어야 하는데…."

"열심이 부족하지요. 말씀공부, 순모임에 늘 참석해야 하는데…."

"더 봉사해야 하지요. 단기 선교에도 참가해야 하는데…."

"오늘도 사탄의 공격이 심했어요. 전신 갑주를 입어야 하는데…."

더 이상 대화가 진행되질 않는다. 이미 자기 자신이 문제점의 처방을 내렸기 때문이다. 마치 옛날 약국에서 아무 약이나 쉽게 사 먹을 수 있을 때에 자기 자신에게 의사 노릇을 하던 모습과 같다. 부흥회에서 은혜와 도전을 받고 며칠 동안 성경을 읽고, 새벽 기도와 금요 철야에 열심을 낸다. 무언가 해결이 되는 것처럼 보인다. 자신감이 살아난다. 사랑이 회복되는 것 같다. 그러다가 밀려 있던 바쁜 일들이 덮쳐 오면 모든 것이 원래의 모습으로 돌아간다. 그리고는 더 깊은 자책의 수렁으로 빠져 들어간다.

우리 부모 세대는 많은 분들이 속병으로 고생을 했다. 그래서 유난히 소화제가 많이 팔렸다. 돈이 없어서 의사에게 진찰을 받을 형편이 되지 못하니 속이 아플 때마다 소화제를 먹고 통증을 가라앉힌 것이다. 그렇게 병을 키우면서 많은 사람들이 너무 일찍 세상을 떠났다. 스트레스 때문에 술을 많이 먹었기에 더욱 그리되었다. 그래서 많은 사람이 일찍부터 아버지 없는 어려운 인생을 살아왔다. 요즘처럼 쉽게 병원에 갈 수 있고, 검사를 받을 수 있었다면 많은 아버지와 남편들이 지금도 건강하게 살아서 가족을 돌보고 있을 것이다.

요즘엔 정기 검진에서 많은 사람들이 심각한 질병을 조기에 발견하여 치료를 받고 건강하게 살아간다. 정기 진단을 받지 않았다면 벌써 세상을 떠났을 사람들이 우리 주위에 많다. 이제 한국 사람들은 "병원에 가서 종합 진단을 받아야 합니다"라는 권면을 받으면 대부분 순순히 인정한다. 엄청나게 선진국이 된 것이다.

그러나 정신적인 면, 또 마음에 관한 한 우리 한국은 아직도 후진국이다. 정신적인 질병, 마음의 병, 우울증으로 상담이나 진찰 받는 것 자체를 수치스럽게 생각한다.

지도자일수록 더욱 그렇다. 그러나 서양 목회자들의 의식은 다르다. 미국의 유명한 윌로우 크릭Willow Creek교회의 빌 하이벨스 목사도 자기 부부사이의 어려움으로 상담치유 받은 일을 자연스럽게 이야기한다.

우리 마음에 무언가 걸리는 것이 있다면 우리는 바로 검사와 상담의 과정을 거쳐야 한다. 그래서 깊이 숨어 있는 원인, 즉 우리를 고통스럽게 만드는 모든 아픔의 '뿌리'를 찾아내는 작업을 시작할 때 더욱 현명한 영적 지도자가 될 것이다.

02

하나님 그리고 나

"하나님이 가라사되 우리의 형상을 따라 우리의 모양대로 우리가 사람을 만들고 그로 바다의 고기와 공중의 새와 육축과 온 땅과 땅에 기는 모든 것을 다스리게 하자 하시고 하나님이 자기 형상 곧 하나님의 형상대로 사람을 창조하시되 남자와 여자를 창조하시고"(창 1:26-27).

하나님은 우리가 하나님의 축복 속에서 행복하게 살기 원하신다. 에덴동산의 아담과 하와, 더 나아가서 아브라함, 이삭, 야곱, 요셉의 삶을 보자. 하나님을 알고 순종하는 사람들을 전적으로 책임지시는 모습이지 않은가? 그래서 우리는 이 험한 세상을 살면서도 진실한 만족을 경험할 수 있고 행복한 삶을 살 수 있는 것이다.

모든 좋은 것은 천국으로 미루어 두고 이 세상은 그저 열심히 주님의 일을 해서 내 죄 값을 치르며 하나님과 교회를 섬기겠다는 자세로 살아가는 크리스천들이 의외로 많다. 하나님 아버지의 마음을 모르고 그의 말씀의 능력도 알지 못하는 안타까운 삶이다.

그런데 만족하고 행복하며 안식이 있는 삶을 살기 위해서는 두 가지를 제대로 알아야 한다. 첫째는 하나님이 누구이신가? 하는 것이고 둘째는

나는 누구인가? 하는 것이다. 조금 의외로 들릴지도 모른다. 하나님이 중
요하다는 것은 잘 알지만 '나'는 별로 중요하지 않다고 배워 온 사람들
에게는 특히 그럴 것이다. 이제 이 주제에 대해서 예수님이 어떻게 말씀
하시는가를 살펴보자. 예수님은 하나님의 모든 계명이 하나님 사랑과 이
웃 사랑의 두 가지로 요약된다고 말씀하셨다.

"선생님이여 율법 중에 어느 계명이 크니이까 예수께서 가라사대 네 마음
을 다하고 목숨을 다하고 뜻을 다하여 주 너의 하나님을 사랑하라 하셨으니
이것이 크고 첫째 되는 계명이요 둘째는 그와 같으니 네 이웃을 네 몸과 같
이 사랑하라 하셨으니 이 두 계명이 온 율법과 선지자의 강령이니라"(마
22:36-40).

예수님이 말씀하신 둘째 계명을 신중하게 살펴보자. 그냥 "이웃을 사
랑하라"가 아니라 "네 몸과 같이(또는 네 자신과 같이) 사랑하라"인 것에 주
목해야 한다. 내가 나 자신을 사랑하지 못 할 때는 어느 누구도 사랑하지
못한다는 것을 예수님은 알고 계셨다. 그래서 이 말씀은 우리가 우리 자
신을 사랑하는 만큼 이웃을 사랑할 수 있다는 말씀이다. 즉 나 자신을 사
랑하는 것이 하나님의 계명을 지키는 데 꼭 필요한 과정이 되는 것이다.

어떤 사람을 인격적으로 사랑하기 위한 첫 단계가 무엇일까? 먼저 그
사람을 자주, 또 오래 만나서 깊이 알아가야 하는 과정이 필요하다. 어쩌
다가 한 번씩 만나는 사람을 사랑하기는 불가능한 일이지 않은가? 이 원
리를 앞의 말씀에 적용해 보면 이렇게 된다.

"우리는 하나님과의 계속적인 만남을 통해서 하나님이 누구이신가를

깊이 알아야 하고, 사람들과의 지속적이고 진지한 만남을 통해서 나 자신과 나의 이웃이 누구인가를 깊이 알아 가야 한다."

많은 크리스천들이 하나님에 대해서는 지속적으로 열심히 배운다. 그러나 그에 비해서 인간이, 나아가서 자기 자신이 누구인지는 잘 모르는 채 세상 물결에 밀려 살아간다. 하나님이 우리를 얼마나 놀랍게 창조하셨는지, 또 얼마나 멋지고 아름답게 살도록 계획하셨는지를 알아가는 일에는 진지한 관심을 보이지 않는다. 성경은 우리가 참으로 중요한 존재들이라고 말씀하고 있다.

> "주께서 내 장부를 지으시며 나의 모태에서 나를 조직하셨나이다… 나를 지으심이 신묘 막측(wonderful and fearful)하심이라 주의 행사가 기이함을 내 영혼이 잘 아나이다 내가 은밀한데서 지음을 받고… 기이하게 지음을 받은 때에…"(시 139:13-15).

그렇기 때문에 나 자신의 중요함을 잘 모르는 것은 결코 간단히 넘어갈 일이 아니다. 자기 자신을 모른다는 것은 나의 내면의 눈이 닫혀서 주위를 보는 눈까지 닫혀져 있다는 말이기 때문이다. 자기 자신을 잘 모르는 사람은 어느 누구도 잘 알지 못하게 되며 나아가서 하나님도 제대로 알 수 없는 것이다. 그래서 우리가 자기 자신, 그리고 나아가서 인간 전체에 대해 깊은 통찰을 갖는 것은 선택 사항이 아니다. 이것은 인생에서 너무나 중요한 일이다.

인간은 무엇인가? 그리고 얼마나 중요한 존재인가? 하나님의 말씀을 통해 살펴보자.

인간의 3요소

영(靈 · Spirit) / **혼**(魂 · Soul) / **육**(肉 · Flesh)

인간은 세 가지 요소로 되어 있다고 성경은 말씀한다. 예수를 모르기에 아직 영적이지 않은 사람은 혼과 육이 살아가는 것이고, 하나님의 아들이신 예수를 믿고 구세주로 영접한 사람은 그 사람의 영이 살아나는 것이다. 예수님께서는 이 과정을 거듭난다고(born again) 말씀하신다.

"예수께서 대답하여 가라사대 진실로 진실로 네게 이르노니 사람이 거듭나지 아니하면 하나님 나라를 볼 수 없느니라"(요 3:3).

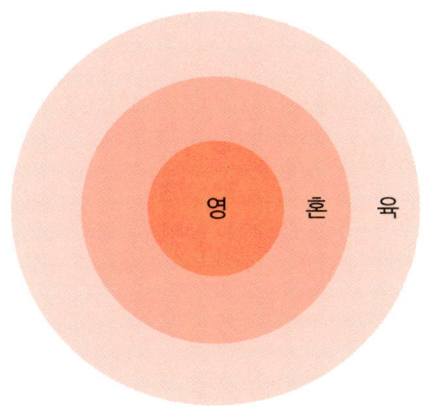

많은 사람들이 인간을 세 개의 동심원으로 표현한다. 나도 전적으로 동의한다. 이것은 상식적으로도 증명이 가능하다. "육이 죽어 버리면(깨져 버리면) 영과 혼만으로 존재할 수가 없고, 육이 건강하더라도 혼이 죽어 버리면 영은 혼자 존재할 수가 없다."

즉 육신이 죽으면 그 사람의 모든 것이 끝나는 것이고, 사람이 어떤 이유로든 백치가 되면 성령 충만이 아무 의미가 없는 것이라는 말이다. 나아가서 이렇게 말할 수 있게 된다. "육체는 영과 혼을 담는 그릇이고 혼은 영을 담는 그릇이다."

그런데 많은 신앙인들이 인간을 영과 육으로만 생각한다. 혼의 존재를 무시하는 것이다. 예수를 믿었기 때문에 나의 인간적인 부족한 성품은 벗어져 버렸다고 생각한다. 내가 거듭나고 내 안에 예수님이 들어오셨기 때문에 이제는 예수님이 직접 나의 모든 것을 결정하시는 것으로 생각한다. 실제로 많은 그리스도인이 그렇게 되기를 원하고 기도한다. 예수님의 로봇이 되고자 하는 것이다.

그러나 그런 우리의 생각은 하나님의 생각과 아주 다르다는 것을 알아야 한다. 우리의 인간됨은 영에서 나오는 것이 아니라 혼에서 나온다. 예수를 믿건 믿지 않건 간에 그 사람에게 혼이 없으면 그는 이미 사람이 아니다. 예수를 모르는 사람 중에도 세상을 유익하게 하며 많은 사람을 살려내는 훌륭한 인격자들이 많은 것을 보게 된다. 또 그와는 대조적으로 예수를 잘 믿어서 영적으로는 충만한 것 같은데 인격적으로는 크게 부족한 사람들을 많이 보지 않는가?

우리가 성경을 깊이 연구하지 않으면 인간을 영과 육으로만 구분할 수가 있다. 성경이 여러 곳에서 인간을 영에 속한 사람과 육에 속한 사람으로 구분하기 때문이다. 로마서 8장이 그 대표적인 경우다.

"육신을 좇는 자는 육신의 일을, 영을 좇는 자는 영의 일을 생각하나니… 너

그런데 여기서 말하는 육신이 혼을 포함한다는 것을 많은 사람들이 깨닫지 못한다. '육에 속한 사람' 이란 예수를 모르는 사람을 의미하는 것이고 그것은 그 사람의 혼과 육 전체를 의미하는 것이다. 여기 나오는 '육신' 이라는 단어를 글자 그대로 손에 만져지는 육체로만 해석해서는 안 되는 것이다.

이렇듯 많은 하나님의 사람들이 인간의 혼의 역할에 대해 잘 모르기에 하나님이 멋지게(신묘막측하게) 창조하신 인간의 신비하고 오묘함을 알지 못하고 살아간다. 자기 자신의 중요함을 알지 못하게 되고 그 결과, 하나님과 이웃과 대등한 인격적인 관계를 맺지 못하는 것이다. 인격적인 관계없이 서로를 사랑한다는 것이 불가능한 것이기에 예수님의 "사랑하라"라는 계명은 우리가 감당할 수 없는 말씀이 되는 것이다.

이제 성경에서 영, 혼, 육을 어떻게 말씀하는가를 살펴보자.

"하나님의 말씀은 살았고 운동력이 있어 좌우에 날선 어떤 검보다도 예리하여 혼과 영과 및 관절과 골수를 찔러 쪼개기까지 하며 또 마음의 생각과 뜻을 감찰하나니" (히 4:12).

이 말씀은 매우 중요한 것을 가르쳐준다. 인간의 혼과 영이 관절과 골수처럼 혼합이 되어 있어서 보통 때는 구분해 내기 어렵지만 하나님의 말씀이 들어가면 혼적인 것(육신적인 것)과 영적인 것이 구분된다는 말씀인 것이다. 즉 혼과 영은 다른 것이고 하나님의 말씀으로 구분되어져야 한다는 뜻이다. 우리가 주님의 이름으로 행하는 많은 말과 행위들이 모두 영적인 것이 아니고 인간적인 것이 섞여 있기에 기록된 말씀으로 점검해 보아야 한다는 말도 되는 것이다.

> "평강의 하나님이 친히 너희로 온전히 거룩하게 하시고 또 너희 온 영과 혼과 몸이 우리 주 예수 그리스도 강림하실 때에 흠없게 보전되기를 원하노라"(살전 5:23).

이처럼 사도 바울도 혼의 존재를 분명히 인정한다. 이제 우리는 영의 존재와 함께 혼의 존재와 역할을 인정하며 깊이 연구해야만 한다. 왜냐하면 영, 혼, 육을 하나님이 만드셨고 그것들이 균형을 잡고 건강해야만 우리가 예수님의 "사랑하라"라는 계명을 지킬 수 있기 때문이다. 이제 당신의 영, 혼, 육이 건강하게 활동하고 있다는 것을 전제로 하여 다음 질문에 대한 답을 적어 보기 바란다.

당신의 삶의 주인은 누구입니까? (영, 혼, 육 중에서)

내 삶은 대부분의 경우 _____이 _____과 _____을 지배하고

때때로 _____이 _____과 _____을 지배한다

☐ 혼(Soul) 의 3요소

지성(知性 · Intelligence, Reason) / **감정**(感情 · Emotion) / **의지**(意志 · Will Power)

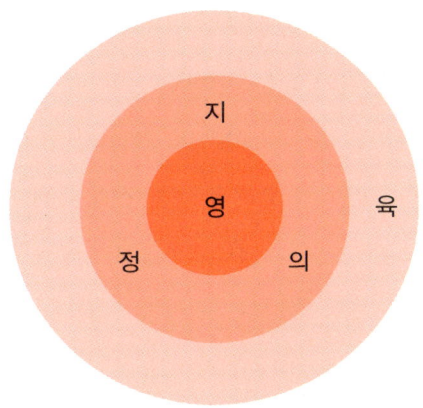

인간의 혼은 육체만큼이나 중요하다. 혼은 예수를 믿거나 믿지 않거나 모든 사람들이 소유하고 있다. 이것은 인간을 인간답게 만드는 매우 신비롭고 아름다운 것이다. 또한 육체를 선하게도 하고 악하게도 만드는 요소이기도 하다. 인간을 연구해온 대부분의 철학자들이 인간의 혼을 지, 정, 의의 세 요소로 나누는데 의견을 같이 한다.

지, 정, 의 중 어느 한 가지가 잘 개발되면 그 사람은 세상에서 크게 인정을 받는다. 지성이 개발되면 학자가 되고, 감성이 개발되면 예술가, 음악가가 되고, 의지가 개발되면 정치가, 사업가가 된다. 그러나 소위 성공한 사람들에게서도 인격적인 결함이 자주 드러나는 것을 본다. 자신의 분야에서는 일가를 이루었을지라도 우리가 본받을 인격자들은 아닐 수 있는 것이다.

지, 정, 의 세 가지 요소는 그 역할과 욕구가 채워지는 방법이 완전히 다르다. 어느 한 쪽이 잘 개발 되었다고 해서 다른 쪽이 함께 발달되는 것이 아니며, 어느 한 가지의 욕구가 넘치게 채워진다고 해서 다른 욕구들도 함께 채워지는 것이 아니다. 각각을 따로 따로 채워 주고 성장 발달시켜야만 한다. 이 세 가지가 균형(Balance)을 이루고, 각각 충분히 개발되고 성장할 때에 성숙한 인격자가 되는 것이다.

그런데 그 균형을 잘 잡기가 너무나 어렵다. 지성적으로 개발이 되어서 박사 학위가 몇 개나 있지만 모래를 씹는 것같이 메마른 사람이 있고, 감정적으로는 참으로 부드럽고 선한데 우유부단해서 중요한 일을 결정할 때는 도움이 안 되는 사람이 있다. 또 사람도 좋고 추진력도 좋은데 머리 회전은 느린 듯 한 사람도 있다. 그런데도 대부분의 사람들은 자기가 모든 사람의 기준인 것으로 착각하고 살아간다. 주위 사람들은 가슴이 답답해 온다.

누가 인생의 결정을 내리는가? 모든 사람 속에서 지, 정, 의가 상호 작용하며 이들이 인생의 결정들을 내린다. 그런데 그 결정의 주체가 주변 상황에 따라서 변한다는 것을 우리는 자주 잊어 버린다. 이제 잠시 생각해 보자. 당신의 삶에서 중요한 결정을 누가 내리는가를. 지성인가? 감성인가? 의지인가?

한국 전쟁이 끝나고 나서 삶이 몹시 어려웠을 때 우리를 주관하던 명제는 "살아남아야 한다!" 는 생각이었고, 그것은 생존을 위한 의지였다. 그때는 감정이 표면으로 나서지 못했다. 마음이 아무리 어렵고 무너지더라도 '생존' 앞에서는 나설 수가 없었던 것이다. 인간관계도 중요하지 않았다. 그저 옷은 몸을 가리면 되는 것이고, 음식은 배만 부르면 되는 것이고, 집은 하늘을 가리기만 하면 되는 것이었다.

그러나 이제는 아주 많이 변했다. 모든 것이 풍성해진 현대인의 경우는 대부분의 중요한 결정을 감정이 하고 있으며 그 경향이 점점 더 심해져 간다고 보는 것이 타당하리라. 눌려 있던 감정이 전면에 나서는 세상이 되었다. 억눌렸던 과거에 대한 반작용으로 오히려 감정이 우리의 폭군이 된 느낌이 들 정도이다.

그럼에도 불구하고 우리는 아직도 감정을 대단하지 않게 생각하는 경향이 있다. 우리 잠재의식 속에 "감정 따위는 중요하지 않아. 결과가 중요해!"라고 새겨져 있기 때문이다. 그래서 뜻을 세우고 의지를 발동해서 결정을 내리고 밀고 나가야만 한다는 명령이 내려온다. "모로 가도 서울만 가면 된다"라는 메시지가 계속해서 들려온다.

대부분의 한국 크리스천 지도자들도 거기서 벗어나지 못하고 있다. "성경 말씀에 따라서 뜻을 세우고 의지로 밀고 나가면 감정 따위는 뒤쫓아 올 수밖에 없다"라고 사람들을 가르친다. 정말 그 말이 맞는가? 잘 생각해보자.

답은 "NO!"이다. 우리는 중요한 결정을 대부분 감정, 즉 느낌으로 한다. 배우자를 선택할 때 그렇고, 내가 살아갈 집을 결정할 때 그렇고, 필요한 물건을 살 때에 그렇다. 또 사람들과의 관계에서는 더욱 그렇다. 느낌, 즉 감정이 우리의 삶을 그렇게 주관하는 것을 부정하는 것은 눈 가리고 아웅 하는 것이고, 두려움을 피해서 모래에 머리를 박아 버리는 어리석은 타조와도 같은 것이다.

■ 감정이 의지에 미치는 영향력

인간을 이해하기 위해서 또 한 가지 우리가 깊이 생각해야 하는 것은 '감정이 의지에 미치는 영향력' 이다.

먼저 긍정적인 영향을 보자. 아무리 바쁜 사람이라도 연애를 하게 되면 완전히 다른 사람이 된다. 밤을 새워도 힘들지 않고, 어려운 일을 당해도 웃으면서 헤쳐 나간다. 이전 같으면 귀찮다고 절대 하지 않을 일들을 즐겁게 감당해 나간다. 사랑의 힘으로 의지가 놀랍게 강건해 지는 것이다.

하지만 안타깝게도 그 반대의 부정적인 경우가 더 많은 것을 본다. 우리 속담에 "평양 감사도 저 싫으면 할 수 없다"라는 말이 있다. 아무리 좋은 일이고, 원하던 일이라도 감정이 상하고 마음이 닫혀 버리면 하지 않는다는 말이다. 식탁에서 말 한마디에 기분이 상해 버리면 최고급 스테이크는 물론이고 물만 마셔도 체해 버리지 않는가! 공부해서 좋은 학교를 들어가면 누구보다 자기 자신에게 좋은 일인 것을 알면서도 엄마가 자기를 볼 때마다 "공부해!" 라는 잔소리를 하면 넌더리가 난다. 책이 꼴도 보기 싫어진다. 이처럼 의지는 감정의 영향 아래 있는 것이다.

■ 상해 버린 감정

그런데 사람들의 감정이 너무 상해 있을 뿐 아니라 찢겨져 있다. 어려웠던 시절에 의지를 지나치게 강조해 왔기에 감정이 아주 오랫동안 눌려

왔다. 그렇게 의지의 시대를 살아온 우리 부모들의 감정 경시 태도로 인해서 의지의 세월을 살아보지 않은 자녀 세대들과의 대화는 완전 불통이 되어 버렸다. 이제 시급하게 상하고 찢어진 마음의 치유가 필요하다. 그래야만 의지가 힘을 얻어서 뜻을 세우게 된다. 내가 원하고 계획하는 일을 이루어 낼 수 있게 되며 성숙한 인격이 되어 간다.

그런데 우리는 아직도 지성을 개발하는 일에만 최선을 다한다. 많은 것을 배우고 학위를 받고 자격증을 따느라고 정신이 없다. 그리고는 의지를 개발하는 리더십 훈련을 통해서 우리의 삶을 변화시키려 하고 행복하게 만들려 한다. 그러나 감정이 많이 상해 있는 사람들에게 그런 훈련의 결과는 더 큰 실망일 뿐이다. 작심삼일(作心三日)이 되기 때문이다. "역시 나는 안 돼"라며 더 깊은 좌절로 떨어져 버리는 것이다.

여기서 다시 한 번 , 다음 질문에 답을 적어보기 바란다. 지성,감성,의지 중에서 선택하여 보라.

나의 속사람은 대부분의 경우 _____이 _____과_____을 지배하고

때때로 _____이 _____과 _____을 지배한다

03
인간의 가능성과 내면의 장애

"그의 안에서 건물마다 서로 연결하여 주 안에서 성전이 되어가고 너희도 성령 안에서 하나님의 거하실 처소가 되기 위하여 예수 안에서 함께 지어져 가느니라"
(엡 2:21-22).

☐ 하나님이 피조물에게 주신 놀라운 능력

일본의 노자와 시게오 박사는 1985년 쯔꾸바 엑스포에서 놀라운 토마토를 소개했다. 토마토는 일년생 식물로 한 줄기에 보통 3-40개의 열매가 맺힌다. 그런데 노자와 박사가 출품한 토마토 줄기에는 자그마치 1만 2천개의 토마토가 열려서 사람들을 놀라게 한 것이다. 그 토마토는 유전자 조작 기술을 사용하지 않은 평범한 토마토였다.

노자와 박사는 토마토가 흙 속에 뿌리를 내릴 때, 뿌리를 통해서 얻은 모든 영양소를 뿌리에서 거의 다 소모해서 열매를 많이 맺지 못한다고 결론을 내렸다. 그래서 흙을 제거하고 태양열과 미네랄을 충분히 공급한 물만으로 자라게 하는 '수경 재배법'을 연구한 것이다. 충분한 태양 광

선과 신선한 공기를 공급해서 토마토가 자라도록 해 주었더니 예상했던 대로 모든 영양소가 열매로 전달되면서 3-400배의 결실을 맺은 것이다.

하나님이 우리 인간에게 주신 능력은 이것보다 더 위대하다. 많은 위대한 사람들이 보통 사람이 나타낼 수 있는 능력의 10배, 100배, 1000 배의 능력을 내는 것을 우리는 역사 속에서, 또 오늘의 현실 속에서 수없이 보아 오고 있지 않은가? 무디 선생 한 사람이 얼마나 많은 사람을 주님께로 인도했는가? 링컨 대통령이 이룬 놀라운 일들, 죠지뮬러 선생이 이룬 기적의 삶, 더 멀리는 사도 바울 한 사람이 이룬 놀라운 구원의 역사를 생각해보라.

그들이 특별한 은사를 타고 났고 리더십이 있었기 때문일까? 그들에게 특별한 선생이 있어서일까? 좋은 가정의 좋은 부모님에게서 자라났기 때문일까? 그중의 몇 사람은 그럴지도 모른다. 그러나 대부분의 경우는 보통 사람들보다 훨씬 어려운 환경을 살아온 사람들이다.

우리에게 지금 주시는 주님의 메시지는 그와 같은 놀라운 능력이 우리의 삶에서도 일어날 수 있다는 것이다. "농담하지 마십시오. 내 나이가 지금 몇인지 아십니까?" 라고 말하고 싶을 것이다. 그러나 이것은 그냥 믿음의 고백이 아니다. 진실이 그렇다는 말이다. 그것은 치유사역을 하고 있는 우리 부부에게 일어나는 변화이고 치유를 경험한 많은 사람들에게 지금도 일어나고 있는 변화인 것이다.

■ 인간 속의 심각한 장애

우리가 그리스도 안에 있으면 새로운 피조물이라고 했는데 왜 우리는 옛날의 좋지 않은 습관과 과거의 부정적인 영향에서 벗어나지 못한 삶을 살아가는가? 왜 우리는 성령의 많은 은사를 받았으면서도 그 능력을 제대로 발휘하지 못하고 살아가는가? 왜 우리는 육신의 정욕과 안목의 정욕과 이생의 자랑을 이기지 못하고 세상의 영광을 아직도 그렇게 사모하는가?

많은 사람들이 이렇게 대답한다. 꿈이 없기 때문이고, 리더십이 부족하기 때문이라고. 옳은 말처럼 들린다. 그런데 그 말을 뒤집어 보면 그 허구성이 금방 드러난다. 꿈이 아무리 선하고 하나님 뜻에 합당한 것 같아도 그 꿈을 이루는 사람은 극소수에 불과하다는 것을 우리가 잘 알고 있지 않은? 당신 자신의 삶을 돌아보면 금방 알 수 있지 않은가?

선한 꿈을 붙잡고 날마다 철야 기도를 하고 리더십 훈련을 받는다고 해서 그 꿈이 모두 이루어지는 것이 아니다. 꿈을 꾸고, 훈련을 받는 것 이전에 처리하고 해결해야 하는 인간 내면의 장애물들이 있다는 것을 알아야 한다.

꿈을 꾸고 꿈을 키워 가는 일은 너무나 중요하다. "꿈이 없는 백성은 망한다"라고 성경에서도 말씀한다. 그러나 꿈을 향해 달리기 전에 필히 우리 내면의 장애를 치유해야 하는 것이다. 마음의 치유를 통해 장애가 해결되어 가면 자연스럽게 새로운 꿈을 꾸게된다. 우리의 꿈이 건강하게 자라나게 하시는 것이 하나님의 섭리이기 때문이다.

1. 첫번째 장애 : 마음의 깊은 상처

"무릇 지킬만한 것보다 더욱 네 마음을 지키라 생명의 근원이 이에서 남이 니라" (잠 4:23).

인간의 마음은 생명의 근원이라고 성경은 말씀한다. 우리 마음은 생명 수를 담는 큰 탱크에 비유할 수 있다. 그리고 마음의 상처는 그 탱크에 난 구멍, 찢어짐, 그리고 찌그러짐이라고 말할 수 있다. 사람들을 보면 정도 의 차이는 있지만 예외 없이 어려서부터 상처를 많이 받았고 그 결과로 마음에 크고 작은 많은 구멍이 뚫려 있고 또한 찌그러져 있는 모습이다. 하나님이 생명수를 가득히 부어 주신 것 같은데 돌아서면 다 새어나가 버린다. 자녀들에게조차 나누어줄 것이 없다. 갈증이 나고 모든 관계가 짜증스러워진다. 이런 상황에서 가장 시급한 것은 생명수를 더 받는 것 이 아니라 탱크에 난 구멍과 찢어진 것들을 수리하는 작업이다.

2. 두번째 장애 : 구원과 성화에 대한 잘못된 이해

많은 크리스천들의 어려움을 상담하면서 이들이 구원과 성화에 대해 잘못 이해하고 있다는 것을 알게 되었다. 하나님 말씀을 읽고, 또 인용하 기는 하는데 자기 생각대로 자기 경험에 의지해서 하나님의 말씀을 해석 하는 것이다.

이들의 큰 오해 중의 하나는 다음과 같은 것이다. "내가 예수 그리스도 를 나의 구세주로 영접했고 그리스도 안에서 새로운 피조물이 되었기 때 문에 나의 과거의 모든 문제가 사라져 버렸고 나는 새롭게 되었다. 그러므로 우리는 과거를 돌아볼 필요가 없으며 이제는 오직 그리스도 안에 있는 새로운 삶을 향해 전진해야 한다."

그러면서 "오직 한 일 즉 뒤에 있는 것은 잊어버리고 앞에 있는 것을 잡으려고 푯대를 향하여 그리스도 예수 안에서 하나님이 위에서 부르신 부름의 상을 위하여 좇아가노라"라며 빌립보서 3장 13-14절 말씀을 인용한다.

나도 여러 번 그런 식으로 설교한 것을 기억한다. 그런데 이 말이 정말 맞는가? 나는 과거를 넘어선 사람인가? 과거는 나를 더 이상 괴롭히지 못하게 되어 버렸는가?

나의 삶을 보면 그렇지 않은 것이 확실히 보인다. 물론 엄청나게 좋아진 것은 사실이지만 결코 과거를 넘어서지는 못한 모습이다. 모든 인간은 과거의 산물이고, 전통과 문화의 산물이기 때문이다.

당신이 이민 비자를 받아서 미국 땅에 도착하고 영주권을 받으면 미국 국민의 자격과 권리를 부여받는다. 선거권이 없는 것을 제외하고는 미국 국민의 권리에서 빠지는 것이 없다. 그러나 그렇다고 해서 당신이 완전히 변했는가? 그렇지 않다. 아직 거의 완전히 한국 사람이다. 그날부터 아주 조금씩 미국 사람의 삶을 배워가는 일이 시작된 것뿐이다. 그러나 세월이 많이 지나도 변한 것보다는 당신 속에 한국사람이 더 강하게 자라나고 있는 것을 보게 될 것이다. 결코 온전히 미국 사람이 될 수 없다는 사실을 날마다 확인해 가게 될 것이다.

크리스천의 삶도 이와 비슷하다. 우리가 예수님을 영접하고 영원한 생명인 천국의 시민권을 얻지만, 우리는 그 순간에도 거의 완전히 이 세상 사람이다. 변해가는 삶이 그 때부터 서서히 시작된 것일 뿐이다. 세월이 지나서 겉모양이 좀 변했고, 쓰는 말이 좀 변했고 삶도 제법 달라졌지만 나의 속사람이 성숙해지는 것은 평생 동안 이루어지는 것이다.

"그러므로 나의 사랑하는 자들아 너희가 나 있을 때뿐 아니라 더욱 지금 나 없을 때에도 항상 복종하여 두렵고 떨림으로 너희 구원을 이루라"(빌 2:12)

.

이 말씀은 우리의 속사람이 한 순간에 거듭나는 구원(salvation)은 있지만, 그 때부터 점점 자라나며 성화(sanctification)되어 간다는 뜻이다.

"오직 사랑 안에서 참된 것을 하여 범사에 그에게까지 자랄지라 그는 머리니 곧 그리스도라 그에게서 온 몸이 각 마디를 통하여 도움을 입음으로 연락하고 상합하여 각 지체의 분량대로 역사하여 그 몸을 자라게 하며 사랑 안에서 스스로 세우느니라"(엡 4:15-16).

이 말씀도 빌립보서와 같은 맥락이다. 어른이 젖먹이 짓을 한다면 한심한 일이지만 반대로 젖먹이가 자신을 어른의 기준으로 판단하고 어른처럼 하지 못한다고 자신을 꾸짖는다면 그것도 크게 잘못된 일이다.

많은 크리스천들이 예수님을 영접하는 그 순간에 영혼의 성숙함까지 다 이루어졌다고 자기 자신을 세뇌시킨다. 또 자신을 그렇게 세뇌시킨 신앙의 선배들이 후배들을 그렇게 가르친다. 그와 같은 잘못된 가르침을 믿게 되면 어린 신자들이 자신을 성숙한 크리스천으로 착각하기 때문에 자신의 작은 실수를 용납할 수 없게 되고 정죄를 시작한다. 특히 어려서 부모로부터 많은 꾸지람을 듣고 자란 사람들에게 이 증상은 아주 심각하다.

그런데 그는 자신만을 정죄하는 것이 아니라 주위 모든 사람을 같은 잣대로 판단하고 정죄한다. 그때부터 기쁨과 감사가 사라지고 바리새인의 삶이 시작되는 것이다.

마태복음 7장 5절에서 예수님이 경고하신다. "외식하는 자여 먼저 네 눈 속에서 들보를 빼어라. 그 후에야 밝히 보고 형제의 눈속에서 티를 빼리라."

로마서 8장 1절에서 바울도 "그러므로 이제 그리스도 예수 안에 있는 자에게는 결코 정죄함이 없나니"라고 말하며 정죄를 금지한다.

신앙의 경륜이 쌓인다고 해서 이 습관이 자동적으로 해결되지 않는다. 오랜 세월 동안 신앙생활을 했지만 정죄하는 습관이 굳어져 버린 사람이 너무나 많다. 그들에게는 주님의 무조건적인 은혜가 들어가지 못한다. 마음이 점점 딱딱해지고 주님과의 동행이 거북해진다. 무거운 짐을 나 혼자 지고 힘들게 걸어가고 있기 때문이다. 그래서 세월이 지나면서 주위 사람들도 그렇게 따라하도록 강요하는 지도자가 된다.

3. 세번째 장애 : 내면세계에 대한 우리의 무지함

"내 백성이 지식이 없으므로 망하는도다 네가 지식을 버렸으니 나도 너를 버려 내 제사장이 되지 못하게 할 것이요…"(호 4:6).

하나님은 우리가 하나님을 깊이, 또 온전히 알기를 원하신다. 부부가 세월이 지나면서 서로를 깊이 알아 가듯이 우리가 하나님을 알아 가기를 원하시며, 아버지 앞에 어린아이처럼 기쁨으로 순종하며 살기 원하신다. 어린 아이가 아버지에게 전적으로 자신을 맡기며 즐거워하듯이 말이다.

그러나 우리의 현실은 그렇지 못할 때가 많다. 아무리 찬양을 부르고 예배를 드리며 사랑의 메시지를 들어도 그게 잘 안 된다. 잠시 동안 하나님 아버지의 사랑과 감동에 젖어 들었다가도 주위를 둘러보는 순간에 다시 염려와 근심과 두려움에 빠져 들어간다. 그 이유는 무엇일까? 가장 큰 이유는 인간의 죄성 때문이리라.

그러나 그 못지않게 중요한 이유가 있다. 그것은 인간 내면세계에 대한 우리의 무지함 때문이다. 우리는 자신에 대해서 그리고 인간 자체에 대해서 너무 모른다. 하나님이 우리를 자신의 형상으로 만드셨다는 것이 무슨 뜻인지 깊이 생각해보려 하지 않는다. 그 모든 비밀이 성경에 자세히 나와 있는데도 배울 생각을 하지 않고 자신의 경험으로 모든 것을 체득하려 애를 쓴다. 마치 병아리가 자신의 경험을 가지고 독수리의 삶을 이해하려고 애를 쓰는 것과 같다.

이런 무지함의 가장 큰 이유는 우리의 내면세계가 대부분 우리의 의식을 벗어난 잠재(潛在)의식의 세계이기 때문이다. 많은 사람들이 자신의 무지함을 인정하지 않고 내면세계의 혼란과 아픔을 외적인 의식 세계를 통해서 해결하려고 무진 애를 쓴다. 그것은 마치 내부의 부품이 고장 난 TV를 케이스를 열지 않고 고쳐 보려는 노력과 같은 것이다. TV 여기저기를 두드려 본다. 때로는 화면이 되살아나기도 하지만 그럴수록 고장은 더욱 심각해져 간다.

4. 네번째 장애 : 하나님의 지식에 대한 우리의 무지함

하나님은 우리에게 하나님의 모든 섭리를 알려주시기를 원하신다. 하나님은 우리에게 아무것도 숨기지 않으신다. 모든 것을 열어 두시고 우리가 어서 속히 배우고 깨달아서 풍성한 삶을 마음껏 누리며 살기를 원하신다.

미국에 한 농부가 넓은 농장에 많은 가축을 기르고 있었다. 그런데 가축들이 원인 모르게 자꾸 죽어 갔다. 목초지가 망가지고 그 풀을 먹고 가축들이 죽어 가는 것이다. 농장의 한쪽을 지날 때는 기분 나쁜 냄새도 난다. 그래서 헐값에 농장을 팔아 버리고 도시로 떠났다.

낯선 도시에서 많은 고생을 하다가 오랜 시간이 지난 후에 고향의 옛 농장을 다시 찾았다. 놀라운 광경이 펼쳐져 있었다. 그 농장이 유전으로 변해 있었다. 땅 밑에 원유가 고여 있어서 풀이 죽었고 냄새가 났고 짐승들이 죽어 갔던 것이다. 그 모든 부요가 그의 것이었는데 지식이 없어서 또 전문가에게 상의를 하지 않았기에 귀한 농장을 내어 던진 것이다.

이런 일이 어리석은 농부에게만 일어난 일이라고 생각한다면 바로 당신이 그 농부라는 사실을 깨닫기 바란다. 이 일은 지금 이 시간에도 많은 크리스천에게 일어나고 있는 일이다. 하나님이 열어 주신 하늘나라의 지식을 받아들이지 못했기에 이렇게 되는 것이다. 옆에서 보는 사람도 안타깝지만 그 모든 것을 준비해 주신 하나님의 안타까움도 너무나 클 것이다.

그렇다면 하나님이 우리들에게 알려주기를 원하시는 하나님의 지식들은 어떤 것일까? 마음의 눈을 들어 위를 쳐다보고, 내 주위를 둘러보면 하나 둘씩 보이기 시작한다. 하나님은 그것들을 보물찾기처럼 숨겨 놓지 않으시고 누구든지 볼 수 있게 활짝 열어 놓으셨기 때문이다. 중요한 것 세 가지만 지적해 보자.

1) 하나님의 지식 첫번째

이 세상과 하나님의 나라를 어떻게 또 얼마나 완벽하게 창조하셨는가? 그리고 지금 어떻게 운행하고 계시는가?

하나님은 많은 사람들이 하나님의 창조를 인정하지 않고 하나님의 사랑의 손길을 거부하더라도 화를 내지 아니하시고 우리가 살고 있는 이 세상을 오늘도 완벽하게 운행하고 계신다. 그것을 통해서 하나님의 존재와 사랑을 드러내시며 영광받기를 원하신다.

겨울이 아무리 길고 힘들지라도 때가 되면 예외 없이 봄이 오고 꽃이 핀다. 밤의 어둠이 아무리 깊을지라도 시간이 되면 해가 떠오르고 어둠이 물러간다. 지구상에 아무리 많은 사람이 태어나도 풍성한 수확을 주셔서 넉넉히 먹고 살아가게 하신다. 자신의 능력으로 자신을 지킬 수 없는 수많은 연약한 짐승들도 다 먹이시고 기르시고 번식하게 하신다. 들에 핀 백합화 한 송이를 솔로몬 왕의 영광으로 입은 것보다 더 아름답게 입히신다(마 6:29).

이 세상을 위해서 크게 공헌한 위대한 학자들은 천문학이든지 물리학이든지 생물학이든지 의학이든지 거의 대부분 하나님의 창조 섭리를 인정하고 그 원리를 존중하고 받아들여서 목표를 세우고 자신의 노력을 집중한 사람들이다. 그들이 공통적으로 이렇게 고백한다. "제가 제 분야에 깊이 들어갈수록 더욱 분명한 것은 이 우주는 완벽한 설계에 의해서 창조되었다는 사실입니다."

여기서 중요한 단어는 설계(Design)라는 단어이다. 우리가 살아가고 있는 이 세상의 모든 것은 만들어지기 전에 완벽하게 설계되고 준비되었다는 말이다.

또한 이 모든 것과 함께 중요한 것은 하나님의 나라이다. 우리는 잠시 잠깐 후면 이 세상을 떠날 것이고 그 다음에는 영광스러운 하나님의 나라에 가서 깨어날 것이다. 하나님은 우리가 이 사실을 깨닫고 받아들이고 감사하며 그 영광의 나라를 기대하며 살기를 원하신다. 그래서 하나님은 그 영원한 나라에 대해서 아주 자세히 그리고 확실하고 분명하게 성경에 기록해 놓으신 것이다. 이 놀라운 하나님의 나라를 우리를 위해서 예비하신 것이다.

"또 저가 수정 같이 맑은 생명수의 강을 내게 보이니 하나님과 및 어린 양의 보좌로부터 나서 길 가운데로 흐르더라 강 좌우에 생명 나무가 있어 열두가지 실과를 맺히되 달마다 그 실과를 맺히고 그 나무 잎사귀들은 만국을 소성하기 위하여 있더라 다시 저주가 없으며 하나님과 그 어린 양의 보좌가 그 가운데 있으리니 그의 종들이 그를 섬기며… 다시 밤이 없겠고 등불과 햇빛이 쓸데 없으니 이는 주 하나님이 저희에게 비취심이라 저희가 세세토록 왕노릇하리로다" (계 22:1-5).

2) 하나님의 지식 두번째

우리 인간을 얼마나 아름답고 완전하게 창조하셨는가? 그리고 지금 어떻게 우리를 인도하시는가?

하나님은 우리 인간이 얼마나 완벽하고 신묘막측하게(wonderfully and fearfully) 창조된 존재인지 우리가 알기 원하신다(시 139:13-15). 우리 인간을 하나님의 형상으로 만드셨다는 말씀이 무엇을 뜻하는 것인가를 구체적으로 알기 원하신다. 우리 한 사람 한 사람이 얼마나 귀한 존재인가를 날마다, 또 순간마다 알기 원하신다. 그리고 우리가 우리 능력으로 살아가는 것이 아니라 오직 하나님의 은혜의 에너지로 살아가고 있다는 것을 알기 원하신다. 우리 한 사람 한 사람을 독특하게 만드시고 각자에게 사명을 주어서 이 세상을 살게 하셨다는 것을 우리가 알기 원하신다. 육신의 눈에 보이는 모습이 전부가 아니며, 보이는 모습 그대로 사람을 평가하는 것이 참으로 잘못된 일이라는 것을 알기 원하신다.

우리에게는 하나님을 알 수 있는 속사람이 있고 그 속사람이 하나님의 형상이라는 것을 우리가 늘 명심하기를 원하신다. 겉 사람은 늙어서 사라질 것이고 우리의 속사람이 심판을 받을 것이라는 것을 알기 원하신다. 우리의 겉 사람을 돌보시는 것은 그 속에 있는 우리의 속사람을 보존하시고 양육하시며 성장시키시는 아버지의 은혜라는 것을 우리가 확실히 알기 원하신다.

인간은 사랑을 먹고서만 살아가도록 창조되었다는 것을 알기를 원하신다. 요한1서에서 분명히 말씀한다.

"사랑하는 자들아 우리가 서로 사랑하자 사랑은 하나님께 속한것이니 사랑하는 자마다 하나님께로 나서 하나님을 알고 사랑하지 아니하는 자는 하나님을 알지 못하나니 이는 하나님은 사랑이심이라" (요1 4:7-8).

우리가 하나님의 사랑을 먹어야 하고, 부모의 사랑을 먹어야 하고, 아내와 남편의 사랑을 먹어야 하고, 자녀들의 사랑을 먹어야 하고, 형제들의 사랑을 먹어야 하고, 이웃의 사랑을 먹어야만 인간답게 살아갈 수 있다는 것을 분명히 알기 원하신다. 그리고 우리가 그 사랑을 먼저 베풀 때에 우리가 원하는 사랑을 풍성하게 받아먹을 수 있다는 것을 알기 원하신다.

3) 하나님의 지식 세번째

왜 남자와 여자를 이렇게 다르게 창조하셨는가? 그리고 그렇게 다른 남자와 여자를 왜 함께 살게 하셨는가?

많은 사람들이 남자와 여자가 너무 다르다고 불평을 한다. 몇 십 년을 함께 살던 부부가 더 이상 같이 살 수 없다고 이혼을 한다. '성격 차'가 너무 크기 때문이란다. 하나님의 창조 원리의 기본을 몰라서 무시하는 안타까운 사람들이다. 서로가 다르기 때문에 서로에게 끌린 것이고, 다르기 때문에 그만큼 인생이 풍성해졌다는 것을 망각한 것이다.

또 한 가지 남자와 여자를 다르게 만드신 이유가 있다. 남자와 여자는 달라도 아주 많이 다를 수밖에 없다. 왜냐하면 자녀를 낳아야 하기 때문이다. 생명을 잉태하고 기르고 출산하고 양육하는 일이 얼마나 거룩하고 아름다운 일인가? 그 중요한 일을 위해서 하나님은 남자와 여자를 그렇게 다르게 만드셔야만 했던 것이다. 이 단순한 비밀을 모르기 때문에, 또 인정하려 하지 않기 때문에 가정들이 깨어지고 삶에 많은 고통과 슬픔이 넘쳐 흐른다는 것을 모르고 있다.

이렇듯 하나님은 우리에게 이 귀한 창조의 섭리와 계획을 자세히 알려

주시기 원하신다. 단지 인간이 자신의 욕망에 눈이 어두워져 보지 못하고 있을 뿐이다. 성경은 이 같은 지식들을 충분하게 전해 주며, 거기에 담긴 하나님의 마음을 가르쳐 준다. 그런데 우리가 그 말씀들을 이해하지 못하고 있다. 그렇게 이해하지 못하는 가장 큰 원인은 우리의 내면세계와 인간의 마음의 원리에 대한 무지함 때문인 것이다.

에베소서 4장13절

우리가 다 하나님의 아들을 믿는 것과 아는 일에 하나가 되어 온전한 사람을 이루어

그리스도의 장성한 분량이 충만한데까지 이르리니

Part 02

나에게도 치유가 필요한가?

나도 모르고 남도 모르는 나

숨기고 싶은 기억

회복되어야 하는 자아상

04
나도 모르고 남도 모르는 나

"이뿐 아니라 또한 우리 곧 성령의 처음 익은 열매를 받은 우리까지도 속으로 탄식하여 양자 될것 곧 우리 몸의 구속을 기다리느니라" (롬 8:23).

예수님이 왜 이 땅에 오셨나? 너무 쉬운 질문처럼 들린다. 예수님은 우리의 죄를 용서하시고 우리를 구원하러 오셨다. 그러나 그 한마디로 예수님이 이 땅에 오신 이유가 전부 설명되지 않는다. 누가복음 4장에 보면 예수님의 첫 번째 설교가 나온다. 고향인 나사렛의 회당에서 이사야서를 읽으신다. 그런데 참으로 예상외의 말씀을 선택하셨다. 어느 랍비도 설교할 수 없는 말씀을 읽으시고 "이 말씀이 오늘 너희에게 임하였다"라고 선포하신다. 우리 개역 성경의 누가복음 4장에는 다음과 같이 적혀 있다.

"주의 성령이 내게 임하셨으니 이는 가난한 자에게 복음을 전하게 하시려고 내게 기름을 부으시고 나를 보내사 포로 된 자에게 자유를 눈먼 자에게 다시 보게 함을 전파하며 눌린 자를 자유케 하고 주의 은혜의 해를 전파하게 하려 하심이라 하였더라" (눅 4:18-19).

예수님이 읽으신 원문인 이사야 61장 1절과 2절은 누가복음과 조금 다르게 되어 있다. 누가복음에는 이사야서의 중요한 구절이 몇 개 빠져 있다. 이사야서를 보자.

"주 여호와의 신이 내게 임하셨으니 이는 여호와께서 내게 기름을 부으사 가난한 자에게 아름다운 소식을 전하게 하려 하심이라 나를 보내사 마음이 상한 자를 고치며 포로 된 자에게 자유를, 갇힌 자에게 놓임을 전파하며 여호와의 은혜의 해와 우리 하나님의 신원의 날을 전파하여 모든 슬픈 자를 위로하되"(사 61:1-2).

누가복음에 "마음 상한 자를 고치며"가 빠져 있다. 그래서 누가복음만을 보면 포로 된 자와 눈먼 자와 눌린 자를 육신적인 의미로 해석하기 쉽게 되어 있다. 그러나 이사야서 61장을 보면 육신적인 질병을 말씀하시는 것이 아니라 마음의 환자들이라는 것을 바로 깨닫게 된다. 여기서 마음 상한 자와 포로 된 자와 갇힌 자는 모두 같은 종류의 환자들이다.

우리는 살아가면서 대인 관계에서 마음이 상하는 경험을 많이 한다. 그리고 어떤 사람과의 관계에서 한번 마음이 상하면 자신도 모르게 그 사람, 또는 그와 비슷한 사람과의 만남을 피하게 된다. 즉 내가 스스로 보호벽을 쌓아가는 것이다. 한번 상처를 입고 벽을 쌓기 시작한 사람은 다른 관계에서도 쉽게 상처입기 때문에 계속해서 벽을 쌓아가게 된다. 특별한 계기로 그 벽을 허물지 않으면 그 사람은 오랜 세월을 지나면서 자연스럽게 자신이 쌓은 성의 포로가 되는 것이다. 계속해서 그런 삶을 살아가면 점점 행동반경이 좁아지며 자신을 구속하게 되고 나아가서 감옥

속으로 들어가 버리게 된다. '갇힌 자'가 되는 것이다.

예수님의 관심은 우리의 육신의 질병을 치유하는 것뿐만 아니라 마음의 상함을 고치시는데도 있다는 것을 이사야서의 말씀에서 분명히 선포하신 것이다. 상식적으로도 당연한 말이다. 왜냐하면 육신은 완벽하게 고친다 한들 세상에서 조금 더 사용하면 두고 갈 것이지만 우리의 마음은 성품이 되고 하나님 나라의 상을 받게 될 귀한 존재이지 않은가?

그런데 많은 하나님의 사람들이 인간의 질병과 연약함을 치유하시는 것만이 예수님의 아주 중요한 사역이었다고 믿고 그렇게 가르친다. 그래서 눈에 보이는 육신의 질병 치료에 모든 관심과 노력을 집중한다. 질병의 진짜 원인인 마음을 만지는 일에는 별로 관심이 없다. 예수님의 마음을 놓쳐 버리는 안타까운 관점인 것이다.

예수님은 질병을 치유하실 때마다 마음의 치유를 함께 하시거나 또는 먼저 하셨다. 열 두해를 혈루병으로 고생한 여인을 치유하실 때, 소경들을 치유하실 때, 38년 된 병자를 치유하실 때, 거라사의 광인을 치유하실 때, 중풍 병자를 치유하실 때…. 당신은 이렇게 반문할지 모른다. "목사님, 그런 경우는 일부분입니다. 그 많은 사람들을 치유하실 때에 예수님이라도 어떻게 매번 치유 상담을 하실 수 있었겠습니까?" 이제 성경을 가지고 예수님이 질병을 치유하실 때에 어떻게 하셨을까를 생각해보자.

"저물어 해 질 때에 모든 병자와 귀신들린 자를 예수께 데려오니 온 동네가 문 앞에 모였더라 예수께서 각색 병든 많은 사람을 고치시며 많은 귀신을 내어 쫓으시되 귀신들이 자기를 알므로 그 말하는 것을 허락지 아니하시니라 새벽 오히려 미명에 예수께서 일어나 나가 한적한 곳으로 가사 거기서 기도하시더니"(막 1:32-35).

예수님은 병자들을 밤새 고치셨다. 요즈음의 TV 치유사역자들이나 기도원 강사들이 수백 수천 명의 치유를 한 두 시간에 해치우는 모습과는 아주 다르다. 밤새 병을 고치시고 새벽에 나가서 기도하신다. TV 치유사역자들보다 능력이 많으신 예수님이 왜 그렇게 많은 시간을 써서 환자를 고치셨을까?

오직 한 가지 설명이 가능하다. 육신을 치유하시기 전에 한 사람 한 사람의 마음을 치유하시는 과정이 있었기 때문이다. 마음의 상함을 고치지 않고 육신을 치유하면 그 치유가 영구적이지 못하다는 것을 잘 아셨기 때문이다. 속마음을 보시는 예수님께는 긴 상담이 필요하지 않다. 한 마디만 던지시면 된다.

"네가 낫고자 하느냐?"

"네 죄 사함을 받았느니라."

"가서 다시는 죄를 범하지 말라!"

"내가 무엇을 하여 주기를 원하느냐?"

그 순간에 사람들의 마음이 열려 회개하고 새 힘을 얻으면 모든 묶인 것이 끊어지는 것이다.

이제 당신은 이런 안목을 가지고 복음서에서 예수님이 병을 고치시는 부분을 잘 읽어보기를 바란다. 예수님이 얼마나 인격적인 분인가를 깨닫게 되며 예수님을 더욱 친밀하게 만나게 될 것이다. 예수님은 지금도 당신 한 사람의 마음 치유에 큰 관심을 갖고 계신다. 마음이 생명을 담는 그

룻이기 때문이다. 예수님은 마음의 중요성을 이렇게 말씀하신다.

> "입에서 나오는 것들은 마음에서 나오나니 이것이야말로 사람을 더럽게 하
> 느니라 마음에서 나오는 것은 악한 생각과 살인과 간음과 음란과 도적질과
> 거짓 증거와 훼방이니 이런 것들이 사람을 더럽게 하는 것이요 씻지 않은
> 손으로 먹는 것은 사람을 더럽게 하지 못하느니라"
> (마 15:18-20).

예수님은 당신의 상한 마음을 치유하시러 오셨다. 당신 스스로 쌓은
성에 포로가 된 당신을 풀어주러 오셨다. 마음의 감옥에 갇혀있는 당신
을 자유케하러 오셨다.

■ 넓은 의미의 내적치유, 좁은 의미의 내적치유

지금쯤 되면 당신에게 이런 질문이 떠오를 것이다. "그렇다면 우리는 꼭
내적치유집회와 세미나 또는 상담자를 통해서만 우리의 문제를 해결할
수 있는 것입니까?"

이 질문에 대한 답은 "NO!"이다. 우리의 치유자는 예수님이시고 예수
님은 여러 가지 방법과 만남으로 우리를 치유하시고 회복하시기 때문
이다.

치유란 내가 당하고 있는 문제를 해결하는 것도 포함하지만 더 중요한
것은 나와 하나님과의 관계를 온전히 치유하고 회복하는 것이다. 왜냐하

면 많은 하나님의 자녀들이 하나님과 깊은 만남을 갖지 못한 채로 살아가기 때문이다. 그러한 자녀들을 치유하여 하나님과 인격적으로 교제하게 하고 하나님의 뜻을 이루며 하나님께 영광을 드리는 삶이 되게 하는 것이 내적치유이다.

다른 말로 하면, 내적치유란 하나님이 창조하신 아름다운 모습으로 우리 모두가 회복되는 과정이다. 그래서 치유는 바로 성화(sanctification)의 과정이다.

모든 크리스천에게는 지금 계속해서 치유, 즉 성화가 일어나고 있다. 찬양을 드리면서, 말씀을 들으면서, 성경을 읽는 중에, 소그룹 성경 공부를 하는 중에, 간증을 듣는 중에, 또 매일의 삶의 현장에서 주님의 임재하심을 경험할 때마다 치유는 계속된다. 이것이 넓은 의미의 내적치유이다.

그러나 이 같은 신앙생활만으로는 깊은 치유가 이루어지지 않는 경우가 많다. 마음속의 실타래가 엉킨 부분이 있으면 서서히 여러 가지가 막혀 가게 된다. 이럴 때 그 사람의 상황을 진단하고 문제를 지적하며 손잡고 해결의 길로 인도하는 사람이 필요하다. 이같은 치유 과정을 통해서 그는 자신의 마음이 엉킨 이유를 깨닫게 되면서 그 엉킴을 풀어내는 훈련을 받는 것이다. 그러한 훈련 과정을 통해서 그는 성장하고 성숙하며 다른 사람을 섬기는 크리스천이 되어 간다.

이렇듯 성화의 과정을 심각하게 방해하고 있는 장애물을 제거하여 생명수가 풍성하게 흐르도록 해주는 것이, 바로 좁은 의미의 내적치유이다. 에베소서에서 이 과정을 잘 표현한다.

"우리가 다 하나님의 아들을 믿는 것과 아는 일에 하나가 되어 온전한 사람을 이루어 그리스도의 장성한 분량이 충만한데까지 이르리니"(엡 4:13).

이제 당신에게 이런 질문이 떠오를 것이다. "나에게도 치유가 필요한 것인가?", "나에게 내적치유가 필요한 것을 어떻게 알 수 있을까?"

그것은 그리 어려운 일이 아니다. 먼저 아래의 질문들을 통해서 당신 자신을 돌아보며 각 항목별로 점수를 매겨보기 바란다.

---

1. 나는 누구인가?

잘 알고 있다 ⑩ ⑨ ⑧ ⑦ ⑥ ⑤ ④ ③ ② ① 잘 모르고 있다

2. 오늘의 나는 어떻게 형성되었는가?

잘 알고 있다 ⑩ ⑨ ⑧ ⑦ ⑥ ⑤ ④ ③ ② ① 잘 모르고 있다

3. 나는 왜 이 세상을 살아가고 있는가?

잘 알고 있다 ⑩ ⑨ ⑧ ⑦ ⑥ ⑤ ④ ③ ② ① 잘 모르고 있다

4. 나는 앞으로 어떻게 살아가야 하는가?

잘 알고 있다 ⑩ ⑨ ⑧ ⑦ ⑥ ⑤ ④ ③ ② ① 잘 모르고 있다

5. 나에게 주신 하나님의 사명은 무엇인가?

잘 알고 있다 ⑩ ⑨ ⑧ ⑦ ⑥ ⑤ ④ ③ ② ① 잘 모르고 있다

6. 하나님이 나의 선하신 아버지이신 것이 확실히 믿어지는가?

그 렇 다 ⑩ ⑨ ⑧ ⑦ ⑥ ⑤ ④ ③ ② ① 믿어지지 않는다

7. 하나님이 나를 눈동자처럼 사랑하시는 것이 확실히 믿어지는가?

그 렇 다 ⑩ ⑨ ⑧ ⑦ ⑥ ⑤ ④ ③ ② ① 믿어지지 않는다

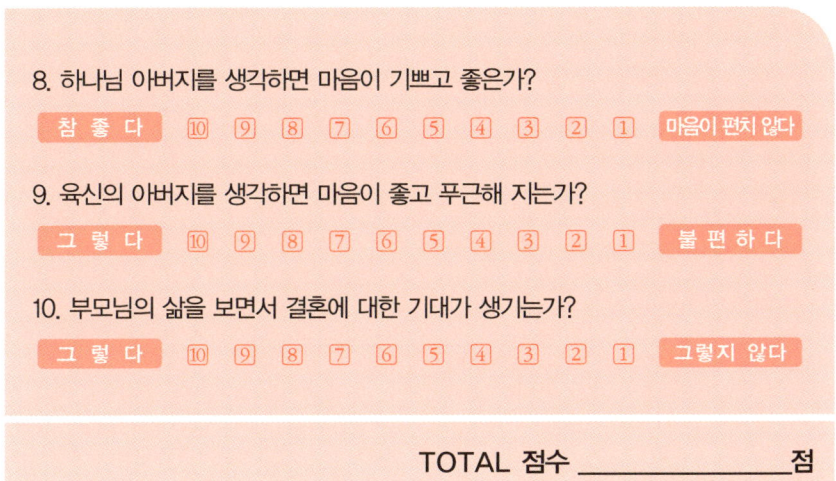

8. 하나님 아버지를 생각하면 마음이 기쁘고 좋은가?

참 좋 다 ⑩ ⑨ ⑧ ⑦ ⑥ ⑤ ④ ③ ② ① **마음이 편치 않다**

9. 육신의 아버지를 생각하면 마음이 좋고 푸근해 지는가?

그 렇 다 ⑩ ⑨ ⑧ ⑦ ⑥ ⑤ ④ ③ ② ① **불 편 하 다**

10. 부모님의 삶을 보면서 결혼에 대한 기대가 생기는가?

그 렇 다 ⑩ ⑨ ⑧ ⑦ ⑥ ⑤ ④ ③ ② ① **그렇지 않다**

TOTAL 점수 _____ 점

설문의 총 점수는 100점이다. 그런데 당신의 점수가 80점 이하라면 당신에게는 이 책에서 말하는 내적치유의 원리가 큰 도움을 줄 것이다. 만일 60점 이하라면 당신에게는 예수님의 치유가 시급하게 필요하다고 생각하면 거의 틀림이 없을 것이다.

◻ 나도 모르고 남도 모르는 나?

우리는 자기 자신을 아주 잘 알고 있는 것처럼 믿고 살아간다. 게다가 우리 사회는 그 반대 의견을 용납하지 않는다. "저는 저 자신에 대해서 잘 모릅니다"라는 고백을 한다는 것은 자살 행위나 다름이 없다. 입사 시험이라면 그 자리에서 낙방이다. 그래서 우리는 모든 일에서 자신 만만하게 보이려고 애쓴다. 온갖 수단과 방법을 다해서 자신의 겉사람을 갈고

닦으며 포장하고 치장한다.

이제 보통 사람의 삶을 조금 분석해 보자. 크게 네 영역으로 나눌 수 있다. 전문 용어로 조해리 창(Johari's window)이라고 알려져 있는데, 독자 여러분도 쉽게 이해하고 받아들일 수 있을 것이다.

첫째, 내가 알고 남도 아는 영역

둘째, 나는(또 내 가족은) 알지만 남은 거의 모르는 영역

셋째, 나는 잘 모르는데 남에게는 잘 보이는 영역

넷째, 나도 모르고 남도 모르는 영역

이제 하나씩 설명해 보기로 하자. 읽으면서 당신 자신의 삶을 솔직하게 돌아보기를 바란다.

내가 알고 남도 아는 영역	나는 알지만 남은 거의 모르는 영역
나는 잘 모르는데 남에게는 잘 보이는 영역	나도 모르고 남도 모르는 영역

1. 내가 알고 남도 아는 영역

밝은 대낮에 사람들과 만나는 우리 모습이다. 직장에서, 학교에서, 교회에서 만나는 우리의 모습이다. 키, 용모, 목소리, 걸음걸이, 옷차림 같은 것이다. 멋진 옷과 화장으로 덮고, 아픈 속마음은 웃음으로 감추고 자기 자신과 가정의 최고의 모습을 남에게 보이고자 애를 쓰는 영역이다.

2. 나는(또 내 가족은) 알지만 남은 거의 모르는 영역

이 영역은 부정적인 측면과 긍정적인 측면으로 나누어진다.

먼저 부정적인 측면을 살펴보자. 나의 말과 행동 중에서 남이 보면 창피한 부분이 있다면 여기에 속한다. 조금 범위를 넓히면 내 가정에서 일어나는 모든 창피한 일도 여기에 포함된다. 나 자신이 도박 중독인 사실도 창피하지만, 우리 엄마, 아빠가 알코올 중독인 사실도 창피한 것이다. 내가 마음속으로 온갖 이상한 공상을 하는 것도 창피하지만 집사 아빠, 권사 엄마가 매일 싸우는 것도 많이 창피한 일이다. 내가 만나서는 안 되는 사람을 만나고 있는 것도 알려지면 엄청 창피한 일이지만 우리 부모님이 부정한 방법으로 돈을 벌고 있다는 사실도 몹시 창피한 일이다.

긍정적인 측면을 보자. 내가 남모르게 선행을 베푸는 일이 있거나, 남이 잠자는 시간에 영어 공부를 하고, 성경을 연구하고, 기도하고, 수시로 독거노인들을 돌아보고 있다면 그런 부분이 여기 해당한다.

나 = 첫째 영역 + 둘째 영역?

많은 사람들은 보통 첫째와 둘째 영역을 자기 자신이라고 믿고 살아간다. 치유 강의에 참석한 많은 사람들이 첫째 영역과 둘째 영역을 합한 것이 자신의 7-80퍼센트를 차지한다고 답을 쓴다. 자기 자신을 제법 잘 알고 있다고 믿는 것이다.

그래서 사람들은 자신의 겉모습을 더욱 아름답고 완벽하게 꾸미고 치장하기 위해서 시간과 정력을 아낌없이 투자한다. 좋은 옷을 입고, 화장을 하고, 체력 단련과 에어로빅을 하며 체중 조절을 한다. 스피치 훈련을 받고 유머를 익히고 리더십 훈련을 받아서 많은 사람의 인기를 끄는 일에 밤낮을 가리지 않는다. 많은 사람들을 만나며 여러 모임에 참석해서 자신을 선전한다.

그런데 우리 크리스천들의 마음을 크게 어렵게 하는 것은 두번째 영역의 부정적인 부분이다. 예수를 믿기 전에는 그 약점을 별로 대단하지 않게 생각하며 살아왔다. 그런데 이제 예수를 믿고 교회 직분까지 받고 보니 이 부분이 자신을 너무나 괴롭히는 것이다. 설교를 듣고 기도를 하거나 남들을 가르칠 때마다 자신의 창피한 부분이 속에서 솟아오른다. 온갖 노력을 다해서 그것을 누르고 극복하려고 애를 쓰지만 나아지는 것 같지가 않다. 로마서 7장 24절의 사도 바울처럼 "오호라 나는 곤고한 사람이로다"라는 고백이 절로 나온다.

3. 나는 잘 모르는데 남에게는 잘 보이는 영역

나 자신은 잘 모르는데 내 옆의 사람에게는 아주 잘 보이는 영역이다. 여기에도 긍정적인 측면과 부정적인 측면이 있다. 먼저 긍정적인 측면을 보자. 주위 사람이 볼 때 그 사람에게 귀한 재능이 있는데 자신은 한사코 그 가능성을 거부한다. 가르치는 은사가 있어 보이는데 주일학교 선생님의 역할을 맡지 않는다. 섬기는 은사가 있는데 봉사를 하지 않는다. 하나님의 특별한 부르심이 있는데 다른 길로 나가려 애를 쓴다. 문필가, 미술가의 소질이 있는데 그 가능성을 개발할 생각을 하지 않는다. 매우 안타까운 일이다.

부정적인 측면을 보자. 자기 자신을 상당히 괜찮은 사람이라고 믿고 말하고 행동하는데 주위 사람들이 보기엔 우스꽝스럽다. 자신은 겸손하게 행동한다고 애를 쓰는데 남이 보아서는 가식적이다. 자신은 담대하게 도전을 한다고 생각하는데 남들이 보아서는 무모하고 이기적인 일일 뿐이다. 다른 사람들 앞에서는 관용이 넘치는 사람인데 집안 식구들이 보아서는 폭군이다. 사람들 앞에서 큰 소리를 치는데 한두 번 겪은 사람에게는 허풍쟁이로 보인다. 본인도 뒷맛이 씁쓸하지만 그 모습을 매일 보고 견디어 내어야 하는 가족들의 마음도 참으로 허탈하다.

이렇듯 살아갈수록, 이 세번째 영역이 우리 삶에서 차지하는 비율이 큰 것을 깨닫는다.

4. 나도 모르고 남도 모르는 영역

잠재의식이라고 부르는 영역이다. 사람들은 애써 이 부분을 축소해서 생각하려 한다. 자기 보호의 본능적인 반응이다. 자기가 자신에 대해서 모르는 부분이 많다는 것을 인정하는 것은 두려운 일이다. 자신도 모르는 진짜 모습이 남들 앞에서 드러날 수 있다는 생각은 우리를 몹시 두렵게 한다.

그런데 그 부분이 우리의 상상을 초월해서 엄청나게 크다. 당신은 코흘리개 때를 얼마나 기억하고 있는가? 기어다닐 때의 일을 얼마나 기억하는가? 더 나아가서 당신이 어머니 뱃속에 있을 때의 그 중요한 세월을 얼마나 기억하는가? 잠재의식의 영역이 보통 사람의 삶에서 최소한 50퍼센트 이상을 차지한다는 것이 세상 학자들의 공통된 결론이다.

첫째, 둘째, 셋째 영역을 다 합해도 우리의 삶의 절반조차 설명할 수 없다는 말이 되는 것이다. "그게 어떻다는 말이요? 다 지나간 일 아닙니까?"라고 반문할지 모른다. 그러나 그 과거가 오늘의 당신과 당신의 삶을 주장하고 있기에 과거는 중요하다. 내가 기억하지 못하는 과거들이 나의 뿌리이고 지금의 나를 만들어 왔기 때문이다. 미국에서 30년을 살아도 한국 사람의 틀에서 벗어나기 어렵다. 미국에서 태어나서 미국 대학을 다니고 미국 직장을 다니고 미국 사람과 결혼을 해도 온전한 미국 사람이 되기는커녕 나이가 들수록 대개는 점점 더 한국 지향적인 사람이 되어 가고 있지 않은가?

이제 당신이 열고 싶지 않았던 과거의 문이 열리기 시작했다. 어떻게 할 것인가? 당신에게 선택권이 있는 것처럼 보인다. 담대하게 그 문을 활짝 열고 안으로 들어가 보든지 아니면 문을 얼른 닫아 버리고 아무 일도 없었던 것처럼 살아가든지…그러나 실제로 당신에게는 선택권이 없다. 주님이 당신의 손을 잡고 그 문 안으로 이미 들어가시기 시작했기 때문이다. 주님을 믿고 따라 들어가는 사람이 현명한 사람일 것이다.

"주님이 제 깊은 과거의 삶을 생생하게 보여주셨습니다."

우리에게 잠재의식에 대해서 눈을 뜨게 해준 사건이 있었다. 80년대 말에 우리가 밴쿠버에서 초교회적으로 젊은이 사역을 하고 있을 때 한국에서 한 대학생 자매가 선교 훈련을 받기 위해서 찾아왔다. 말하는 것이 아주 시원시원했고 찬양 리더 경험이 있다고 해서 바로 찬양팀에 합류시켰다. 그랬더니 찬양팀이 살아나기 시작한다. 남자 리더들과 이 자매가 아주 잘 섞이는 것이다.

그런데 얼마 되지 않아서 문제가 생기기 시작했다. 자매의 선교 훈련이 끝나서 당분간 다른 자매들과 기거하게 해주었는데 그 자매들에게서 불평이 쏟아져 나오는 것이다.

"목사님, 민주와는 같이 지내기가 너무 어려워요. 민주는 여자가 아닌 것 같아요. 여자로서의 기본 상식이 없어요. 너무 자기 마음대로 하고요. 우리의 마음을 전혀 읽을 줄을 몰라요. 저희 부모님들도 많이 힘들어하세요."

민주 자매에게 그 상황을 돌려서 조금 이야기를 해주면 오히려 그 자매들을 이해 못하겠다는 듯 퉁명스럽고 기분이 상한다는 반응이 나온다. 당시에는 우리 부부도 잠재의식과 내적치유에 대해서 거의 지식이 없었기에 난감한 일이었다. 그런데 얼마 후에 철야 집회에서 민주 자매의 간증을 들으면서 놀라운 깨달음을 받게 되었다.

"저는 딸만 넷이 있는 집의 셋째 딸이에요. 집에서 완전히 천덕꾸러기로 자랐어요. 위의 두 언니와는 거의 일 년 반 정도씩밖에 터울이 안 났는데도 언니들은 저를 완전히 따돌렸고 같이 놀아주지도 않았어요. 특히 할머니가 저를 미워하셨고 부모님으로부터도 사랑의 표현을 거의 받지 못했답니다. 그래서 그 외로움 때문에 제가 저희 집에서 가장 먼저 예수님을 만나게 되었어요. 고난을 통해서 선을 이루신 주님의 은혜의 손길이지요.

예수님을 만나서 제 인생이 너무 행복해졌지만 어떤 면에서는 가족들로부터 더욱 따돌림을 받는 상황이 되어 마음이 상당히 어려웠습니다. 그래서 어느 날 밤 철야기도 시간에 눈물을 흘리며 주님께 저의 아픔을 말씀드리고 있었지요. 그런데 그때 갑자기 주님이 제 깊은 과거의 삶을 생생하게 보여주셨습니다.

그 첫째 장면은 제가 대 여섯 살 쯤 되었을 때입니다. 두 언니가 놀고 있는 침대 위로 저도 함께 끼어들려고 침대로 올라 가려하는데 두 언니가 발로 저를 밀어내는 장면이었습니다. 그 당시에도 너무나 서러워서 많이 운 기억이 났지만 그 장면을 다시 보면서 마음이 너무 아팠습니다. 그런데 문득 눈을 들어보니 그 침대 머리에 예수님이 서 계신 거예요. 그러면서 제게 이렇게 말씀하셨어요. "민주야 내가 여기 있다. 내가 너하고 놀아줄게…."

그렇게 주님의 음성을 듣는 순간에 놀랍게도 제 마음의 아픔이 완전히 사라져 버리는 거예요. 그 일이 지금도 생생한데 전혀 감정의 요동함이 없어진 거예요.

그리고 더 기도하고 있는데 두번째 장면이 보였습니다. 별안간에 엄마 뱃속에 있는 태아 모습이 보이는데 그 태가 저 자신이라는 것이 느껴졌습니다. 그 아이가 엄마 뱃속에서 편안하게 있는데 갑자기 밖에서 이런 소리가 들리는 거예요. '이 아이는 아들임에 틀림없어. 아들이어야 해….' 그것도 한 번이 아니고 반복해서 들렸어요. 그 목소리의 주인은 우리 할머니였어요. 그런데 아기가 그 소리를 들으면서 많이 당황해하는 거예요. 아기가 이렇게 생각하는 것이 전해졌어요. '나는 딸인데 왜 내가 아들이 되어야 한다고 말하지? 이제 나는 어떻게 해야 하지? 그러면서 그 아이는 자신이 아들이 될 준비를 하는 것이었어요. 자신의 생각을 바꾸어 가는 것이었어요.

저는 자라면서 고등학교 들어갈 때까지 제가 원해서 치마를 입어 본 적이 없어요. 그리고 항상 남자들과 놀았던 것 같아요. 그것이 제게 편했고요. 그리고 할머니가 저를 유난히 미워하셔서 마음이 상당히 어려웠어요. 그런데 이번 일을 계기로 해서 지금의 제 씩씩한 성품이 어머니 뱃속에 있을 때에 만들어졌다는 것을 확신하게 되었어요."

당시로서는 민주 자매의 이야기를 백 프로 받아들이기는 어려웠지만 많은 것이 깨달아지기 시작했다. 그러면서 '나 자신도 기억하지 못하는 과거가 참 많겠구나! 그리고 치유 받아야 할 것이 많겠구나' 라는 생각을 하게 되었고, 이것은 우리 부부가 인간의 내면을 깊이 연구하게 되는 계기가 되었다.

숨기고 싶은 기억

"이와 같이 성령도 우리 연약함을 도우시나니 우리가 마땅히 빌 바를 알지 못하나 오직 성령이 말할 수 없는 탄식으로 우리를 위하여 친히 간구하시느니라 마음을 감찰하시는 이가 성령의 생각을 아시나니 이는 성령이 하나님의 뜻대로 성도를 위하여 간구하심이니라"(롬 8:26-27).

인간의 뇌는 이 세상의 어떤 슈퍼컴퓨터보다 뛰어나다. 사람의 오관을 통해서 입력된 모든 자극과 정보는 완벽하게 기억이 된다. 그리고 한 번 만들어진 기억은 뇌가 손상을 입지 않는 한 지워지지 않는다. 단지, 내가 지금 기억하지 못 할뿐이다. 오래되어서 보관의 모습이 달라진 것이다. 의식에서 잠재의식으로.

모든 기억은 두뇌에 저장되지만 우리가 기억해낼 수 없는 기억들이 많다. 그 사건이 우리의 의식 속에 보관될 만큼 강력한 인상을 주지 못했거나 그 사건이 너무나 고통스러워서 그 기억 자체를 억눌렀기 때문이다. 우리는 상처를 입을 때에 수치스럽다고 느끼며 무의식적으로 주위 사람들에게 우리의 반응을 감춘다. 상처가 생길 때마다 그곳에 붕대를 감는 것이다. 그렇게 오랜 세월 상처를 입을 때마다 붕대를 감아 온 우리의 모습을 상상해 보라. 그 상처들은 아직 치유 받지 못했기에 통증이 그대로 있고 오늘도 나의 삶에 기분 나쁜 영향을 주는 것이다.

그런데 이러한 기억들을 숨겨 두는 데는 엄청난 에너지가 들어간다. 그것은 마치 풍선 한 묶음을 남들이 보지 못하게 물 밑에 숨기려고 애쓰는 사람과 같다. 그런데 그가 풍선들을 숨기려 한다는 것을 주위 사람들은 잘 알고 있다.

마음에 상처를 입힌 고통스러운 일들의 기억은 성격과 성품을 많이 찌그러뜨린다. 내 마음에 들지 않는 성격과 성품은 하나님이 나를 그렇게 창조하셔서 그런 것이 아니다. 그것은 대부분 상처받은 아픔의 결과이며, 그 아픔에 대한 나의 부정적인 반응이 누적된 결과이다. 그 중 몇 가지를 나열해 보자.

1. 자기 자신을 싫어한다.

많은 사람들이 출생 전부터 자신이 존재하는 것 자체에 대한 수치심을 물려받는다. 그래서 자신에게 계속해서 부정적인 말과 생각을 쏟아 붙는다.

2. 자신의 이름을 싫어한다.

한국 여성 중에 자신의 이름을 싫어하는 사람이 많다. 나중에 아들을 낳으라고 남자 이름을 지어 주었기 때문이다. 그런 여성은 어려서부터 주위 사람들에게 반복해서 놀림 받으며 자신의 이름을 싫어하게 된다. 나아가서 자기를 사람들 앞에 드러내는 것을 몹시 싫어하게 된다. 자존감과 자아상이 망가진다.

3. 자기 자신이 다른 사람이기를 바란다.

많은 사람들이 유행을 따르고 영화배우들의 스타일을 따른다. 사춘기의 젊은이라면 이해할 수도 있지만 그렇지 않은 대부분의 경우 자아상이 망가져 있는 사람들의 증상이다.

4. 자신의 속사람을 대면하기 싫어서 의도적으로 다른 일에 몰두하며 기분 전환 방법을 시도한다.

- 운동 경기, 먹는 것, TV 보는 것, 약물 복용(마약)
- 종교 행위 중독, 집회 중독

5. 사람들의 인정을 받는 것이 삶의 목표가 되고 성취 지향적이 된다.

크리스천 중에도 성취 지향적인 사람이 많다. 중요한 사람들이다. 그러나 정말 중요한 것을 잊고 사는 사람들이다.

6. 남의 관심을 사려는 필사적인 시도 때문에 오히려 인정을 받지 못하고 좌절한다.

- "인정을 받으려면 남에게 보여 줄 수 있는 성취와 업적을 남겨야 한다."
- 사람들의 시선과 관심을 끌려는 욕구
- 주로 나쁜 행동이나 습관으로 나타난다.

7. 자신의 가능성을 간단히 포기해 버린다.

"나는 무가치하다." 모든 성공하는 사람들에게도 매우 비판적이 된다.

8. 하나님이 나를 사랑하신다는 것을 받아들일 수가 없다. 십자가의 용서나, 우리 죄를 자백하면 하나님께서 용서하신다는 것이 믿어지지 않는다.

9. 영적 생활에 굴곡이 심하고 수시로 깊은 침체에 빠진다.

하나님과의 관계가 깊어지지 못하기 때문에 사람의 인정을 받으려

하는것이다. 교회에서 사람들이 봐주고 인정해주는 날은 기분이 좋고 사람들이 자신을 무시한다고 느껴지는 날은 기분이 바닥을 치는 것이다. 하나님의 말씀도 그에게는 별로 도움이 되지 않는다.

마태복음 9장 앞부분에 보면 예수님이 중풍 병자를 만나시는 장면이 나온다. 친구들이 침상에 누운 병자를 데리고 왔다. 그 때에 예수님이 예상치 못한 말씀을 하신다. "소자야 안심하라 네 죄 사함을 받았느니라" (마 9:2). 모두가 깜짝 놀랄 말씀이었다. 예수님은 그 병자의 마음 속 깊은 곳을 먼저 보셨다. 그 병자가 육신의 질병으로 고통당하는 이유가 심한 죄책감 때문이라는 것을 아시고 이 사람의 잠재의식을 주관하고 있는 죄책감을 해결 해주는 것이 급한 것임을 보신 것이다.

크리스천이 되면 과거의 모든 문제가 다 정리되고 해결된 것으로 생각하는 사람들이 많다. 그 말은 반만 옳다. 즉 우리가 지금 의식하고 있는 과거는 해결되었지만 잠재의식 속에 있는 과거는 아직 해결되지 않은 것이다. 술, 담배, 노름과 같이 겉으로 드러나는 문제들로부터는 많이 해방되었지만 고집스러움, 분냄, 미워함, 열등감, 시기, 질투 같은 마음은 전과 별로 다름없이 우리를 붙잡고 있는 것을 부인하기 어렵지 않은가?

예수님을 뜨겁게 만나고 방언을 유창하게 하며 큰 은혜를 입었더라도 우리 내면의 육신적인 마음들이 진실한 이웃 사랑으로 쉽게 변하지 않는다는 것이 우리 믿는 자들을 안타깝게 한다.

"아들과 껴안고 대성통곡을 했습니다."

맺힌 한은 풀어 주어야 한다.

선교사들을 대상으로 세미나를 하고 아쉽게 떠나오는 날 작별 인사를 하는 중인데 40대 초반의 최 선생이 상기된 얼굴로 이렇게 보고한다.

"사모님, 어제와 그제 이틀 동안 아들과 껴안고 대성통곡을 했습니다. 사모님 강의 중에 목사님의 신발에 맺힌 사연을 듣고 깨닫는 것이 많아서 바로 아들과 이야기를 했지요. 그 이야기를 들으면서 큰 녀석이 너무 감동을 받더니 울먹이면서 저를 위로하는 것 아니겠습니까? '아빠 걱정 마세요. 제가 있잖아요! 제가 아빠의 어릴 적 그 아픔을 꼭 해결해 줄게요' 아들 녀석의 말에 어찌나 감동이 되는지 끌어안고 울었답니다. 이제 제 아들이 아빠를 이해하는 수준이 달라졌습니다. 치유 세미나의 큰 열매입니다. 두 분께 감사를 드립니다!"

우리 남편의 맺힌 한들 - 신발

앞에 나온 최 선생의 이야기를 독자들이 이해하기 위해서는 내 남편 구 목사의 신발과 바지와 빵에 얽힌 사연을 이야기를 알아야 한다. 우리 남편은 신발을 참 좋아한다. 그것도 아주 싼 신발들을. 비싼 것은 근처에도 안 간다.

우리 타운 근처 쇼핑 몰에 젤러스(Zeller's)라는 대중백화점이 있는데 거기만 들어가면 남편은 신발을 사러 온 것이 아닌데도 신발 코너로 직행한다. 그리고는 제일 값싼 신발들 앞으로 가서는 한참을 구경하며 신어 보곤 한다. 쇼핑하기를 몹시 싫어하는 사람인데 이 모습을 옆에서 보면 아주 즐거워하는 것처럼 보인다. 그러다가는 결국 싼 운동화를 한 켤레 집어 든다.

나는 그 신발을 내려놓으라고 권유한다. 그러면 그 신발에 온갖 찬사를 해대기 시작한다. "여보, 이 신발은 너무 가벼워. 그리고 공기가 술술 통해서 여름에 아주 시원 할 거야. 그리고 값을 봐. 너무 싸잖아. 몇 번만 신어도 본전이 나오는 거야…"

내 태도가 워낙 강경해서 대부분은 내려놓지만 나중에 혼자 다시 가서는 결국 그 신발을 사오는 것이다. 그래서 쇼핑 몰에만 같이 가면 딸들이 "아빠 또 신발 쪽으로 가셔…"라며 같이 씩 웃곤 했다.

그런데 그 신발을 자주 신는 것도 아니다. 싼 게 비지떡, 금방 싫증이 난다. 그러다가 누가 찾아와서 그 신발을 받아 갈 것 같은 사람이면 "아, 운동화가 필요하시겠네, 이 신발이 맞을 것 같은데…"라고 하면서 주어 보내는 것이다. 선교 훈련을 가 있던 하와이에서도 짐을 줄여야 하는 상황인데 싸구려 신발을 샀고 그 신발은 한 번도 안 신고, 결국 집을 방문한 선교사에게 주어 버렸다.

그래서 신발은 우리 부부의 신경전의 한 항목이 되었다. "여보, 당신 신발 사지 말라는 말이 아니에요. 한번 사면 오래 신을 신발을 사도록 해요. 당신의 체통도 좀 생각하고…"

하지만 마이동풍이다. 그러다가 치유사역을 시작 한지 한참 후에 남편이 편안하게 누워서 자신의 어렸을 때 이야기를 하면서 이렇게 말하는 것이다 "여보, 나는 어려서 중학교 다닐 때에 학교 다녀와서 밖에 나가 뛰어 놀 때에 신을 신발이 없어서 어머니 흰 고무신을 신고 나가기도 했어. 운동화는 학교 갈 때 신어야 했기 때문에 뛰어놀 수가 없었거든…"

그 순간에 내 머리 속에 불이 켜졌다. "아, 이거구나!" 더 자세히 물어보았다. 그랬더니 남편이 이렇게 말하는 것이다.

"나는 운동화가 아주 해져서 발에 붙어 있지 못할 때까지 신었어. 지금도 그 모습이 잘 기억되지. 돈이 없어서 구두는 살 생각도 못했어. 운동화를 사도 제일 싼 것을 샀고 그 신발이 정말로 위와 아래가 다 해질 때까지 신고 다녔어. 친구 녀석이 내 신발 때문에 자기가 창피했던지 뭐라고 투덜대던 말까지 기억이 나네…."

남편은 아무렇지도 않게 말을 하는데 내 눈에는 눈물이 고였다. 이제 비밀의 문이 열린 것이다. 전혀 생각도 하지 못했던 이야기다. 나는 6남매의 막내딸로 자랐기에 늘 언니 오빠들의 사랑을 받았다. 부모님의 경제 형편은 어려웠지만 나는 모든 언니 오빠에게 대접을 잘 받았고 원하는 것에는 부족함이 없이 자랐기에 남편의 그런 가난은 상상조차 못했던 것이다.

게다가 내가 처음 만난 우리 남편의 모습은 누가 보아도 혹할 귀공자였다. 나는 그가 부잣집 귀한 아들인 줄 알았다. 나중에 그의 가정 형편을 알아 갈수록 경제적인 면에서 조금 실망이 되었지만 우리가 서로를 너무 좋아했기에 그런 것은 문제 삼지 않고 결혼을 했다. 그런데 이제서야 남편의 참 모습을 보게 된 것이다.

바로 두 딸에게 그 사실을 이야기 했다. 딸들에게는 더욱 큰 쇼크였다. 딸들이 보기에 아빠 엄마는 항상 경제적인 면에서는 아무런 어려움을 겪지 않은 사람들로 보였기때문이다. 가끔 재정 문제로 부부가 다투기는 했지만 큰 빚을 내거나 애들에게 경제적인 어려움을 끼치지는 않았던 것이다.

그 해에 남편의 생일이 되었다. 작은 딸이 아빠 생일 선물을 사드리겠다고 같이 나가잔다. 아르바이트를 해서 모은 돈이 있단다. 그러더니 밴쿠버에서 제일 비싼 신발 가게로 아빠를 모시고 간다. 거기서 제일 비싼 신발을 고르란다. 그 가게에도 신발 레벨이 상, 중, 하가 있기에 나는 가운데쯤에서 고르라고 남편을 붙잡았다. 그런데 딸이 요지부동이다. 제일 비싼 것을 골라야 한단다. 머뭇거리던 아빠가 드디어 결심을 하더니 좋은 신발을 고른다. 그의 일생에서 가장 비싼 신발을 신은 것이다. 그리고 나서도 한동안은 그 신발을 두고 보기만 하더니 어느 날 결심하고는 그 비싼 신발을 신기 시작한다. 이제는 그 신발을 제일 애용한다. 좋은 것의 가치를 깨달은 것이다. 이제는 싼 신발 가게를 어슬렁거리지를 않는다. 드디어 신발에 맺힌 한이 풀린 것이다.

맺힌 한은 분명히 하나씩 풀어지고 해결되어야 하는 것이다. 그것을 그대로 하나님의 말씀으로 덮고, 직분으로 덮는다고 없어지지 않는다는 것을 나는 남편과 주위 사람들의 삶을 통해서 반복해서 경험하고 있고 또 치유 세미나에 참석하는 사람들의 반응에서 확인하고 있다.

그 맺힌 한들이 마음속에서 발동할 때에 "나는 괜찮아. 나는 이제 어른이야. 나는 이제 교회 지도자야. 그런 옛날 일들에 어린애같이 영향을 받을 수는 없어…"라며 눌러 버린다면 전혀 예상하지 못했던 곳에서 전혀 예상하지 못했던 방법으로 그 옛날의 어린 아이가 튀어나와서 분위기와 관계를 망쳐 버리게 된다.

이제 우리가 해야 하는 일은 나 자신과 내 주위 사람들의 맺힌 한들이 무엇인가를 찾아내고 드러나게 하는 일이다. 그 일은 어렵지 않다. 질문

을 시작하면 된다. 통성 기도가 아니라 그냥 서로 간에 옛날 어렸을 때의
이야기를 하면서, 묻고 들으면 되는 것이다. 서로의 마음 깊은 곳을 이해
하며 받아 주게 되면 맺힌 한들이 바로 바로 풀어지기 시작하는 것이다.
그 결과로 놀라운 주님의 은혜, 이 세상을 이기는 평강과 치유와 안식이
솟아오르는 것이다.

06

회복되어야 하는 자화상

"너희 속에 착한 일을 시작하신 이가 그리스도 예수의 날까지 이루실 줄을
우리가 확신하노라"(빌 1:6).

■ 세상 사람들은 보통 이렇게 말한다.

"생각이 변하면 말이 변하고 말이 변하면 행동이 변한다. 행동이 변하면
습관이 변하고 습관이 변하면 삶이 변한다. 삶이 변하면 인격이 바뀌고
인격이 바뀌면 운명이 바뀐다."

즉 생각을 바꾸는 것이 내 인생을 바꾸는 첫번째 단추라는 것이다. 그
러나 그 말이 아주 많은 경우 맞지 않는다는 것을 우리 모두는 경험으로
잘 알고 있다. 가끔 그렇게 될 때도 있지만 그렇지 않은 경우가 훨씬 더
많다. 작심삼일(作心三日)이라는 말이 바로 그 상황을 가리키지 않는가?

인간은 자신의 마음속에 가지고 있는 자아상대로 살아간다. 즉 생각이
바뀌는 것보다 먼저 마음이 치유되고 바뀌어야 한다. 예수님도 우리 삶

에서 마음의 중요성을 이렇게 분명히 말씀하신다.

> "입에서 나오는 것들은 마음에서 나오나니 이것이야말로 사람을 더럽게 하느니라 마음에서 나오는 것은 악한 생각과 살인과 간음과 음란과 도적질과 거짓 증거와 훼방이니" (마 15:18-19).

생각(mind)은 지성에 속하고 마음(heart)은 감성에 속한다. 이 두 가지는 아주 다른 것이다. 앞에 예수님의 말씀에 의하면 우리의 말과 행동을 자연스레 지배하는 것은 생각이 아니라 마음이다. 아무리 좋은 것을 많이 배웠더라도 그 배운 것이 삶으로 자연스럽게 드러나게 하려면 마음이 움직여야 한다. 마음속에 새겨진 자신의 모습, 즉 자아상이 건강한 사람은 당당하게 어깨를 펴고 살아간다. 하지만 자아상이 찌그러지고, 망가진 사람은 모든 것이 찌그러져 있어서 원만한 대인 관계를 맺지 못한다.

생각을 바꾼다고, 리더십 훈련을 잘 받아서 좋은 습관을 만든다고 해서 마음이 저절로 회복되는 것이 아니다. 오히려 리더십 훈련을 통해서 마음 한쪽의 찌그러짐이 펴지는 것 같이 보여도 그 반작용으로 다른 쪽은 더 크게 찌그러진다.

■ 자아상은 어떻게 만들어지는가?

자아상이란 자신의 내면을 마음의 거울에 비추어 보는 모습을 말한다. 어려서 판단 능력이 없었을 때에 자신의 모습을 보여주는 거울이 뒤틀리거나 깨어져 있고 잘못된 색깔이 들어 있다면, 그의 자아상은 점점 망가진다. 그래서 주위 사람들이 아무리 훌륭하다고 말해 주어도 그가 자기 자신을 보는 거울이 뒤틀려 있기때문에 그는 망가진 자아상을 가지고 살아가게 된다.

그렇다면 우리가 어렸을 때에 거울 역할을 한 것이 무엇일까? 그것은 우리에게 가깝고 중요한 사람들이 우리를 대하는 말과 태도와 반응이다. 부모, 조부모, 형제, 선생님, 친구들…그 중에서도 제일 중요한 거울은 부모님이다. 부모님이 나를 어떻게 대해 주는가에 따라서 내가 얼마나 중요한 사람이고 또는 그렇지 않은 사람인가가 마음에 새겨지는 것이다.

당신의 자아상 형성에 가장 큰 영향을 준 사람이 누구라고 생각합니까?
또 큰 영향을 준 말을 언제 들었습니까?

긍정적인 면으로 (순서대로 두 사람) _____

부정적인 면으로 (순서대로 두 사람) _____

☐ 자아상은 언제부터 만들어지는가?

매우 중요한 질문이다. 자아상이 만들어지는 시점을 어떻게 잡느냐에 따라서 인간 이해에 근본적인 차이가 생기며 인생의 문제를 해결하는 방법이 완전히 달라지기 때문이다. 서양 심리학에서는 이렇게 말한다. "인간은 태어날 때 백지로 태어나고 그 다음에 부모의 영향에 따라서 그의 삶이 결정된다." 또 이렇게도 말한다. "두세 살 때까지는 엄마의 영향을 심각하게 받고 그 이후 여섯 살까지는 아버지의 영향을 심각하게 받는다."

그러면서 인간을 네 가지 유형(다혈질, 담즙질, 우울질, 점액질)으로 분류해 놓고 연구와 양육을 해가기도 하고, 어떤 경우는 부드러운 성품의 아이와 강한 성품의 아이로 분류하고 양육법을 제시하기도 한다.

그런데 우리 조상들은 그렇게 생각하지 않았다. 우리에게는 서양 심리학과는 차원이 다른 논리가 있다. 바로 태교 이론이다. 우리 조상들은 오랜 연구를 통해 어머니의 태중에서 아이의 성품의 기초가 만들어지는 것을 확인했고 그 이론에 따라서 젊은 부모들을 가르쳐 왔다.

태교 이론 원리의 첫째는 태중의 아기는 엄마의 마음을 다 이해하며 밖에서 일어나는 일들을 나름대로 해석하고 반응한다는 것이고, 둘째는 인간은 태어날 때에 결코 백지가 아니라 아주 많은 것이 결정되어서 태어난다는 것이다. 셋째는 사람들의 성품의 대부분은 태중에서 부모의 상황과 그들의 관계와 기타 외적인 환경에 의해서 결정된다는 것이고, 넷째는 부부가 교합할 때에 어떤 마음과 환경이었는가 하는 것이 그날 만들어지는 아이에게 엄청난 영향을 준다는 것이다.

우리 부부는 태교 이론을 전적으로 수용하고 지지한다. 내가 한국인이라고 해서 그러는 것이 결코 아니다. 수많은 상담과 치유 과정을 통해 태교 이론이 정확하다는 것을 계속해서 확인하기 때문이다. 또 성경의 말씀과 믿음의 선조들의 삶을 통해서도 증명되는 것이기 때문이다.

이제부터는 태교 이론을 염두에 두고 여러 사례들과 그 치유 방법들이 펼쳐지고 설명될 것이다. 독자 여러분도 이 전제를 기억하며 읽어 주시기를 부탁드린다.

☐ 내가 어린 아이였을 때에

많은 사람들이 "아이들이 뭘 알아요?"라고 하면서 어린 자녀들의 생각과 감정을 무시한다. 이것이 아주 잘못된 태도임은 더 이상 설명이 필요 없으리라 본다.

어린 아이가 말을 시작할 때 자신이 여태껏 보고 들은 것들이 그 작은 입에서 쏟아져 나오는 것을 본 적 없는가? 또 말을 하지 않더라도 온갖 근심과 걱정에 싸인 어린아이들의 모습을 많이 보지 않는가? 하나님이 주신 인간의 정보 수집 능력, 지각 능력, 감각 능력, 분석 능력은 아주 어려서부터 가동되고 있음을 우리는 경험을 통해 잘 알고 있다.

그런데 문제는 아이들은 아주 많은 경우 그 정보를 잘못 해석한다는 사실이다. 그들은 판단 능력이 부족하고 자신의 감정을 다른 사람과 나누는 능력이 부족하기에 상황을 잘못 해석하고 잘못 반응하는 정도가 어른들보다 훨씬 더 큰 것이다.

놀이 공원에 있는 거울의 방을 생각해 보자. 눈앞에 있는 거울의 형태에 따라 우리의 모습이 길쭉한 오이처럼 보이기도 하고, 둥근 호박처럼 보이기도 하고, 또는 전혀 알 수 없는 괴물의 형태로 보이기도 한다. 하지만 우리는 그 거울이 잘못된 것을 알기에 웃고 지나쳐버린다.

그런데 만일 어린 아이가 그 방에서 하루 종일 생활해야 한다고 가정해 보자. 아이가 어른들처럼 그것을 별 것 아닌 일처럼 웃으며 자신의 정상적인 이미지를 유지해 낼 수 있을까? 불가능한 일이다. 그 아이는 잘못된 거울에 비치는 이상한 모습을 자기 자신의 모습이라고 오해를 굳혀 가게 될 것이다.

■ 어려서 망가지는 자아상

이제 어린 아이들이 상황을 오해하게 되면서 자신의 자아상을 망가뜨리게 되는 경우들을 몇 가지 범주로 나누어서 설명하고자 한다. 당신의 경우에 해당되는 항목에는 체크 표시를 하며 읽어보라.

부모의 의도를 잘못 해석한 경우

어린 아이들은 아직 지성이 발달되지 못했고 또 의지적 결단을 하지 못하기 때문에 거의 전적으로 감성만으로 모든 외부 자극을 받아들이고 평가하고 해석한다. 자기를 편안하게 해주면 좋은 것이고, 조금이라도 불편하게 하거나 아프게 하면 나쁜 것이라고 판단하는 것이다. 예를 들어서 다음과 같은 경우는 아이가 자신이 사랑받지 못한다고 느끼게 되는 사건이 된다.

- 부모님이 임신 때문에 억지로 결혼했을 경우
- 부모님이 원하지 않는 임신이 되었을 경우

이런 상황들은 부모가 임신된 아이를 미워하거나 수치스럽게 생각하는 것이 아니라 임신 그 자체를 불편하고 수치스럽게 생각하는 것이다. 그런데 뱃속에 있는 아이들은 부모가 자기 자신을 미워하고 수치스러워한다고 느낀다. 그래서 아이들에게 어른들이 예상하지 못한 심각한 상처가 생기는 것이다.

또, 다음의 경우를 살펴보자.

- 부모님이 계속해서 다투었을 경우
- 엄마가 많이 슬퍼했을 경우

- 부모가 별거나 이혼했을 경우

이런 상황들도 아이들의 잘못이 결코 아니다. 그런데 실제 상황을 보면 아이들로 인해서 부모가 많이 다투는 것처럼 보이게 된다. 무언가 자녀들의 이야기를 하면서 곧 목소리가 높아지며 언쟁으로 넘어가는 경우가 많아지기 때문이다. 이 때 아이는 이렇게 독백을 시작한다. "엄마 아빠가 나 때문에 싸우는 거야. 나 때문에 헤어지는 거야. 내가 태어나지 않았어야 해…."

어른들이 아이들을 의도적으로 잘못 대했을 경우

이런 경우는 부모나 주변 어른들이 의도적으로 아이들의 마음을 밟아버리는 상황이기 때문에 아이들의 자아상이 더 깊이 무너지고 찌그러지기 시작한다.

- 부모님의 나쁜 기분을 자녀들에게 쏟아 부었을 경우
- 부모님의 직장에서 상처받은 마음이 자녀들에게 쏟아졌을 경우
- 딸이라고, 공부를 못한다고, 운동을 못한다고 노골적으로 자녀들을 천대한 경우
- 지체 부자유자라고 천대한 경우
- 학교 선생님의 부당한 체벌로 인한 수치감을 자극하는 경우

어린 자녀들에게는 부모의 삶의 어려움을 헤아릴 능력이 없다. 그들은 부모에게서 받은 거친 대우의 원인을 자기 자신에게서 찾는다. "내가 부족해서, 내가 잘못했기에, 내가 어리석어서…"라고 잘못 해석하고 반응하는 것이다. 그래서 자아상은 계속해서 망가져 간다.

또한 대부분의 경우 이렇게 자녀들에게 부당한 처사를 하는 부모는 이

미 그 자신의 자아상이 많이 망가져 있는 사람일 가능성이 높기 때문에 그 아이는 태중에 있을 때부터 상처를 받았을 것이다. 이렇게 어린 자녀들의 자아상은 계속해서 뒤틀리고 망가져 간다.

그런데 부모만 항상 자녀들의 자아상을 망가뜨리는 것이 아니다. 믿음이 아주 훌륭한 젊은 엄마가 치유학교 중에 자신의 어린 시절을 이렇게 적어 보냈다.

구역 예배에서 생긴 외모 컴플렉스

부모님의 구역 예배에서 상처를 많이 받았어요. 저는 언니들만 셋 있습니다. 언니들이 다 인물이 제법 좋답니다. 하지만 저만 유독 어릴 때 주근깨에다 곱슬머리, 마른 몸…

구역 예배가 끝난 후 한 할머니 집사님이 이렇게 말했지요. "딸들이 다들 예쁘게도 생겼네. 꼭 서울 아이들 같구먼요. 그런데 이 아이는 시골 아이 같구먼…"하면서 저를 가리켰답니다. 형제들과 다른 사람들 앞에서 있었던 일이라 저에게는 말할 수 없는 상처가 되었답니다(물론 그 일 한 번만이 아니었겠지요). 그래서 늘 외모에 대한 콤플렉스를 가지고 살았습니다. 성령 체험 후에 많이 이 묶임에서 놓여났지요. 외모도 변했고요. 하지만 늘 마음 깊은 곳에 '나는 못생겼어'라는 생각이 떠나지를 않았죠.

선교지에도 2년이나 있었습니다. 거기서 늘 전쟁을 했던 것 같아요. 나 자신을 사랑하고 싶어서 "지현아, 넌 예뻐. 실수해도 괜찮아. 그럴 수도 있지. 모든 것을 다 잘 할 수는 없는 거야." 이런 말들로 사탄의 거짓말을 대적하기 시작했어요. 아주 많은 치유가 있었지요.

그런데 아직도 어떤 환경에 들어가면 기가 죽고, 사람들과 교제하는 데에 어려움이 있답니다. 목사님 말씀대로 하루 아침에 치유되는 건 아닌 것을 잘 압니다. 워낙 뿌리가 깊거든요.

지금의 남편을 만나기 전에 여러 형제들로부터 프러포즈를 받았지만 그들의 사랑 고백을 믿을 수가 없었답니다. "나를 더 알게 되면 나를 싫어하게 될 거야"라는 두려움이 있어서 더 이상 교제를 하지 못하고 아무런 이유 없이 그 관계를 끊고는 했답니다.

■ 자아상을 더욱 손상시키는 사건과 상황들

이제 포괄적으로 우리의 자아상을 망가뜨리는 사건들과 상황들을 살펴보자. 자세히 읽으며 당신에게 해당하는 상황들을 체크하기를 부탁한다.

1. 어머니에게 깊은 아픔이나 슬픔이 있었다면

- 사랑하는 아버지 / 어머니가 일찍 세상을 떠난 어머니

- 너무 어려서 부모님 품을 멀리 떠나 시집을 온 어머니

- 오고 싶지 않은 집으로 혹은 그런 남편에게 시집을 온 어머니

- 사랑하는 사람과 강제로 헤어져 시집을 온 어머니

- 어려서 사랑하는 형제자매를 잃은 어머니

- 여자라고 공부 못해서 한이 맺힌 어머니

2. 아버지에게 깊은 아픔이 있었다면

- 6.25 전쟁 중에 가족을 떠나서 혼자 월남한 아버지

- 전쟁 중에 죽음의 지경을 건너며 험한 꼴들을 보고 비참한 지경을 통과한 아버지
- 부모님으로부터 천대받은 아버지
- 공부하지 못한 열등감에 눌린 아버지
- 가난에 한이 맺힌 아버지
- 지체 부자유자라고 멸시받은 아버지

3. 기타 여러 가지 상황과 사건들
- 할머니가 어머니에게 시집살이를 심하게 시킨 경우
- 부모님 사이에 대화도 없고 사랑이 없는 경우
- 남존 여비의 가정으로 어머니의 자존감이 낮아져 있는 경우
- 아버지가 외도를 해서 어머니의 속을 몹시 썩인 경우
- 아버지가 건설 사업 현장, 외항선 선원, 사우디 장기 체류 등으로 오랫동안 부재하실 경우
- 좋지 않은 이유로 가출을 자주 하는 아버지 / 어머니
- 빚보증을 섰다가 잘못되어서, 또는 집안의 사업이 망해서, 별안간에 온 가족이 심한 고난을 겪은 경우
- 경제적으로 무능력한 아버지 때문에 부부 역할이 바뀐 경우
- 어머니의 건강이 몹시 약한 경우
- 부모님 중의 한 분 또는 두 분 모두 일찍 세상을 떠나신 경우
- 사랑하는 가족의 죽음 또는 헤어짐
- 유산된 아기로 인해 슬퍼하는 부모님
- 건강한 아이를 낙태시킨 부모님

- 집안에서 자살 사건이 발생한 경우

이런 일들은 우리 모두에게 보통으로 발생하는 일일 뿐이라고 간과하지 말아야 한다. 이것들은 결코 자연스러운 일이 아닌 심각한 아픔이고 치유 받아야 하는 상처들이기 때문이다. 또한 그런 일을 직접 당한 어머니와 아버지의 일로 끝나는 것도 결코 아니다. 부모님의 아픔들은 이미 우리에게 넘어와서 우리 마음에 깊이 뿌리를 내렸다는 것을 인정해야만 한다. 그리고 서둘러서 치유 작업을 시작해야만 한다.

■ 성인이 되면서 자아상을 망가뜨리는 것들

우리의 자아상은 어려서만 손상을 입는 것이 아니다. 어려서 부모가 아무리 잘 보호하고 지켜 주어도 험한 세상을 살면서 우리의 자아상은 계속해서 공격을 받고 손상을 입는다.

1. 인간 내면의 가치를 무시하는 세상의 평가 기준

우리나라는 서양 사회와 비교해서 이것의 영향력이 엄청나게 크다. 유교의 전통과 체면 문화 때문이리라. 서양 사회는 체면을 중시하지 않는다. 중국 사회도 일반 대중들은 그렇게 남의 눈치를 보지 않는다. 옷을 아무렇게나 입어도 업신여김을 당하지 않는다. 남이 무어라 하든지 자기 좋은 대로 당당하게 살아가도록 어려서부터 훈련을 받는다.

그러나 우리 사회에서는 여러 가지 우스운 기준을 정해 놓고 인간을 등급 매기기 좋아한다. 그런데 남들이 나를 등급 매기는 것보다 내가 나 자신에게 그런 등급을 매기고 거기에 순응하고 눌려 가는 것이 더 큰 문제다. 이제 그런 세상의 기준들을 나열해 보자. 우리가 이 여러 기준 중 하나라도 남보다 떨어진다고 자신을 평가하는 순간에 우리의 자아상은 더욱 찌그러지기 시작한다.

- 학벌, 문벌, 재산
- 용모의 기준들, 피부색, 신장, 눈, 코, 입의 생김새
- 부모님이나 권위자로부터의 잘못된 비교와 평가의 언어들

2. 기타의 사건과 상황들

아래 언급된 상황들도 우리의 자아상에 심각한 영향을 준다. 우리의 자아상이 이미 많이 망가져 있는 경우가 대부분이기 때문에 그 영향은 매우 심각하다.

- 관계에서 거부당하고 배신당했을 때
- 학교에서 동급생들에 의한 왕따
- 믿었던 가족들 / 친구들로부터의 실망
- 연인으로부터의 배신(실연)
- 삶의 현장의 치열한 경쟁에서 패배했다고 생각될 때
- 입학시험 / 취직 시험 / 사법 고시에서 떨어졌을 때
- 늦어지는 승진
- 직장에서 해고당했을 때
- 사업에 실패했을 때
- 배우자의 부정

- 이혼
- 중증의(교통) 사고 및 후유증

　아마 당신도 여러 항목에 체크 표시를 했을 것이다. 이제 당신도 자아상이 많이 손상을 받은 사람이라는 것을 인정할 수밖에 없으리라. 그것을 솔직하게 인정하는 사람이 현명한 사람이다. 그래야 치유와 회복이 가능하기 때문이다.

　예수님도 우리가 그렇게 겸손하고 솔직하기를 원하신다. 이 세상 사람 중에 어린 아이의 삶을 통과하지 않은 사람은 아무도 없다. 단지 그때에 자신이 얼마나 연약한 존재였는가를 기억하지 못하고 있을 뿐이다. 이제 그 시절을 돌아보는 시간이 필요하다. 내가 그때 부모와 주위 상황으로부터 얼마나 많이 영향을 받았는가를 깨달아 아는 것이 새로운 삶, 당당한 삶을 향해 내딛는 첫 걸음이기 때문이다.

로마서 7장 22-23절

내 속 사람으로는 하나님의 법을 즐거워하되 내 지체 속에서 한 다른 법이 내 마음의 법과

싸워 내 지체 속에 있는 죄의 법 아래로 나를 사로잡아 오는 것을 보는도다

Part 03

나는 과거로부터 자유로운가?

07

당신이 어렸을 때에

"곧 창세 전에 그리스도 안에서 우리를 택하사 우리로 사랑 안에서 그 앞에 거룩하고 흠이 없게 하시려고 그 기쁘신 뜻대로 우리를 예정하사 예수 그리스도로 말미암아 자기의 아들들이 되게 하셨으니"(엡 1:4-5).

우리가 알아야 하는 내면세계에 대한 지식 중에서 가장 중요한 것은 나의 과거가 오늘 나의 삶에 부정적인 영향을 심각하게 미치고 있다는 사실이다.

많은 사람들이 이 사실을 인정하기 부담스러워하고 거부한다. 왜냐하면 그것을 인정하는 순간 자기 자신이 비참하게 느껴지기 때문이다. 자신의 어린 시절의 삶이 만족스럽지 못할수록 그 거부의 정도는 더욱 심해지며 이렇게 외친다. "내 인생은 내가 만드는 거야. 과거에는 비록 어려움이 많았지만 나는 많은 교육과 훈련을 받았고 학위도 받았어. 그렇게 경험을 쌓으면서 꽤 훌륭한 사람이 되었단 말이야. 과거를 더 이상 들추지 말라고 성경도 말하고 있잖아." 하면서 고린도후서 5장 17절 말씀을 인용한다. "그런즉 누구든지 그리스도 안에 있으면 새로운 피조물이라 이전 것은 지나갔으니 보라 새것이 되었도다."

나도 그 중의 한 사람이었다. 이러한 생각은 세상 학문이 열심히 가르치는 생각이며, 지금 열풍처럼 불고 있는 리더십 개발과 훈련의 기초가 되는 생각이기도 하다. 젊고 에너지가 충만하고 상황이 좋은 때는 그 말이 잘 들어맞는 것처럼 보인다. 그러나 나이가 들고 인생의 고난과 자녀 양육의 어려움을 겪으면서 그 선포가 약해지고 자주 의심이 드는 것을 경험해 간다.

여러 학문 분야와 삶의 현장에서 자주 인용되는 말 중에 '80/20원칙' 이라는 것이 있다. 20퍼센트의 사건이 우리 시간과 노력의 80퍼센트를 쓰게 하고, 20퍼센트의 고객을 통해서 80퍼센트의 비즈니스가 이루어지고, 20퍼센트의 고객이 80퍼센트의 문제를 일으키고, 20퍼센트의 범위에서 80퍼센트의 시험문제가 나온다는 식의 원칙이다.

우리의 내면세계에 대해서도 이 원리는 거의 그대로 적용된다. 그러나 숫자를 조금 수정해야 할 필요가 있다. '80/20' 이 아니라 '90/10' 으로. 이것은 베스트셀러인 「화성에서 온 남자, 금성에서 온 여자」의 저자인 존 그레이의 원칙이다. 그의 독창적인 것인지는 알 수 없으나 매우 혁신적인 선포이며 나 자신의 임상을 통해서도 계속 확인할 수 있는 매우 유용한 원칙이다. 그는 이렇게 말한다.

우리가 기분이 상해 있을 때 그 언짢은 기분의 90퍼센트는 과거와 연관 지어진 것이며, 그것은 우리가 기분 나쁘다고 생각하는 현재의 일과는 아무런 상관이 없다. 대개의 경우 약 10퍼센트 정도만이 현재의 경험으로 인한 불쾌함이라고 볼 수 있다. 좀 자세히 설명해 보면 이렇게 된다.

*** 90 / 10 원칙

1. 당신이 어렸을 때에 어떤 일에 대해 반복해서 욕구 불만을 느꼈다면 (오늘 그와 비슷한 상황이 벌어졌을 때에) 성인이 된 당신이 자신에게 "온화하고 평화롭고 잔잔한 마음을 가지라"라고 말해도 당신의 속사람은 분노와 울분으로 반응하게 된다.

2. 어렸을 때에 어떤 일이 몹시 실망스러웠다면(오늘 그와 비슷한 상황이 벌어졌을 때에) 성인이 된 당신이 자신에게 "즐겁고 희망적인 마음을 가져야 된다"라고 말해도 당신의 속사람은 그 옛날의 실망스러웠던 마음으로 반응하게 된다.

3. 당신이 어렸을 때에 어떤 일이 몹시 당황스럽고 충격적이었다면(오늘 그와 비슷한 상황이 벌어졌을 때에) 성인이 된 당신이 자신에게 "안심하고 자신감과 용기를 가지라"라고 말해도 당신의 속사람은 그 옛날의 불안과 두려운 마음으로 반응하게 된다.

4. 당신이 어렸을 때에 몹시 곤혹스럽고 창피스러운 일을 겪었다면(오늘 그와 비슷한 상황이 벌어졌을 때에) 성인이 된 당신이 자신에게 "이제는 괜찮으니 유쾌하고 좋은 기분을 가지라"라고 말해도 당신의 속사람은 그 옛날의 수치스러웠던 마음으로 반응하게 된다.

어린 시절에 경험한 치유되지 않은 이런 심각한 감정이 건드려지면 우리는 배우자나 주위 사람들의 큰 의미 없는 말을 자신에 대한 비난, 꾸짖음, 또는 거부하는 말로 받게 된다. 그 순간 그는 옛날의 어린아이의 상태로 돌아가서 반응하기 때문에 가족들이나 주위 사람들과 계속해서 부딪치면서 인간관계가 찌그러지기 시작한다.

'90/10 원칙'이라고 말했지만 아주 많은 경우 그 숫자가 좀 더 한쪽으로 치우치는 것을 경험한다. '93/07', '95/05' 하는 식으로 말이다. 대인관계에서 어려움을 많이 겪고 있는 사람일수록 이 숫자의 불균형이 더욱 커진다. 그런데 이같은 어려움이 예수를 믿고 신앙생활을 잘하고 있는 사람들 중에서도 거의 예외 없이 발생하고 있다는 것이 우리를 안타깝게 한다.

■ 치유 받아야 하는 과거와 그에 따른 아픔들

우리는 예외 없이 어려서부터 바람직하지 못한 여러 상황과 관계들을 통해서 많은 상처를 받으며 이 세상을 살아간다. 어렸을 때 경험하게 된 부정적인 감정들을 제대로 처리하지 못하고 마음의 벽장 속에 강제로 밀어넣고 살아가는 것이다. 그런데 그 감정들은 살아 있는 생물과 같은 것이기에 계속해서 우리 마음속에 뿌리를 내려간다. 이제 우리 마음속에 뿌리내린 감정들이 어떤 것인지 한 번 점검해 보자. 다음 질문들을 읽으면서 'YES/NO'의 답을 해 보기 바란다. 여기 질문들은 우리 시대 한국인들이 가지고 있는 상처들의 많은 부분을 생각나게 할 것이다.

✱✱✱ 당신이 어렸을 때에

1. 부모님이 자주 말다툼을 하거나 폭력을 쓰며 다투는 것을 보면서 자랐다면, 당신이 결혼이나 배우자를 보는 관점이 밝고 긍정적일 수 있을까?

〔 YES / NO 〕

2. 어릴 적에 무시당해서 거부당한 적이 많았다면, 당신은 좋아하는 사람에게 "내가 더 좋은 것 또는 더 많은 것을 원합니다"라는 말을 쉽게 할 수 있을까?

〔 YES / NO 〕

또는 "당신과 함께 인생을 같이하기 원합니다"라고 쉽게 고백할 수 있을까?

〔 YES / NO 〕

3. 경제적으로 어려운 가정에서 더 많은 것을 요청하는 것이 잘못된 행동인 것처럼 느끼며 자랐다면, 당신이 간절히 원하는 바가 있더라도 그것을 쉽게 표현할 수 있을까?

〔 YES / NO 〕

4. 부모님이 바쁘고 힘든 삶을 사느라고 당신이 무엇을 느끼고 무엇을 고민하고 있는지 물어볼 시간도 없었고, 그런 것엔 아예 신경조차 쓰지 않았다면, 당신은 흔들리고 불안한 감정을 잘 처리할 수 있을까?

〔 YES / NO 〕

5. 완벽하게 보이는 사람 혹은 공부 잘하는 사람만이 사랑 받을 자격이 있다고 부모님이 계속해서 강조했다면, 당신은 좋아하는 사람 앞에서 위축되지 않고 당당한 관계를 맺어 갈 수 있을까?

〔 YES / NO 〕

6. 어릴 적에 어른들로부터 "창피하게 울지 마라! 아기들이나 우는 거야."또는 "남자는 울지 않는 거야"라는 말을 많이 들었다면, 당신은 슬프거나 흔들리는 마음을 잘 처리할 수 있을까?

〔 YES / NO 〕

또 남들의 어려운 감정 처리와 눈물을 쉽게 이해하고 도와줄 수 있을까?

〔YES / NO〕

7. 당신이 어려을 때 혹은 성인이 되어서 전심으로 믿었던 사람으로부터 큰 실망이나 배신을 당했다면, 좋아하는 사람에게 당신의 속마음을 털어놓고 전폭적인 신뢰를 보일 수 있을까?

〔YES / NO〕

8. 어려서 이유 없이 또는 납득할 수 없는 이유로 매를 많이 맞았다면, 당신이 남들과 자신 있게 경쟁하면서 살아갈 수 있을까?

〔YES / NO〕

9. 어려서 이사를 많이 다녔다면, 당신은 성인이 되어서 안정적으로 대인 관계를 만들어 가면서 그 관계들을 즐기면서 살아갈 수 있을까?

〔YES / NO〕

10. 부모님이 늘 당신을 공부 잘하는 형제나 자매와 비교해서 당신을 자극했다면, 성인이 되어서 남들이 (특히 가까운 사람들이) 당신과 다른 사람을 비교하는 것을 잘 감당할 수 있을까?

〔YES / NO〕

11. 어머니가 일찍 세상을 떠나셔서 계모 아래서 눈치보며 자라났다면, 성장해서 주위 사람들의 눈치를 살피지 않고 당당하게 자기주장을 하면서 살아갈 수 있을까?

〔YES / NO〕

12. 아버지가 일찍 세상을 떠나셔서 홀어머니 아래서 자랐다면, 성장해서 주위의 나이 많은 어른들과 쉽게 좋은 관계를 맺으면서 살아갈 수 있을까?

〔YES / NO〕

13. 아버지가 일찍 세상을 떠나셨고 어머니도 재혼하고 당신 혼자 또는 형제와 할머니나 할아버지 아래서 자랐다면, 성장 후 주위 사람들과 원만한 대인 관계를 유지하면서 살아갈 수 있을까?

〔YES / NO〕

14. 부모님이 모두 일찍 돌아가셔서 친척 집 / 친구 집을 전전하며 살았다면, 다른 사람을 (아내, 남편, 자식 포함)신뢰하며 인간적으로 관계를 맺는 것이 쉬울까? 〔YES / NO〕

15. 당신이 외아들이나 외동딸로 자랐다면 다른 사람들의 마음을 쉽게 읽어 낼 수 있을까? 〔YES / NO〕

또 그들의 아픔에 쉽게 공감하고 동참할 수 있을까? 〔YES / NO〕

16. 어렸을 때 부모님이 이혼을 했다면, 당신이 결혼해서 성공한다는 확신을 가지고 결혼 준비를 해 나갈 수 있을까? 〔YES / NO〕

17. 아버지가 외도를 자주 하거나 두 집 살림을 했다거나 또는 두 아내가 한 집 안에서 살았다면, 당신이 정상적인 대인 관계를 하며 자신을 잘 표현할 수 있을까? 〔YES / NO〕

당신이 여자라면 남자에 대한 피해 의식과 부정적인 관점에서 자유로울 수 있을까? 〔YES / NO〕

당신이 남자라면 여성을 적절하게 존경하고 인정하면서 여성들과 관계를 맺을 수 있을까? 〔YES / NO〕

앞에 나열한 여러 질문들에 대한 정상적인 답은 전부 "NO" 이다. 많은 치유를 받고 의지를 발휘해서 성품을 변화시킨 사람은 가끔 "YES" 라고 답할 수 있다. 하지만 우리가 매일 만나는 보통 사람들에게는 "NO" 가 정상적인 답변이다. 그 사실을 깨닫고 인정하는 것이 중요하다. 그럴 때에 당신이 더 빨리 멋있는 사람이 되어 갈 것이다.

이 질문들 중에 당신에게 적용되는 것이 있다면 당신은 그 부분에 큰 막힘이나 아픔이 있는 것이고, 누군가의 도움을 받아서 그것들을 제거하고 치유해야 한다. 나아가서 이 질문들 중에 당신과는 상관이 없지만 당신의 부모님들에게 해당되는 것이 있어도 동일한 처방이 내려진다. 왜냐하면 당신의 부모님들이 어려움을 겪으며 망가진 성품의 일부는 거의 예외 없이 당신에게 이미 전해져서 당신이 모르는 사이에 뿌리를 내리고 있기 때문이다. 아주 어려서 당신에게 판단 능력이나 자기 방어 능력이 없을 때에 그렇게 된 것이다. 마치 한국 사람의 전통적인 사고방식이 우리의 의사와 상관없이 우리 모두에게 심겨진 것처럼 말이다.

위의 질문들을 읽어 가면서 당신은 다른 상처들도 생각하게 되었을 것이고 연상 작용이 일어났을 것이다. 필요하고 유익한 과정이다. 많이 생각날수록 좋다. 속사람의 눈이 열리는 과정이기 때문이다.

이제 당신은 어려서 받은 상처들이 당신의 마음에 깊이 뿌리를 내렸다는 것을 이해하게 되었으리라 믿는다. 그리고 당신에게 자녀가 있다면 그 자녀들에게 당신의 상처가 이미 전이된 것을 깨닫게 되었으리라. 당신에게 여러 가지 질문이 떠오를 것이다. 이제 어찌해야 하는가? 나 자신의 상처와 자녀들의 상처가 치유될 수 있을 것인가? 이 무거운 짐들을 언제까지 지고 가야 하는가? 나와 우리 자녀들이 회복될 수 있을까? 그 질문들에 대한 답은 "YES" 이다. 당신뿐만 아니라 당신 가족과 자녀들은 놀랍게 치유되고 회복될 수 있다. 그 방법도 어렵지 않다. 주님이 당신의 의사이시기 때문이다.

어머니의 떡

평양 과기대 설립 부총장인 정진호 교수의 이야기이다. 그는 우리 부부가 과기대에서 열었던 치유 세미나에 참석하였고, 그때 배우고 느낀 것을 자신의 책 「떡의 전쟁」(홍성사)에 실었다. 저자의 허락을 얻어서 그 내용을 그대로 옮긴다.

어려서 내 별명은 떡보였다고 한다. 사실 언젠가 어머니로부터 들은 것이지 특별히 어려서 떡을 많이 먹은 기억은 없다. 떡이 귀한 시절이었다. 어머니는 어린 내가 오물오물 떡을 먹는 그 모습이 좋아서 흐뭇하게 바라보고 계셨을 것이다.

언젠가 캐나다에서 한 목사님 부부가 오셔서 우리 대학에서 상한 마음을 위한 치유 세미나를 열었다. 사실 나는 학교 일로 정신없이 바빠서 세미나에 참가할 엄두도 못 내고 있었는데, 준비하는 측에서 우리 부부의 이름을 강제로 명단에 올려놓았다. 강사가 대학 선배이시고 나를 통해 학교에 오게 되었으니 당연히 참가해야 한다는 것이었다. 아내도 만만찮게 바쁜 사람이라서 부부가 함께 참여하는 세미나가 우리에게는 무척 부담스러웠다. 그리고 우리 부부에게는 내심 요즘 아무런 문제가 없이 행복하게 잘 살고 있는데 무슨 치유 세미나가 필요하랴 하는 마음도 있었다.

세미나를 하는 내내 각종 떡이 간식으로 나왔다. 내가 '떡의 전쟁'이라는 주제로 글을 쓰고 또 강의를 하고 있음을 아는지 가는 곳마다 간식으로 떡을 내놓는다. (…중략…)

아무튼 떡만 축내며, 세미나 시간 내내 갈등했다. 나가야 하나, 선배 체면을 보아서 있어야 하나 고민했다. 그러다 첫날만 대충 참가하고 틈을 봐서 도망갈 생각이었는데 열심히 강의하시는 선배님 보기 미안해서 계속 붙들려 있었다. 그런데 세미나가 진행되면서 강사 목사님은 사람들에게 한 사람씩 앞에 나와 어린 시절을 회상하라고 했다. 어린 시절에 받은 상처들이 그들의 삶을 묶어두고 있는 매듭이 될 수 있다는 것이 그분 이론의 핵심이었다.

상처받은 마음의 그릇이 깨지고 금이 가 있으면 온전한 영이 담길 수 없다는 것이다. 크리스천들은 자신의 상처들을 종종 영적인 해석과 영적인 해결책을 통해서 치유하려 하지만, 실제로는 영적인 문제라기보다는 과거의 아픈 기억에서 오는 상한 마음에서 비롯된 것이 90퍼센트 이상이라는 것이다. 심지어는 부모가 자신을 임신했을 때 겪었던 상한 감정들조차 태아에게 그대로 전이되어 무의식 속에서 상처로 남을 수 있다는 것이었다. 여러 사람들이 앞에 나가서 자신의 뼈아픈 스토리들을 이야기하며 눈물 흘리는 것을 보면서 한 사람의 인생에서 정말 어린 시절이 중요하다는 것을 새삼 실감하게 되었다.

점차 나도 그의 이론을 따라 내 어린 시절을 회상하게 되었고, 어머니와 아버지 그리고 동생들을 생각하며 기억을 더듬어갔다. 다른 사람들처럼 특별하게 상처입은 기억은 없었지만, 그러다가 내 기억의 언저리에서 한 부분이 클로즈업 되며 크게 떠오른 인물이 있었으니 곧 어머니였다. 어머니…

장남인 나는 어머니 인생에서 가장 중요한 떡이었다. 최소한 내가 기억하는 어머니의 모습은 그랬다. 어머니는 어려서부터 머리가 영민하셨다. 그것이 오히려 그분 인생의 걸림돌이 되었다. 그 시대와 환경은 똑똑

한 여자를 받아들일 만큼 개방된 사회가 아니었다. 어머니는 "여자는 한글만 깨우치면 더 이상 배울 필요가 없다"며 호통하는 엄한 아버지에게 단식 투쟁으로 반항하며 어렵게 공부를 계속해 대학까지 진학했다. 한바탕 술에 취해 들어온 아버지로부터 양반 가문과 혼사를 정했다는 일방적인 결혼 통지를 받고, 얼굴도 잘 모르는 남자에게 시집을 갔다.

그 남자는 주변 사람들에게는 말할 수 없는 호인이었지만 어머니에게는 충족함을 주지 못했다. 세월과 더불어 술 마시는 남편을 뒷바라지 하면서 가정주부로서 실망의 세월을 살던 그녀에게 아들은 그녀 인생의 못다한 학업과 성공을 위한 유일한 탈출구처럼 느껴졌다. 어려서부터 학교 점심시간마다 돌덩이처럼 꾹꾹 눌러 담은 도시락을 먹으며 나는 아들을 향해 다져진 어머니의 집념 어린 사랑에 오히려 속이 얹히는 듯한 부담을 느꼈다.

대학을 진학한 후에도, 결혼을 한 후에도 어머니라는 존재는 내게 버거운 무게로 다가왔고, 그러나 언젠가는 벗어야 할 짐처럼 생각되었다. 어머니의 절망스러운 눈길에도 불구하고 나는 내가 그녀에게 줄 수 있는 근원적인 해결책이 없음을 알고 있었다. 그것을 깨달을 때마다 어머니가 지닌 인생의 상실감과 공허는 암세포처럼 나에게 그대로 전이되어 왔다. 그러다가 나는 미국으로 떠났다.

예수를 만난 후 창세기 말씀 가운데 "남자가 그 부모를 떠나 그 아내와 연합하여 둘이 한 몸을 이룰지로다"라는 말씀을 묵상하며 비로소 어머니라는 짓눌린 부담에서 벗어날 수가 있었다. 그것은 새로운 빛 가운데 들어간 사람이 느끼는 자유와 같은 것이었다. 그것을 과시하기라도 하듯, 미국에서 공부하는 아들네 집을 처음 방문한 어머니 앞에서 나는 보란 듯이 부엌에 들어가 설거지를 했다. 사내는 부엌 근처에도 얼씬 못하도록 엄하게 교육시켰던 어머니는 놀란 눈으로 나의 모습을 멍하니 바라보고 있었다. 어쩌면 그것은 어머니로부터 독립하여 떠나겠다는 무언의 시위였다.

나는 서둘러 어머니를 교회에 강제로 모시고 갔다. 내 마음의 짐을 이제 하나님 앞에 맡기겠다는 심산이었는지도 모른다. 어머니는 영문도 모르고 아들의 손에 이끌려 교회에 발걸음을 시작했다. 그러나 그녀에게 교회는 아들의 세계로 찾아 들어가기 위한 새로운 문이요 방편에 불과했다. 최소한 처음에는 그랬다. 언젠가 어머니는 내게 눈시울을 붉히며 이렇게 말한 적이 있다. "하나님이 내 아들을 빼앗아 갔다. 하나님이 야속해." 그래서 어머니는 아들 앞에 서면 늘 서러웠다. 그런 그녀의 가슴을 밟고 8년 전, 나는 또 다시 중국으로 떠난 것이다.

어머니의 우상과도 같았던 장남, 그 떡이 갑자기 눈앞에서 사라졌을 때 어머니의 마음은 어떠했을까? 상실감에 휩싸인 그 허기진 마음에 비로소 하나님이 들어가실 수 있었다고 나는 믿고 있다. 어머니께 종종 미안한 감정이 밀려올 때 그 모든 것이 결국 어머니를 위한 하나님의 세밀하신 구원 계획에 따라 이루어진 것이라고 생각하며 위안했던 것이다.

그러나 이번 세미나를 통해 어린 시절부터 그저 딸이라는 이유 하나만으로 강제로 아버지에게 배척당하고 소외당해야 했던 한 소녀의 눈물과 아픔의 상처가 얼마나 깊었을 것이며, 그것이 평생을 두고 그녀의 성격과 인생을 묶어두고 있었을 것을 생각하니 눈물이 났다. 내가 병원에 입원했던 어린 시절 병원 침대에 나란히 누워 당신의 어린 시절을 아들에게 들려주시던 옛 생각이 떠올랐다. 그토록 공부를 하고 싶었던 어머니, 초등학교 6년 동안 전교 1등만 하셨다는 어머니, 친하게 지내던 다른 친구들이 모두 부산의 경남 여중으로 유학을 떠난 후 시골에 혼자 남은 서러움으로 벽장 속에 틀어박혀 울다 지쳐 잠이 들었던 기억들을 풀어내시곤 했다. 그 시절의 아픔을 이야기하시면서 어머니는 장남인 나에게 공부에 대한 자신의 꿈을 펼치시기 시작했던 것 같다. 나는 그 어머니에게 또 한 번의 상처를 안겨준 불효자였다. 나는 알았다. 그 묶임의 상처로부터 어머니가 해방되어야 비로소 그녀의 영이 새롭게 될 수 있다는 것을.

세미나가 끝나고 돌아온 늦은 저녁, 아랫집에서 우리를 기다리던 둘째 아들 문영이가 쏜살같이 달려와 껑충 뛰어 내 품에 안겼다. 아이의 볼을 비비며 생각했다. 어머니에게도 어린 아들을 품에 안고 미래를 꿈꾸던 행복한 시절이 있었을 것이다. 어머니…

갑자기 어머니가 보고 싶어졌다. 십자가에 달리셨던 예수님도 마지막까지 어머니 마리아를 생각하셨는데, 나는 그 어머니를 무심히 버려두고 이곳으로 떠나온 것이다. 옛 사진첩을 꺼내 보니 어머니의 젊었던 시절이 생생했다. 어머니와 함께 창경원에서 찍은 옛 사진이 있었다. 사진 속 어머니의 머리 모양, 입고 있는 옷과 구두, 구슬 달린 핸드백과 손에 쥔 라디오, 아마도 그 시절에는 최고의 멋쟁이셨을 지도 모른다. 그런데 지금은 집 나간 아들을 하염없이 기다리며 세월을 헤아리는, 칠순이 넘은 힘없는 할머니가 되셨다.

이번 겨울에는 꼭 어머니를 중국으로 모시고 와야겠다. 그리고 더 늦기 전에 어머니와 둘이서, 긴긴 겨울밤을 보내며 잔잔한 대화를 나누어야겠다.

08
타고난 천성?

"내가 주께 감사하옴은 나를 지으심이 신묘막측하심이라
주의 행사가 기이함을 내 영혼이 잘 아나이다"(시 139:14).

예수를 믿는다 하면서도 많은 사람들이 자신의 성품에 대해서 이렇게 말한다. "제가 타고난 천성이 이런 걸 어떻게 하겠습니까? 생긴 대로 살아야지요." 이 말은 자신의 성품이 자랑스럽다거나 만족스럽다는 말이 아니다. 마음에 들지 않는 성품을 바꾸고 싶은데 아무리 노력해도 되지 않는다는 안타까움의 하소연인 것이다.

■ 성품에 대한 일반적인 오해

마음에 들지 않는 나의 부족한 성격과 성품은 하나님이 만드신 것인가? 우리는 예수를 믿으면서도 아래와 같은 말들을 그대로 받아들여야만 하는가?

"그 사람은 타고난 성품이 원래 그렇게 조용해요."

"하나님이 나를 이렇게 만드신 것을 어떻게 하겠어요?"

"저는 원래부터 남 앞에 나서는 거 못해요."

"우리 아이는 원래부터 착해요."

"우리 남편은 원래 그렇게 자기 마음대로 해요."

"한 집안 형제 자매라도 태어날 때부터 다르지 않습니까? 나는 그냥 이렇게 살 겁니다. 나를 바꾸려 하지 마십시오."

"나는 태어날 때부터 동성연애를 하도록 만들어진 것 같습니다."

이 말들은 모두 맞지 않는 말이다. 하나님은 우리를 그렇게 불량품으로 설계하지 않으셨다. 하나님은 우리를 완벽하게 만드셨다.

> "주께서 내 장부를 지으시며 나의 모태에서 나를 조직하셨나이다 내가 주께 감사하옴은 나를 지으심이 신묘막측하심이라 주의 행사가 기이함을 내 영혼이 잘 아나이다 내가 은밀한데서 지음을 받고 땅의 깊은 곳에서 기이하게 지음을 받은 때에 나의 형체가 주의 앞에 숨기우지 못하였나이다… 하나님이여 주의 생각이 내게 어찌 그리 보배로우신지요 그 수가 어찌 그리 많은지요" (시 139:13-17).

그런데 실제로 우리는 이러한 완벽과는 거리가 먼 사람이 되어서 태어난다. 한 젊은 집사가 출산을 했을 때의 일이다. 우리 부부가 제일 먼저 병원에 도착해서 아기를 맞이했다. 엄마가 임신 중에 우울증 증세로 많이 고생을 했기때문에 걱정을 했다. 그런데 순산을 했다기에 홀가분하게 간호사가 데려온 아기를 보았는데 이게 웬 일인가? 예쁜 아기의 양미간이 찡그려져 있는 것이 아닌가? 엄마의 모든 걱정을 다 이어받고 나온 것이다. 태중의 비밀에 대해서 모르는 사람들은 이 아기에게 대해서 나중에 이렇게 말할 것이다. "이 아이는 원래부터 조용하고 조심성이 많답니다."

우리 조상들은 참 지혜로웠다. 조선 후기(정조 24년)문장가 사주당 이씨라는 부인이(1739-1821)「태교 신기(胎教神機)」라는 책을 썼다. 물론 그 부인의 독창적인 것은 아니었다. 그 당시 양반 사회와 궁중에서 가르침으로 내려오는 것을 정리한 것이다. 거기에 이런 놀라운 말이 나온다.

> 스승이 십년을 가르쳐도 엄마가 뱃속에서 열 달을 가르치는 것만 못하고, 엄마가 열 달을 가르치는 것이 아버지와 교합할 때에 하룻밤을 바르게 함만 못하다.

놀라운 선포의 말이다. 이 말이 사실이라면 우리의 삶과 교육 시스템 전체가 바뀌어야 한다. 지금 자녀들의 성공을 위해서 부모들이 자녀들 교육에 쏟아 붓고 있는 노력과 재물을 생각해 보자. '자녀 교육에서 가장 중요한 시간을 낭비해 버리고 나서 이렇게 애를 쓰는구나. 그것도 잘못된 방법으로' 하는 탄식이 절로 나온다.

「태교 신기」를 더 읽어보자.

> 태중에 있는 아기가 자랄 때에는 임산부 자신뿐만 아니라 온 집안사람들이 항상 조심하고 삼가야 한다.
> 임산부가 성낼까 두려우니 분한 일을 들려주지 말고 임산부가 무서워할까

두려우니 흉한 일을 들려주지 말고 임산부가 걱정할까 두려우니 어려운 일을 들려주지 말고 임산부가 놀랄까 두려우니 화급한 일을 들려주지 마라. 왜냐하면 임산부가 화를내면 아기가 자라서 순환기 질환을 앓고 임산부가 무서워하면 아기가 자라서 정신병을 앓고 임산부가 근심 걱정하면 아기가 자라서 기가 쇠약하고 임산부가 놀라면 아기가 자라서 간질병을 앓기 때문이다.

많은 어머니들이 이 말에 크게 공감할 것이다. 가슴을 칠지도 모른다. 이 말이 사실이라면 우리와 우리의 자녀들이 만족할 만하게 성숙한 인격이 되지 못하고, 결혼 생활이 어려워지는 이유의 많은 부분이 설명된다.

「태교 신기」의 이 말들이 진리라는 것을 과학적으로 증명하는 일은 매우 어려운 일이다. 민족별로 다를 수 있고, 시대별로 다를 수도 있기 때문에 강력한 반론을 제기할 여지가 너무나 크다. 하지만 그런 논쟁에 시간을 보낼 필요는 없으리라. 우리들이 할 일은 최선을 다하여 우리들의 삶에서 그 진리를 확인해 가는 것이다. 오늘도 우리 부부는 여러 사람들을 만나고 또 치유사역을 해 가면서 「태교 신기」의 이 말들이 모두 진리임을 계속해서 확인해 나간다는 말을 독자 여러분에게 전할 뿐이다.

우리 부부의 상담 방법은 보통의 상담과는 많이 다르다. 일반 상담은 그들의 이야기를 많이 들어주는 것을 원칙으로 한다. 만날 때마다 그들의 아픔을 듣고 함께 공감해 주며 그들을 위로하고 조금씩 치유 해가는 것이다.

그러나 우리 부부는 치유의 만남이 시작되면 그들의 이야기를 조금 듣고 있다가 바로 이렇게 질문한다. "당신이 어머니 태중에 있을 때의 상황을 좀 설명해 보십시오."

그러면 놀랍게도 거의 모든 사람들이 그 질문에 긴 답변을 한다. 예언의 은사나 지식의 은사가 거의 필요하지 않다. 대부분 부모로부터, 어른들로부터 반복해서 옛날이야기를 들었기 때문이다. 물론 고아로 자랐거나 어려서 버려진 사람들은 그들에게 자세한 이야기를 해 줄 사람이 없지만 '고아' 및 '입양' 이라는 단어 자체가 많은 것을 이야기해 준다. 그래서 첫 시간의 짧은 대화를 통해서도 그 사람이 당하고 있는 문제의 뿌리를 늘 발견하곤 한다.

■ 네 부모를 공경하라

우리 강의 중에 자주 반복되는 주제가 있다. 그것은 바로 부모님과의 대화의 중요성이다. 이것은 아무리 강조해도 지나칠 수 없는 중요한 주제다. 또한 이것은 하나님의 계명을 지키는 일이기도 하다. 모세가 받은 십계명 중에 우리 인간에게 주시는 첫 계명인 제5계명이 바로 이것이기 때문이다.

"네 부모를 공경하라 그리하면 너의 하나님 나 여호와가 네게 준 땅에서 네 생명이 길리라"(출 20:12).

이 말씀을 읽으면서 많은 사람들이 별 감동을 받지 않는다. 그리고 읽으면서도 "네 생명이 길리라"라는 후반부에 초점을 맞추고는 이렇게 말한다. "70년, 80년 살면 됐지 더 오래 살아서 뭐해!' 하나님의 뜻을 놓친 사람이다. 하나님의 메시지는 "네 부모를 공경하라"에 있기 때문이다.

거기에는 많은 말씀이 생략되어 있다. 아마도 이런 말씀이리라. "네 부모를 공경하라. 나는 네 부모를 통해서 너를 크게 축복하고자 하는 하나님이기 때문이다. 내가 나를 아브라함의 하나님, 이삭의 하나님, 야곱의 하나님이라고 부르는 이유를 너희가 잘 알지 않느냐? 내가 축복하는 사람들은 모두 부모와 그 조상들과 깊은 교제가 있는 사람들인 것을 너희가 보지 않느냐?"

이러한 주님의 마음을 헤아리며 나는 송구스러움과 후회를 금할 수가 없다. 내가 나의 어머니, 장모님(나의 아버지는 한 살 이전에 돌아가셨고 장인어른도 결혼 전에 돌아가셨다.) 또 집안 어른들에게 어떻게 대해 왔는가를 생각하니 너무 부끄럽기 때문이다. 하나님의 마음을 몰랐기에 그분들의 마음을 만져 드리지 못했고, 그분들을 통해서 말씀하시는 하나님의 음성을 듣지 못한 채 많은 축복을 놓치고 살아온 것이다. 그래서 강의 중에 이렇게 강조하고 또 강조한다.

"당신이 어머니의 태중에 있었을 때의 주위 환경과 그 당시의 부모 사이의 관계와 그분들의 형편을 잘 아는 것이 이루 말로 다 할 수 없이 중요합니다. 그 다음으로는 당신이 아주 어렸을 때의 환경과 부모님 두 분 사이의 관계와 그분들의 형편을 잘 아는 것이 매우 중요합니다."

그리고는 다음과 같이 숙제를 내 준다.

"부모님들과 대화를 시작하십시오. 꾸준하게 계속하십시오. 먼 곳에 계실수록 서둘러서 전화를 드리십시오. 나를 이 세상에 태어나게 해 주셔서 감사하다고 꼭 말씀드리십시오. 그리고 부모님들께 그 때 기억이 되살아날 시간을 드리십시오. 과거를 풀어내며 아파하실지 모릅니다. 그러나 그분들에게도 그 과정이 꼭 필요하다는 것을 믿으십시오."

어머니와 대화를 못하는 아들

아주 훤칠하게 생긴 젊은이가 수요일 저녁 치유 강의를 들으며 크게 관심을 보인다. 그래서 가끔 메일을 나누며 한국에 갈 때마다 꾸준하게 전화로나마 교제하게 되었다. 30대 후반의 미남인데 아직 독신이고 여태 연애 한번 제대로 해본 적이 없단다. 마음에 무언가 심각한 막힘이 있을 것을 짐작하고 가족 상황에 대해 물었다. 그리고나서 함께 살고 계신 어머니께 어머니의 과거를 물어보도록 권면 했다.

그런데 이 젊은이가 그 간단한 숙제를 못 해낸다. "목사님, 어머니와 무언가 이야기를 하려고 하면 막 눈물이 나려고 해요. 도저히 이야기를 못하겠어요."

멀쩡한 젊은이가 그것도 신문 기자라는 사람이 이렇게 반응하는 것은 아주 특이했다. 그래서 더욱 어머니와의 대화를 권했다. 그래도 도무지 할 수 없다는 반응이어서 이렇게 말을 만들어서 그의 입에 넣어 주었다.

"진수 형제, 그러면 어머니에게 이렇게 말을 하세요. '어머니, 제가 내적치유를 하시는 목사님 한 분을 만났는데 어머니께 이렇게 말씀드리라고 하시네요. 어머니의 과거의 삶이 제 삶에 아주 심각한 영향을 미친답니다. 제가 아직 연애도 못하고 결혼도 못하는 이유가 있을 거라고 하시면서 제가 어머니의 이야기를 꼭 들어야만 한다고 하시는군요. 그러니 어머니, 이야기 좀 해 주세요.' 라고 말이에요."

진수 형제가 "목사님, 그 정도는 할 수 있겠어요"라고 대답한다. 그리고 그날 저녁 식사 후에 어머니에게 그대로 이야기를 했다. 그러자 댐의 수문이 열렸다. 어머니가 고난과 아픔이 가득했던 자신의 과거를 풀어내기 시작했다. 어머니는 일찍 부모를 여의고 여덟 살 때부터 큰댁에 얹혀 살았다. 그런데 거기서 성폭행을 여러 번 당했다. 마땅히 호소할 곳도 없고 피해 갈 곳도 없는 어린 아이였기에 너무나 고통스러웠다.

그러나 그러한 고난을 통해서 주님을 만나게 되면서 오래된 자신의 아픔은 해결했다. 하지만 자식들만 보면 가슴이 미어지는 안타까움이 있었다. 그들에게 그 마음을 나눌 수 없었기 때문이다.

그런데 이제 그 마음을 처음으로 풀어놓게 된 것이다. 비록 아들에게는 엄청난 충격이었지만 어머니의 마음은 비로소 시원해 질 수 있었다. 진수 형제가 그 나이에 연애 한번 못한 것은 자신의 타고난 수줍음 때문이 아니었다. 어머니 자신도 표현할 수 없는 아픔과 여러 가지 부정적인 감정들이 태중에서부터 아들에게 깊게 전해진 것이다. 물론 어머니의 상처입은 마음은 아들이 태어난 이후에도 많은 영향을 주었으리라.

요즈음 나는 기쁘게도 진수 형제의 연애 및 결혼 멘토링을 하고 있는 중이다. 머지않아 좋은 일이 있을 것 같다. 그가 많이 담대해지고 있기 때문이다.

09
출생의 비밀

"육체의 소욕은 성령을 거스르고 성령의 소욕은 육체를 거스르나니
이 둘이 서로 대적함으로 너희의 원하는 것을 하지 못하게 하려 함이니라"
(갈 5:17).

요즘은 현대 과학이 발달하여 태아의 사진을 찍고, 외부 자극에 대해서 태아가 어떻게 반응하는가를 볼 수 있게 되었다. 임신 10주만 되면 태아는 엄지손가락을 빨고, 고통에 반응하는 모습을 보인다. 두뇌는 거의 어른 두뇌 모양으로 모든 외부 자극을 기록하기 시작한다. 음성을 인식하고, 다른 사람들이 자신에게 대하는 태도를 이해한다.

자궁에서의 경험이 따뜻하고 사랑스러운 것이었다면 그 아이는 바깥세상도 그럴 것이라고 기대하고, 자궁에서의 삶이 어려웠다면 바깥세상도 그럴 것이라고 생각하고 마음을 닫아버린다. 아이는 또한 부모 사이의 관계가 어떤지를 잘 알게 되며 가족들이 자신을 대하는 태도에 민감하게 반응한다. 부모가 화를 내거나 큰 소리로 다투면 아기는 자신에게 화를 낸 것이라 받아들이고 슬픔과 두려움과 죄책감을 갖게 된다. 또 아

버지가 어떤 이유로든 엄마를 떠나면 아기는 자신 때문에 아빠가 엄마를 떠났다고 믿어 버린다.

나의 아내가 강의 중에 이렇게 이야기할 때마다 모든 엄마들이 고개를 끄덕인다. "우리가 임신 중에 어떤 기분 나쁜 일이나 어려운 일을 당하면 아기가 어떻게 하지요? 뭉치지요? 아주 한참 후에 상황이 좋아지고 엄마의 기분이 좋아져야만 아기가 다시 놀기 시작하지요?"

◻ 출생 전 어려움들과 그 결과

아래에 여러 가지 사례들을 나열해 보았다. 물론 여기 설명한 반응들과 삶에서 나타나는 결과는 모든 사람에게 동일하게 적용될 수 없을 것이다. 아래의 사례와 설명들을 분석하는 마음으로 읽지 말고, 당신의 눌린 과거의 기억들을 깨우고 벽장 속에 밀어넣은 생각들을 불러내는 도구로 사용하기를 부탁한다. 우리 한국인들에게 많이 발생하고 오늘 우리 모두의 삶에 크게 영향을 주고 있는 몇 가지를 집중적으로 설명하고자 한다.

1. 아이를 원하지 않았을 때에 임신이 된 경우

많은 믿음의 가정에서도 둘째 아이나 셋째 아이가 예상치 않게 빨리 들어서면 신경이 날카로워지고 부부간에 언쟁이 시작된다. 공공연히 '유산'이라는 단어가 튀어 나오기도 한다. 태중의 아이가 이런 환경이나 사건을 겪으면 그 아이는 심한 거절감을 느끼게 되며 자신의 정체성과 자존감에 엄청난 상처를 입는다.

아이가 태어난 후 매우 불안해하며 밤에 잠을 자지 않고 울어댈 가능성이 매우 높다. 성인이 되면서 더 이상 거부당하지 않으려는데에 모든 노력을 집중하며 살아간다. 지나치게 남을 기쁘게 하려는 자세가 되면서 오히려 심각한 반작용을 겪는다. 애정에 갈급해 하면서도 그런 관계를 회피하는 이중성이 생기며 또 이성에게 거부당하기 전에 먼저 상대방을 거부하게 된다. 또 어려서부터 잦은 육체적인 질병을 겪기도 한다.

2. 혼외 관계에 의한 출생 또는 결혼 전에 부끄러운 임신이 된 경우

이 때 태중의 아이는 바로 앞에서 언급된 상처에 깊은 수치심이 더해진다. 자기 자신과는 전혀 무관한 일이지만 아기는 엄마의 수치심을 자기의 것으로 알고 살아간다. 엄마의 수치심이 아기에게 그대로 전해졌기 때문이다. 그 아이는 자라면서 원인을 알 수 없는 깊은 수치감을 수시로 느끼게 되며 아무 것도 아닌 일인데 신경질적으로 반응하게 된다. 남편이나 아내를 전전 긍긍하게 만든다. 그러면서 마음속에 "나는 짐이 되는 존재야"라는 잘못된 믿음이 자라나며, 소속감을 느끼지 못하며 불안해하게 된다. 성인이 되어서도 어린아이 같이 계속 부모의 주위를 맴돈다.

엄마를 귀찮게 하는 아들

아들 둘을 데리고 살고 있는 엄마의 이야기이다. 그런데 고등학교 2학년인 큰 아들이 너무 엄마를 귀찮게 한다. 어른이 다 된 녀석이 자꾸 엄마 무릎을 베고 눕기 좋아하고, 손톱을 깎아달라 하고, 귀지를 파 달라고 한다. 어찌하든지 엄마 곁에 붙어 있으려 한다고 엄마가 치유학교에 와서 하소연 한다. 그래서 물었다. "그 아들의 임신 과정이 어땠나요? 순조로

웠습니까?"

바로 답이 나온다. "아니요. 혼전 임신이었답니다. 그 임신 전에 두 번이나 유산을 했고 세번째 임신이었지요. 애기 아빠가 '이제 더 이상은 유산시키지 말자' 하며 결단을 내렸고 강하게 반대하는 시부모님의 허락을 받아 내서 결혼을 했답니다. 배가 제법 불러서 결혼식을 했지요."

수수께끼가 풀렸다. 엄마 뱃 속에 있는 어린 아이는 엄마의 모든 두려움과 수치감을 그대로 받았다. 그래서 '나는 엄마에게서 떨어지면 죽는다' 라는 생각에 잡혀 있던 것이다.

엄마에게 이렇게 말해 주었다. "빠른 시일 내에 아들에게 그 모든 일들을 자세하게 설명해 주십시오. 그리고 아들에게 일어나는 외롭고 두려운 감정들이 모두 엄마로부터 전해진 것이라는 것을 이해시키고 이제는 그런 두려움을 걱정할 필요가 없다고 말해 주십시오."

엄마가 묻는다. "그 부끄러운 이야기를 다 해주어야 하나요?"

"그렇습니다. 엄마가 알고 있는 모든 것을 아들에게 다 말해 주는 것이 좋습니다."

엄마가 그 처방을 따라 주었다. 그 날 아들에게 다 이야기를 해 주었다. 아들이 들으면서 눈물을 흘리기 시작했고, 엄마 이야기가 끝나자 엄마에게 말한다. "엄마, 그 이야기를 왜 이제야 해주세요. 진작 알았으면 더 좋았을 텐데…."

아들이 바로 변하기 시작했다. 며칠만에 당당한 남자가 되어 가는 모습이다. 이제는 엄마가 섭섭해 할 정도로 자신의 삶으로 들어가고 있는 중이다.

3. 아기가 부모들이 원하지 않은 성별(아들, 딸)인 경우

우리 민족을 한(恨)의 민족이라 부른다. 한이란 풀리지 않은 욕구 불만의 덩어리라고 간단히 설명할 수 있다. 그런데 그 한의 가장 심각한 뿌리 중의 하나가 남아 선호이다. 한국은 오랫동안 어찌하든지 아들을 낳아야 하고 딸만 낳는 아내는 죄인과 같은 삶을 사는 사회였다. 수백 년 동안 대를 이어서 여성들에게 한의 뿌리가 내렸고, 이 한은 자연스럽게 자녀들에게 전해져 내려왔다.

아들을 원했을 때 태어나는 씩씩한 여자, 톰보이 (Tomboy)

딸이 잉태되었을 때에 가족 중에 누군가가(부모, 할머니, 할아버지…) 아들을 몹시 원하고 있으면서 그것을 계속해서 표현하면 뱃속의 아이는 많이 당황하게 된다. "나는 딸인데 왜 나보고 아들이라고 하지?"

아들을 원하는 말이 반복되어 이 아이에게 전달되면서 그 여자 아이는 자신이 남자로서 살아가야 한다고 믿고 그렇게 자신의 마음과 생각을 몰아쳐 가기 시작한다. 그래서 열 달 후에는 씩씩한 여성으로 이 세상에 태어난다.

그리고 그 아이는 자라면서 자신을 남자라고 굳게 믿고 남자들과 경쟁하기 시작한다. 여성적인 것을 자신도 모르게 멸시하며 남자가 잘하는 일을 따라 하면서 보람을 느끼게 된다. 많은 경우 용모와 몸놀림, 그리고 목소리까지 남성스러워지는 것을 본다. 학교 다닐 때에는 여성스러운 아이들에게 인기가 높은 친구가 된다. 학교 졸업 후 사회에 나와서는 여자 친구들은 다 떨어져 나가고 남자 친구들이 그 주위에 모이게 된다. 남자들과 대화도 잘되고 마음도 통하고 협조도 잘 되기 때문이다. 때로는 아들을 원하는 부모가 지어 준 남자 이름을 가지고 일생을 살아가기도 한다. 그 결과로 사고와 마음과 삶에 심각한 뒤틀림이 일어나는 것이다.

한국 사회에는 이런 사람이 참으로 많다. 아들을 낳을 때까지 계속해서 낳은 딸들(어떤 경우에는 첫딸부터)이나 딸만 있는 집안의 딸들에게 이런 경우가 많다.

그런데 이들은 우리 사회나 교회에서 너무나 소중한 사람들이다. 직장이나 교회에서 어려운 일들을 척척 처리해내며 한번 결정을 내리면 마음의 요동함 없이 약속을 지킨다. 거기다가 여성적인 감각도 있어서 남자 직원들보다 뛰어나게 일을 잘 해내기도 한다. 직장 상사들이나 목회자들의 사랑을 받기 때문에 여성들에게 질투의 대상이 되기도 한다.

그러나 다른 한편으로는 여성스럽고 부드러운 여성들과 잘 어울리지 못하고 그들에게 강하고 남성적인 표현으로 자주 상처를 주는 안타까움이 있기도 하다. 우리는 이런 여성들에게 톰보이라는 이름을 붙이기로 했다. 우리 사회에서 너무나 중요한 사람들이기 때문에 다음 장에서 이에 대해 자세히 다루고자 한다.

딸을 원했을 때 태어나는 우유부단한 남자

요즘은 아들이 잉태 된 것을 알고 부모가 아쉬워하는 경우도 적지 않은 것을 본다. 특히 아들이 둘인 집에 셋째가 잉태되면 대부분 자연스럽게 딸을 원하게 된다. 요즈음 젊은 부모들 사이에서는 더 일찍 딸을 원하는 정도가 심해졌다. 그러면 뱃속의 남자아이는 자신이 여자가 되어야 한다고 믿고 그렇게 자신의 성품을 만들어 가게 되며 열 달 후에는 유약한 남성으로 태어난다.

지현 성일 부부 이야기

두 사람 모두 주님께 헌신한 사람들이다. 지현 자매는 선교 단체에서 일하는 동안에 남편인 성일 형제를 만났다. 어려서 제법 많은 상처를 입었지만 치유의 과정을 많이 경험했기에 이제는 괜찮다고 생각하며 살았다. 그러나 결혼과 더불어서 생기는 문제에 대해서는 거의 준비가 없었기 때문에 아직 많은 혼란을 겪고 있었다. 지현 자매가 메일을 보내왔다.

목사님!

남편에 대해 상담하고 싶어요. 같이 살면서 '이 사람한테 정말 상처가 많구나' 라는 생각을 많이 하면서 산답니다. 시간이 갈수록 자신감을 잃어 가는데 무엇보다 삶에 대한 열정이 없는 것이 안타깝습니다. 공부, 직업, 신앙 중 무엇 하나 하고 싶은 의지도 없고 열정도 없답니다. 공식적인 모임 외에는 사람들과의 교제가 거의 없구요. 저 외에는 마음을 열고 교제하는 사람이 아무도 없어요.

자주 "천국에 빨리 가고 싶다" 라는 말을 농담반 진담반으로 하지요. 그럴 때마다 제가 어떻게 해야 할지 모르겠어요. 자신의 의지가 너무나 많이 무시되어 살았던 삶, 칭찬받지 못하고 보호받지 못하고 살았던 삶. 형들로부터 받은 많은 상처로 인한 피해 의식…

믿음이 아주 좋은 젊은 부부의 삶으로 보이는데 그 속에 이런 답답함이 있는 것이다. 성일 형제는 아들만 셋 있는 집의 셋째 아들이었는데 어머니가 마지막 아이는 딸이기를 간절히 원하셨다. 여아 선호 사상의 피해자가 된 것이다. 이런 아들은 부드럽고 유약하고 우유부단해진다. 성인이 되어서도 크고 작은 일에 단호한 결정을 내리지 못하고 부모나 주위 사람들에게 모든 것을 의존하는 성품이 된다. 이성과 교제할 때는 씩씩하고 강한 여성에게 끌린다. 결혼을 해서도 리더십을 발휘하지 못하고 생활력이 떨어지기에 가정의 중심이 아내에게로 넘어간다. 그러면서 마음속에서는 "나는 처음부터 잘못된 존재야"라는 패배 의식에 시달린다. 심지어 남성적인 사람에게 끌리게 되면서 쉽게 동성연애자가 될 수도 있다.

이런 남성들은 주변 동료들을 자주 실망시킨다. 남성적인 반응이 나와야 당연한 경우에 여성적인 반응이 나오기 때문이다. 함께 넓은 도랑을 건너 뛸 것으로 예상하고 손을 잡고 달려가다가 갑자기 도랑 앞에 주저앉아 버린다. 그러면 손을 잡고 함께 달리던 친구는 도랑에 빠져 버린다. 그런데 문제가 거기서 끝나지 않는다. 그런 일이 생길 때마다 자기 자신에게 실망을 하게 되며 이런 일이 반복될 경우에는 남들과의 관계를 꺼려하며 껍질 속으로 들어가게 되어 버린다. 아무에게도 마음을 열지 않게 된다. 그래서 우울증에 빠지기가 쉽다.

그런데 다행히 한국의 환경은 이런 사람의 치유에 크게 유리하게 작용한다. 사회 전체가 남성 우월주의 분위기이고 대부분은 군대에도 가야 한다. 그래서 남성성을 회복할 수 있는 기회가 많아지기 때문이다.

4. 부모가 유산을 시키려고 시도했던 경우

우리 부모들의 세대에는 산아제한이 매우 어려웠다. 그래서 한 집에 다섯, 여섯 자녀가 보통이었다. 경제 형편이 어려워서 자녀들을 먹이고 입히고 학교에 보내는 일이 아주 큰일이었다. 그런 상황에서 예상치 않게 또 아이가 들어서면 엄마는 아주 난감해진다. 그래서 바로 유산을 고려하게 된다.

엄마가 유산을 생각하고 구체적인 시도를 시작하는 것을 알게 되는 것은 아기에게는 충격 그 이상이다. 지금까지 아기는 엄마만을 전적으로 의지해 왔다. 자기에게 생명을 주었고, 살 집을 주고, 모든 음식을 공급해 주던 사랑의 엄마가 이제 별안간 돌변해서 자기를 죽이려 하는 사람이 된 것이다. 그 배신감은 이루 말할 수 없다. 살아나리라는 보장도 없다. 피할 방도도 없다. 그냥 좁은 자궁 안에서 그 시련을 견디어 내어야만 한다.

잠시 뱃속의 아이가 되어 보자. 엄마가 어느 날 자기를 죽이려고 계획을 세운다. 그러더니 죽으라고 저주를 하며 이상한 짓을 하기 시작한다. 아기가 먹고 죽으라고 독한 약을 먹는다. 높은 곳에서 뛰어내린다. 비탈에서 구르기도 한다. 아기는 살기 위해 필사적으로 엄마를 붙잡는다. 그러면서 마음은 절망과 비참함과 노여움으로 가득차 오른다. 그래서 이렇게 독백을 시작하며 하루하루를 살아간다. "이 세상에 믿을 사람 하나도 없어. 나밖에 없는 거야." 사랑이라는 개념 자체가 없어진다. 나아가서 하나님도 믿을 수가 없는 존재라는 생각이 마음속에 깊이 뿌리를 내려 버린다.

이처럼 태중에서 단 한번이라도 부모로부터 '유산'이라는 단어를 들은 아이에게는 정도 차이만 있을 뿐 모두 비슷한 증상이 발생한다. 그 아이는 자라면서 수시로 죽음에 대한 공포에 시달리게 되며 어느 누구도 믿지 못하는 사람이 된다. 사랑이라는 개념이 없어지며 사랑에 대한 기대도 없어진다. 자기를 좋아하는 사람이 나타나도 그 가까워진다는 것을 받아들이기가 겁나서 자기가 거부당하기 전에 먼저 거부하는 어리석은 선택을 하게 된다. 결혼해도 상대를 사랑하지 못하며 자식이 생겨도 어릴 때는 귀여워 하지만 조금만 성장하면 바로 관계에 문제가 생기기 시작한다. 의외로 우리 주위에 이런 사람이 많은 것을 본다.

엄마와 똑같이 유산의 고통을 경험한 딸

이 자매는 5남매의 막내딸인데, 엄마가 원치 않던 아이였다. 엄마는 온갖 방법으로 이 딸을 낙태시키려 했다. 이상한 것을 많이 먹었고 높은 곳에서 뛰어내리기도 했다. 그러나 이 아이는 유산이 되지 않고 태어나게 되었고, 그 때부터 천덕꾸러기가 되었다. 너무 많이 울었고 바쁜 엄마에게서 떨어지지 않으려 했기 때문이다. 엄마는 그 딸을 미워했다. 그런 어려움과 외로움 때문에 이 자매는 어려서부터 예수님을 의지하고 살았지만 그 마음이 풀리지 않았다. 교회에 와서 많이 울었다. 기도하며 울고 찬양하며 울고 늘 울었다.

결혼하고 한 아이의 엄마가 되고 나서도 그 가정에 어려움이 많았다. 이제 연세가 있으신 엄마와도 많이 싸운다. 전에는 그냥 눌러왔는데 이제는 지지 않고 함께 소리를 지른다. 남편에게도 온갖 화를 다 터뜨린다. 착한 남편이 아니었으면 아마도 가정이 깨어져 버렸을 것이다. 그러다가 치유학교에 참석하게 되면서 자신의 마음의 깊은 것을 깨닫기 시작했다.

엄마의 뱃속에서 유산의 공포를 그렇게 오래 겪은 것이 자신의 성품과 삶에 얼마나 큰 영향을 주었는가를 깨달으면서 많이 울었다. 자신의 마음에 들지 않는 많은 성품들의 원인이 대부분 자신의 잘못이 아닌 것을 깨달았다. 그래서 많은 죄책감과 자책감과 낮은 자존감에서 벗어나게 되었다. 담대해지기 시작했다. 그러면서 엄마와 대화가 필요한 것을 깨달왔다.

　배운 대로 엄마와 대화를 시도했다. 엄마의 어린 시절, 나아가서 엄마가 할머니의 태중에 있을 때의 상황을 묻기 시작했다. 그러자 놀라운 비밀이 드러났다. 엄마도 태중에서 자신과 똑같이 유산의 위협을 심각하게 경험했다는 사실이었다. 외할머니도 엄마를 유산시키려고 별짓을 다하셨다는 것이다. 그리고 태어난 이후로도 자신처럼 천대를 당하셨다는 것이다.

　별안간 삶의 어두웠던 부분에 불이 환하게 켜지는 느낌이었다. 지난날 엄마의 말과 행동들이 모두 이해가 되기 시작했다. 엄마와 껴안고 많이 울었다. 이제는 엄마가 아니라 자신과 같은 어려움을 겪은 상처 많은 여인으로 보게 된 것이다. 엄마와 만날 때마다 온갖 옛날이야기를 하면서 치유의 원리를 엄마에게 설명해 주며 더 많은 것들을 풀어내기 시작했다. 그런데 놀라운 것은 엄마의 마음을 풀어 드리면서 자신의 마음에도 큰 위로가 임하는 것이다. 나아가서 그동안 해결되지 않았던 아픔과 외로움과 허전함이 함께 치유가 되어 가는것이다.

　자매의 용모가 바뀌고, 말투가 바뀌어 가고, 웃음이 늘기 시작했다. 그동안 주위 사람들에게 상처 주는 언행을 아무렇지도 않게 하는 사람이었는데 이제는 같이 있는 것이 재미있는 사람이 되어 간다. 무슨 말을 해도 웃으며 받는다. 기적이다. 자매의 어려운 성품이 다 치유된 것은 아니다. 그러나 이제 삶에서, 관계에서 얼음이 녹기 시작한 것이 모든 사람에게 느껴지고 보이는 것이다. 자매가 치유학교가 끝나고 한참 후에 기대하지 못한 좋은 메일을 보내왔다.

목사님, 사모님, 안녕하세요. 아들이 오늘은 낮잠을 많이 잡니다. 벌써 새해가 밝았고 제 마음도 많이 정리가 되고 있습니다. 이렇게 차분한 마음이 오래 지속되지 않을 수도 있겠지만 아무튼 지금은 많이 정리가 되어 앞으로 나가야 되는 길을 위해 기도하며 마음을 조용하게 가다듬을 수가 있습니다. 제 나이 30대 중반이 되었지만 지금까지 이렇게 많이 찢기고 깨진 제 모습을 주님이 만져 주실 수 있도록 좋은 길을 열어 주신 목사님 내외분께 진심으로 감사를 드립니다. 제 안에 정말 치명적이었던 엄마와의 관계가 회복이 되고나니 웬만한 일로 제 마음의 뿌리까지는 흔들리지 않아 얼마나 감사한지요!

그 많은 상처들이 제 삶의 구석구석에 파고 들어가 수시로 저의 모든 것을 삼켜 버리려고 했습니다. 주님을 만나고, 알고, 헌신하고, 또 늘 사랑한다고 고백했지만 제 속의 많은 상처가 주님과 나의 관계를 막고 있었습니다. 내 마음 깊은 곳에서 울고 있는 또 다른 나는 주님의 사랑을 느끼지 못하고 외로운 삶을 살아온 것 같습니다.

목사님, 치유학교를 통해서 제 안에 엄마로 인해 멍들고 찢어진 부분을 깨닫게 해주시고 치료를 받게 해 주시고 그 과정 속에서 함께 기도 해주시고 격려 해주신 것, 어찌 다 감사를 드리겠습니까! 이제는 엄마를 자유롭게 사랑하고 불쌍한 자매로 감싸줄 수가 있어서 제 삶과 마음이 얼마나 좋은지 모르겠습니다. 살아가는 데에 모든 불편함이 없어졌다고 얘기하는 것이 정확한 표현인 것 같습니다. 정말 제 마음이 너무 편안합니다. 그리고 자유롭습니다. "주님 안에서의 자유가 바로 이거구나!" 라고 외치고 싶습니다.

지난 10년이 제게는 너무나 어지러웠고 혼란스러웠던 시간이었지만 또한 너무나 귀한 시간이기도 했습니다. 이제 그 시간을 뒤로한 채 보다 더 나은 삶을 향해 주님의 손을 붙잡고 담대히 나아갑니다. 지난 한 해는 아기를 낳고 기르면서 몹시 힘이 들었던 한 해였지만 제 인생에서 잊지 못할 귀한 시간입니다. 하나님을 다른 차원에서 만날 수 있었기 때문입니다.

무엇이든 이 세상에 나오려면 큰 진통을 경험해야 하는 것처럼 인간의 삶을 인도해 가시는 아버지 하나님을 여러 가지 힘겨운 상황을 통해서 깊이 경험했고, 이제는 하나님이 제 삶을 구체적으로 인도해 가시는 것을 깨달으며 제 자신을 깊은 사랑하게 되었습니다.

남편의 사랑을 많이 받으면서도 전 저 자신을 한 번도 사랑하지 않았지만 치유학교가 끝나고 어느 순간부터인가 제 자신이 참으로 중요한 사람이라는 것을 깨달았습니다. 그래서 제가 하나님이 보시기에 얼마나 소중한 사람인가를 겸손한 마음으로 받아들였고, 그 이후로 자신에 대한 자신감도 꾸준히 자라나고 있습니다.

제게 주신 주님의 은사들이 얼마나 귀한 것인지도 알고 있습니다. 제 삶에서 일어났던 좋은 경험과 어려운 경험들 모두 하나도 버리지 않으시고 주님의 일에 쓰실 것을 기대하며 오늘을 열심히 살아가고자 합니다.

지금까지는 닥쳐오는 어려움이 정말 힘겹게 느껴지고 어려웠던 일들의 후유증이 많아서 자신을 많이 억제하며 살았습니다. 아무리 좋은 일이 생겨도 그 다음에 닥칠 어려움을 미리 생각하고는 금방 두려워하는 것이 제 20대의 삶이었습니다. 그러나 이제는 그 어리석음을 철저하게 끊어 내고, 이미 제게 주신 좋은 것에 감사하며 주어진 시간에 최선을 다할 것입니다.

주님을 알아 간다는 것은 끝이 없는 일인 것 같습니다. 난 잘 한다고 생각하고 있지만 제 주변의 어느 한 모퉁이에서 나로 인해 아파할 사람이 있을 수 있다는 생각으로, 늘 겸손함과 온유함을 가진 그런 사람이 되었으면 좋겠습니다. 다시 한 번 감사드립니다.

10
씩씩한 그녀, 톰보이(Tomboy)

고운 것도 거짓되고 아름다운 것도 헛되나
오직 여호와를 경외하는 여자는 칭찬을 받을 것이라 (잠언 31:30)

'톰보이'는 학문에서 쓰는 단어가 아니다. '씩씩한 여성'이라는 뜻으로 우리 부부가 치유사역에서 사용하는 단어다. 어느 나라에 가든지 이런 사람들이 많이 보이지만 남아 선호 사상이 심한 나라일수록 그 정도가 심각해진다. 중국과 일본도 그렇고 이슬람권의 여러 나라도 매우 심각한 것처럼 보인다.

먼저, 톰보이는 생활력이 강하다. 우리말 관용구 중에 '함경도 또순이'나 '자갈치 아지매'라는 단어를 떠올리면 된다. 이들은 여자들보다는 남자들과 잘 어울려 지낸다. 회사에서도 남자 사원들, 상사들과 코드를 맞추어서 일을 잘 해낸다. 모든 조직에서 꼭 필요로 하는 사람들이고 교회에서도 중요한 역할을 한다. "부장님(교회에서는 목사님), 아무 걱정하지 마세요. 그 일 제가 해 놓을게요"라고 말하는 여성들이 대부분 여기에 속한다.

선교지에 가보면 톰보이의 비율이 몇 배로 높아진다. 편안한 조국을 떠나는 담대한 결정을 내리고 그것을 행동에 옮기는 데는 톰보이의 씩씩함이 큰 역할을 하기 때문이리라. 독신으로 외진 곳에서 몇 년씩 혼자서 사역을 하기도 하고, 남편들을 리드하며 사역하고 교회 건물도 아름답게 짓고 있는 모습을 본다.

그런데 그에 따른 부정적인 측면이 심각하다는 것을 많은 사람들이 잘 모른다. 그들은 자신이 여성이면서도 여성적인 것을 멸시한다. 여성적인 말과 몸짓을 하며 살아가는 여성을 보면 "닭살이 돋아요" 한다. 보통의 여성이 좋아하는 작은 아름다움보다는 무언가 프로젝트를 추구하면서 보람을 찾으려 한다. 식탁 위에 꽃을 꽂는 것 같은 일은 그들과는 별 상관이 없다. "꽃이요? 저는 그저 식탁이나 책상 위가 깨끗하게 아무 것도 없는 것이 좋아요."

그러나 톰보이들의 그런 씩씩한 모습 뒤에는 복잡한 마음이 있다. 자신이 남자가 되지 못한 것 때문에 남자에 대한 동경과 반감이 교차하고 있고 그것이 남자들에 대한 경쟁심으로 나타난다. 그래서 남자 동료들에게 뒤떨어지는 것을 참을 수가 없다. 덕분에 그들은 직장 상사에게는 더 바랄 것이 없는 귀한 부하가 된다. 여성의 섬세한 면이 있으면서 동시에 일에 대한 야심이 있어서 상사에게 인정 받겠다는 마음이 강하기 때문이다.

그런데 심각한 문제는 그같은 마음 자세가 직장으로 국한되는 것이 아니라는 것이다. 가정생활에서도, 자식들을 기르는 방법에서도, 친족들 간의 관계에서도 동일하게 나타난다. 남편에게 결코 지려고 하지 않는다. 부드러운 것은 지는 것이라고 생각하기에 목소리가 높다. 부드러운 남편과 자녀들과의 관계가 점점 어려워진다.

여장부 권사님의 고민

내 절친한 친구의 누님 중의 한사람이 여전도회 회장 권사님이다. 누가 보아도 여장부고 목소리도 엄청나고 말하는 투도 그렇다. 안수 집사인 남편이 만만한 사람이 아닌데도 꼼짝을 못한다. 남편이 무슨 말을 하려고 하면 벌써 손짓이 나오면서 남편의 입을 막아 버리고 자신이 모든 이야기를 해 버린다. 그 권사님의 언행을 제어하는 사람이 거의 없다. 그런데 우연히 만난 자리에서 나로부터 자신을 진단한 내용을 자세히 듣고 나서 자신의 병적인 증상을 깨닫게 되었다.

안타까운 것은 그 권사님의 자녀들이 결혼 생활에 여러 가지 문제를 겪고 있다는 사실이다. 이혼한 딸도 있고 깨어져 가는 가정도 있다. 늘 새벽에 나가서 주님께 부르짖지만 응답이 없다. 그래서 마음에 부담이 크고 하나님께 송구스럽기만 하다. 그 권사님의 자녀들이 그렇게 된 이유를 설명해 드렸다.

"권사님의 자녀들이 부부 관계에서 어려움을 겪는 것은 그들이 남성과 여성의 역할에 대해 큰 혼란이 있기 때문입니다. 정상적인 부부 관계를 유지하기 위해서는 아들이나 딸이나 엄마로부터는 여성다운 여성을 받아야 하고 아빠로부터는 남성다운 남성을 전해 받아야 하는데 권사님의 자녀들은 그렇지를 못했기 때문입니다. 씩씩한 남성을 엄마로부터 받았고 부드러운 여성스러움을 아빠로부터 받은 것입니다. 그러니 가짜 남성과 가짜 여성을 받은 것이기 때문에 자신들의 가정에서 아내와 남편의 역할에 대해 중심을 잡지 못하는 것입니다.

사위는 자기 아내로부터 여성스러운 반응이 나오기를 기대하는데 그때마다 남성스러움이 나오는 경우가 많아지자 엄청난 혼란스러움을 겪는 것입니다. 그것은 마치 파란 신호등이 나올 것을 기대하고 달리던 차가 예상치 못한 빨간 불을 만나서 급정거를 해야 하는 상황과도 비슷합니다. 그런 일이 자주 일어난다면 큰 사고가 날 가능성이 매우 높아지는 것입니다."

이 권사님에게는 나의 이야기가 너무나 충격적인 해석이었다. 내가 이렇게 권면했다. "권사님, 이제부터 남편 뒤에 서십시오. 그리고 입술을 깨물면서 말을 참으시고 남편에게 말 할 기회를 주십시오. 그래도 못 참겠으면 그 자리를 잠깐 떠나십시오. 그리고 신앙생활도 남편의 선택을 따르십시오. 그래야만 자녀들의 삶에 변화가 올 것입니다."

이 권사님은 잔잔한 말씀을 통한 깨달음의 은혜보다는 뜨거운 교회에서 열정적으로 예배를 드리는 데에 익숙해 있었다. 또한 자신이 온 집안의 영적 리더라고 확신하고 '은혜 없는' 남편의 신앙을 안타까워하고 있었던 것이다.

놀라운 깨달음이 시작되었다. 권사님은 둘째 딸로 태어났다. 권사님의 언니는 아주 여성스러운 분이다. 둘째 딸이 잉태되었을 때에 부모님이 몹시 아들을 원했다. 그 옛날엔 너무나 당연한 일이다. 그 결과로 톰보이가 된 것이다. 태어나서는 부모님의 엄청난 사랑을 받았다. 씩씩한 딸의 모습이 부모님 마음에 꼭 들었기 때문이다. 게다가 밑으로 남동생들이 줄줄이 태어났다. 동생들과 놀면서 또 그들을 리드하면서 그 권사님의 남성다움은 아무 방해를 받지 않고 뻗어 나온 것이다.

내 말을 다 이해하지는 못했지만 나를 크게 신뢰하는 분이기에 겸손하게 나의 권고를 따르기 시작했다. 신앙생활의 형태를 바꾸었다. 그만큼 상황이 급박했던 것이다. 조금씩 이 분이 부드러워지며 가정 전체의 삶의 변화가 일어나기 시작한다는 소식이 전해져 온다. 연세가 있기에 많은 시간이 걸리겠지만 좋은 열매가 맺히리라 기대해 본다.

많은 톰보이들이 가정생활에서 어려움을 겪는다. 남편과 자녀들에게 거친 말로서 많은 상처를 준다. 대부분의 톰보이들은 부드러운 남편을 만나기 때문에 남편들은 알아서 피한다. 그러나 그것을 모르는 자녀들은 부모의 역할이 바뀐 관계 속에서 혼란을 겪고 수시로 남성적인 엄마 때문에 큰 상처를 입으면서 마음이 많이 상해버린다. 나아가서 자신들의 결혼 생활에서도 불필요한 아픔을 겪는 것이다. 그런데 이 톰보이들의 성품의 기초가 이미 어머니의 태중에서 만들어졌다는 것을 사람들이 거의 모르기 때문에 때 맞추어 적절한 치유를 하지 못하고 그 부정적인 영향은 점점 더 깊이 뿌리를 내려가는 것이다.

■ 여성스러움의 회복

하나님이 남자와 여자를 만드신 신비는 우리가 결코 다 알 수 없으리라. 그러나 한 가지 분명한 것은 남성이 남성스럽게 살아갈 때, 그리고 여성이 여성스럽게 살아갈 때에만 하나님의 창조 섭리가 우리의 삶에서 순조롭게 이루어질 수 있다는 사실이다. 톰보이는 원래 하나님이 아름다운 여성으로 만드셨다. 그래서 여성스러움을 온전히 회복해야만 자신을 향한 하나님의 섭리와 계획을 볼 수 있게 되어있다. 톰보이는 젊을 때 다른 여성들이 하지 못하는 일을 이루어 가는 보람과 쾌감이 크다. 직장에서는 상사로부터, 교회에서는 목회자로부터 받는 특별한 인정도 자존감을 높여 준다. 그래서 그 방향으로 더 투자를 하게 되기 때문에 문제는 더욱 커져 간다.

'모든' 여성은 결혼을 하고 남편을 섬기고 자녀들을 낳고 기르는 엄마가 되도록 설계되어 있다. 하나님이 그렇게 만드셨기 때문이다. 그런데 톰보이들은 생각이 많이 다르다. 물론 일찍 결혼을 하고 가정을 꾸미는 사람도 많지만 결혼에 대해서 아주 우습게 생각하는 사람이 참으로 많다. 이런 면에서 거의 '전혀' 라고 할 만큼 준비가 안 되어 있는 사람들이다. 하나님이 예비한 사람들이 곁에 많이 찾아오지만 그 부드러운 사람들의 소중함을 보지 못하고 밀어내 버린다. 많은 톰보이들이 이렇게 고백한다. "말씀을 듣고 보니까 좋은 사람을 제가 많이 차 버렸군요."

예전에는 엄한 아버지와 자상한 어머니가 보편적인 부모상이었다. 그러나 요즈음엔 상황이 바뀌어서 자상한 아버지와 엄한 어머니, 소위 '엄모자부 (嚴母慈父)' 가 아주 많아지고 있다. 걱정스러운 요즈음의 경향이면서도 톰보이 가정의 전형적인 모습이기도 하다. 씩씩하고 생활력이 강한 아내에게 눌려 사는 남편은 자연스럽게 아이들에게 자상해진다. 엄마가 아이들을 거칠게 대하는 것을 보면서 마음이 아프다. 그래서 아이들을 변호하고 위로하고 감싸 안는 것이다.

그런데 문제는 이 현상의 반작용이다. 아빠가 관대하고 자상하게 하면 아이들의 버릇을 가르치는 악역은 엄마가 계속해서 맡게 된다. 그렇지 않아도 주위 사람들을 몰아치는데 익숙한 톰보이 엄마는 아이들을 닦달하여 공부를 시키고 일찍 일어나도록 귀찮게 하는 일을 열심히 하게 된다. 그러면서 아이들에게 몇 가지 어려움이 뿌리를 내려간다.

첫째, 아이에게 마음의 혼란이 깊어진다. 본능적으로 자녀들은 아빠에게서 남성을 받고 엄마에게서 여성을 받아야만 제대로 기능을 발휘할 수 있게 되어 있는데 그 역할이 바뀌어 버리기 때문이다.

둘째, '엄마는 무서운 사람'이라는 생각이 깊이 박히면 겉으로는 엄마의 말을 잘 듣는 것처럼 보이지만 누구에게든 솔직한 감정을 표현하는 것을 멈추게 된다. 그러다 보면 자신의 감정이 엉키면서 내면에 분노, 불안, 반항이 쌓이면서 서서히 우울증으로 접어들게 된다.

셋째, 자상하게 자기를 감싸주기만 하는 아빠를 경험한 딸은 결혼해서도 무의식적으로 남편에게 아빠에게서 받은 부드러운 사랑과 이해를 기대하고 요구하게 된다. 그것이 충족되지 못하면 부부갈등이 일어난다.

넷째, 강한 엄마에게 익숙해진 아들은 엄마에게 많은 것을 의지해 왔기에 결혼해서 아내에게도 그 같은 도움을 기대한다. 아내가 그 역할을 감당할 수 없는 사람이면 부부 갈등이 심각해진다.

그래서 모든 톰보이들은 치유를 받아야 한다. 본인은 치유 받지 않아도 잘 살아가는 것처럼 믿고 있지만 자녀들을 위해서라도 치유를 받아야 한다. 딸들을 위해서는 더욱 그렇다. 그런데 이 치유가 그렇게 쉽지도 않고 빨리 되지도 않는다. 첫째는 대부분의 톰보이들이 자신이 남성적인 여성이라는 사실 자체를 인정하기를 거부하면서 자신이 치유가 필요하다는 것을 부정하기 때문이다. 둘째는 어머니 뱃속에 있을 때 즉, 가장 연하고 부드러운 때에 틀이 잡힌 성품을 치유해서 회복하려는 것은 아주 오랜 시간과 많은 도움을 필요로 하는 작업이기 때문이다. 반복해서 치유의 과정을 거쳐야만 한다. 자신이 누구인가를 깊이 깨달으며 겸손하게 자신의 약점을 인정해야 하고 모든 망가진 관계들을 하나하나 회복해 가는 작업을 시작해야만 한다.

그럼에도 불구하고 기억해야 할 것은 하나님이 톰보이들에게 특별한 계획을 가지시고, 이들은 우리 한국인 속에 많이 만들어 주신 특별한 사람들이라는 것이다. 단지 이들 속에 눌러두고 내버려 두었던 여성스러움이 살아나서 남성적인 면과 균형을 잡기만 하면 된다. 그렇게 되면 개인은 물론이고 교회와 가정이 아름답고 능력 있는 예수님의 공동체가 될 것이다.

"뭔가 잘못됐어요! 우리 아이는 아들이거든요."

한 여름 밴쿠버에는 방문객이 많아진다. 40대 후반의 한 대학 교수 가정이 여름 동안에 교환 교수로 잠깐 왔다. 그 가정에 딸이 둘이 있었다. 예배 후 간단히 점심을 먹더니 초등학교 3학년인 큰딸아이가 "아빠 차에서 공 꺼내 주세요." 한다.

내가 물었다. "무슨 공?"

"축구공이요."

그 딸이 축구를 해도 너무 잘했다. 교회의 넓은 잔디밭에서 오빠들과 어울려서 한 시간 동안을 공을 차고 뛰어 다닌다. 오빠들이 다 앉아서 쉬는 동안에도 혼자서 보란 듯이 공을 찬다. 나에게 바로 메시지가 온다. '톰보이구나!'

엄마에게 물었다. "집사님, 저 딸 임신했을 때에 아들이기를 몹시 바라셨지요?"

엄마가 깜짝 놀라면서 반문한다. "목사님, 어떻게 아셨어요?" 그러면서 사연을 풀어놓는다.

"저 아이를 임신했을 때에 아들이기를 너무 바랐구요, 또 아들이라고 조금도 의심 없이 믿었답니다. 그리고 한 유명한 목사님에게 가서 기도를 받았는데 그 목사님이 아들임에 틀림없다고 하시면서 '아들 선포기도'까지 해주셨어요. 목사님, 저 딸이 저렇게 남성적인 것이 그런 것과 무슨 관계가 있나요?'

그 엄마에게 톰보이에 대해서 간단하게 설명해 주고 나서 그 씩씩한 엄마에게 다시 물었다. "집사님은 어떻게 자랐나요? 부모님의 사랑을 많이 받으셨나요?'

그랬더니 눈물을 글썽이며 이렇게 대답한다. "저는 자라면서 '없는 사람'처럼 자랐습니다. 엄마가 오빠만 챙겨 주셨고 저는 조용히 그냥 자랐습니다."

다시 물었다. "그래서 그렇게 아들을 원하셨군요." 고개를 끄덕이면서 더욱 기막힌 사연을 풀어낸다.

"목사님, 저 아이를 제왕 절개 수술을 해서 낳았습니다. 회복실에 있을 때에 간호사가 제가 딸을 낳았다고 하면서 옆에 데려다 주는데 저는 이렇게 대답했습니다. '뭔가 잘못됐어요. 우리 아이는 아들이거든요' 그러면서 아기를 거들떠보지도 않았습니다. 다음날 저희 가정 모두를 잘 아시고 애기를 받아 주신 의사 선생님이 직접 오셔서 '이거 봐요, 자기 딸 낳았어, 딸' 하고 말씀을 해 주셔도 받아들일 수가 없었습니다. 며칠 동안 아기를 안아주지도 않았답니다."

그러면서 나에게 묻는다. "저 아이가 여성스럽게 될 수 있을까요?'

세 살 밑의 동생은 아주 여성스러운 모습으로 여성스럽게 자라는데 이 축구 선수 딸은 완전히 남자 얼굴이다. 부모의 얼굴과 아주 딴판이다. 이 딸의 속사람이 엄청난 혼란 중에 있는 증거가 외모로도 드러나 보이는 것이다.

이제 대부분의 수수께끼가 풀렸다. 이 씩씩한 엄마는 자신이 여자라는 사실에 한이 맺혀 있었기에 뱃속에 있는 아이가 남자이기를 간절히 바랐다. 그래서 아이가 아들이라고 말해 주는 사람들과만 대화를 했기에 뱃속에 있는 딸아이에게는 씩씩한 남자가 되는 수밖에 없었다. 그렇게 거절감을 가지고 태어나고 거절감 속에서 자라며 축구 선수로서 자신의 남성을 표현 해가는 중이었다.

몇 주일 후에 그 엄마의 어머니 권사님이 밴쿠버를 방문해서 주일 예배에 참석했다. 축구 선수의 외할머니이다. 나에게 바로 메시지가 왔다. '왕 톰보이 할머니구나! 여장군의 모습이었다. 거기에서 시작된 것이다. 딸이라고 천대를 받은 할머니에게서 딸이 태어나서 천대를 받고 자랐고, 그 엄마에게서 축구 선수 딸이 태어나서 천대를 받고 자라는 것이다.

이제 이 엄마와 딸이 치유를 받고 여성을 회복해야 한다. 그렇지 못하면 이 딸에게서 태어나는 아이들이 많이 망가질 것이다. 딸이면 엄마와 같은 톰보이가 될 것이고 아들이면 과보호로 인해서 왕자병 환자가 될 가능성이 높아진다.

엄마가 나의 설명을 들으면서 많은 것을 깨달았고 눈물을 흘리기도 했다. 더 많은 치유의 말을 듣기를 원했다. 그러나 축구선수 아이의 아빠는 드러내고 싶지 않은 자신의 가정의 속 모습이 드러나는 것을 보는 불편한 모습이었다. 깊은 치유를 경험하지 못한 채로 얼마 후에 한국으로 돌아가서는 소식이 없다. 어디서든 주님의 치유와 회복이 계속되기를 기대할 뿐이다.

이사야 49장15-16절

여인이 어찌 그 젖먹는 자식을 잊겠으며 자기 태에서 난 아들을 긍휼히 여기지 않겠느냐

그들은 혹시 잊을찌라도 나는 너를 잊지 아니할 것이라 내가 너를 내 손바닥에 새겼고

Part 04

어떻게 치유하는가?

나 자신과 대면하기

가계도 그리기

상처받은 자녀들의 치유

11

나 자신과 대면하기

"만일 누가 아무것도 되지 못하고 된줄로 생각하면 스스로 속임이니라"(갈 6:3).

지금까지 우리의 삶을 여러 측면에서 진단해보았다. 우리가 오늘 겪고 있는 관계의 어려움, 삶의 어려움들의 '원인'을 파악하는데 초점을 맞추어 왔다. 이제는 당신도 자신의 문제의 원인들과 뿌리를 보는 마음의 눈이 많이 열렸으리라 생각된다. 당신이 문제의 원인을 보게 되면서 주님의 치유가 이미 시작 되었으리라 본다. 나아가서 가족을 포함한 가까운 사람들과 마음을 나누는 대화가 시작되었고 치유가 진행 중일 것이라 믿는다.

그러면 그것으로 충분한가? 그렇지 않다. 우리 삶에는 어떻게 치유를 시작해야 하는지 알 수 없는 일들이 많이 있기 때문이다. 의사의 도움이 필요한 부분이다. 이제부터는 구체적인 치유 과정으로 독자들을 인도하고자 한다.

그런데 의사의 치유를 받기 위해서는 두 가지 매우 중요한 조건이 있다. 첫째는 당신 자신이 깊은 치유를 원해야 한다는 것이고, 둘째는 치유의 자리에 나와서 겸손하게 마음을 열어야 한다는 것이다. 예수님이 이렇게 말씀하신다.

"바리새인의 서기관들이 예수께서 죄인과 세리들과 함께 잡수시는 것을 보고 그 제자들에게 이르되 어찌하여 세리와 죄인들과 함께 먹는가 예수께서 들으시고 저희에게 이르시되 건강한 자에게는 의원이 쓸데 없고 병든 자 에게라야 쓸데 있느니라 내가 의인을 부르러 온것이 아니요 죄인을 부르러 왔노라 하시니라" (막 2:16-17).

◻ 마음을 풀어놓는 일

치유의 비밀은 당신의 마음을 풀어놓는 데에 있다. 그것은 알코올 중독자를 치유하는 이치와 동일하다. 알코올 중독에 빠진 사람이 스스로를 알코올 중독자라고 인정하기 전까지는 어떤 종류의 처방이나 약도 소용이 없다. 본인이 자신의 입으로 "나는 알코올 중독입니다. 나를 도와주십시오"라고 고백할 때부터 치유가 시작되는 것이다. 우리 마음의 치유도 동일하다. "나에게 이런 아픔이 있습니다. 나는 치유 받고 싶습니다"라고 고백할 때부터 그 상처가 치유되기 시작하는 것이다.

지금까지 남들에게 말하지 않았던 당신 가정의 부끄러웠던 일, 고통스러웠던 일들을 담대하게 말하기 시작하라. 그러나 섣불리 많은 사람들 앞에서 고백해서는 안 된다. 함께 고통을 경험한 가족들끼리 이야기를 시작하는 것이 중요한 과정이다. 그런 대화가 불가능할 때는 믿을 수 있는 사람을 조심스럽게 찾아가서 마음을 열어야 한다. 그렇게 이야기를 시작하면 바로 주님이 대화에 참여하신다. 그리고 당신의 아픔을 치유해가기 시작하신다.

◻ 하나님이 보내신 천사들

우리는 상처가 많을수록 그것들을 감추려 한다. 상처가 드러나면 남들보다 열등하다고 생각하기 때문이다. 그래서 우리가 보기에 많은 아픔이 있는 사람들이 오히려 더 유쾌하게 보이려 하고 사람들을 즐겁게 만들려 한다. 자신의 수치감과 열등감 때문이다. 그러나 하나님은 우리의 부끄러운 상처를 담대하게 드러내기를 원하신다.

하나님은 늘 사람을 통해서 우리를 치유하신다. 목사나 전도사나 선교사가 아니라 가족과 내 주변의 사람들 말이다. 하나님은 나를 치유하시기 위해서 강제로 나의 옷을 벗기시거나 상처를 드러내게 하지 않으신다.

하나님은 사람을 사용하신다. 나의 가까운 사람들을 통해서 나의 상처를 자꾸 건드리게 하신다. 그때마다 너무 아프다. 그래서 그 사람을 미워하게 되고 심지어는 싸우기도 한다. 그 과정을 통해 상처는 점점 부어오르기 시작한다. 결국, 더 이상 아픔을 견딜 수 없게 되면 자연스레 의사를 찾게 된다.

이 비밀을 일찍 깨닫는 사람이 지혜로운 사람이다. 나를 괴롭게 하는 사람이 바로 하나님이 내게 특별히 보내셔서 나의 아픔을 드러내게 하는 사람이라는 것을 말이다. 다른 말로 하면 하나님의 메신저, 즉 천사라는 말이 된다. 나의 남편이, 나의 아내가, 나의 자녀가 바로 그 역할을 하고 있는 사람들이다. 나아가서 직장에서 나를 괴롭히는 동료, 상사, 학교의 친구, 선생님이다.

그 사람들이 내게 보내신 천사라는 것을 깨닫는 순간 나의 눈이 열리며 삶이 변하게 된다. 나아가서 나 자신도 그 사람들에게 천사의 역할을 하고 있다는 것을 깨닫는 순간 나의 삶은 다시 한 차원 높아지게 된다.

당신의 주위를 돌아보라. 그러면 당신이 하나님의 천사들에 둘러싸여 있음을 보게 되리라. 이제 마음을 열고 그 천사들과 마음을 나누는 교제를 시작하시길 바란다. 당신의 마음에 주님의 생수가 흘러 들어오며 깊은 상처들이 빠르게 치유되는 것을 경험하게 될 것이다.

🟧 상처입은 사람의 증상

치유 처방을 내리기 전에 다시 한 번 큰 상처를 입은 사람의 증상을 요약해 보자. 펜을 들고 아래 항목들을 하나하나 읽으며 당신 자신의 상태를 돌아보고 만일 당신에게 해당된다면 체크 표시를 해보라. 항목 중에 하나라도 당신에게 심각하게 해당된다면 이 책은 당신에게 매우 중요한 도움이 될 것이다.

당신 자신의 점검이 끝난 다음엔 배우자, 그 다음엔 부모님을 놓고 점검하며 체크 표시를 해보라. 그들에게 심각하게 해당되는 항목이 하나라도 있다면, 그들에게 치유 받아야하는 깊은 상처가 있으며 그 상처는 이미 당신의 삶에도 영향력이 있다는 것을 인정하라. 그러면서 당신 자신을 다시 한번 돌아보기를 권면한다.

이때 중요한 것은 드러난 증상들을 해결하려는 자세가 되지 말고 그 증상을 일으킨 원인이 무엇인가를 찾는 자세가 되어야 한다는 것임을 다시 강조한다.

1. 이해관계 없이 사람들과 인간적으로 친밀한 관계를 맺기가 어렵다.
2. 사람들의 칭찬과 인정을 받기를 간절히 원한다.
3. 남과 자신을 수시로 비교하며 열등감을 갖는다.
4. 작은 실수나 실패에도 자신을 무자비하게 비판한다.
5. 밖의 일에는 지나치게 책임감을 느끼고, 집안일엔 지나치게 무책임하다.
6. 친구나 교회 등 다른 사람에게는 지나치게 충성하면서 가족들의 필요는 등한시 한다.
7. 매사에 충동적이다.
8. 계획하고 시작한 것을 끝까지 시행하는데 늘 어려움을 겪는다.
9. 쉽게 진실을 말할 수 있을 때에도 솔직한 대답을 하지 못한다.
   (적당히 얼버무리고 넘어가는 데에 익숙하다)
10. 사람들과 재미있고 인간적인 시간을 보내지 못한다.
   (항상 누군가의 인정을 받는 일을 해야 한다는 강박감)
11. 가족들이나 직장에서 동료나 아랫사람의 작은 실수를 그냥 넘어가지 못한다. (완벽주의의 증상)
12. 어린 시절이 잘 기억나지 않는다.

치유의 전제 조건들

다시 한 번 치유의 전제 조건들을 살펴보는 것은 매우 유익할 것이다. 왜 냐하면 이 조건들이 충족되지 않은 상태에서 진행되는 치유는 대부분 부 작용을 일으키며 재발하기 때문이다.

1. 정확한 진단(원인 파악)이 중요하다. 진단이 제대로 되면 문제의 뿌리가 보 이게 되면서 대부분의 경우 처방이 자연스럽게 나오기 시작한다.
2. 당신에게 왜 그런 어렵고 고통스러운 일들이 있었는지를 부모로부터 (혹은 이모, 고모, 삼촌, 숙모…) 자세히 알아보며 그 당시 부모들이 처한 어려운 상황을 자세히 알아보아야 한다.
3. 모든 고난과 아픔 속에서 예수님이 나를 끝까지 지키셨다는 것을 의심 없 이 믿어야 한다.
4. 당신의 부모님이 당신보다 몇 배나 더 큰 아픔을 겪었다는 것을 인정하고 그 분들의 잘못을 용서해드려야 한다. 그리고 당신을 낳아주신 것에 대해 감사하라.
5. 모든 상처와 아픔은 전능하신 예수 그리스도 안에서 완전히 치료되고 해 결될 수 있다.
6. 문제의 궁극적인 해결은 그리스도 안에서만, 즉 그 사람이 예수님을 온전 히 영접하고 의지할 때에만 가능하다.
7. 문제의 해결은 오직 성령님이 하시는 것이고,(치유사역자가 아닌) 온전한 회복에는 많은 시간이 필요하다. 그 과정을 서두르면 많은 경우 더 큰 좌 절에 빠지게 된다는 것을 받아들이라.

구체적인 치료의 단계

1. 기록된 말씀의 능력을 의지하라

여러분들은 모든 준비를 갖추고 주님의 치유를 받을 준비가 되었으리라 본다. 그 과정에 절대적으로 필요한 것이 기록된 말씀이다. 마음을 치유하는 것은 치유사역자의 능력도 아니고 별안간 들려오는 음성도 아니다. 꿈을 통한 계시도 아니고 신령한 사람의 예언도 아니다. 물론 하나님은 오늘도 우리에게 여러 방법으로 말씀하신다.

주님과의 이런 교제는 그 사람의 영, 혼, 육이 건강할 때는 참 좋은 것이다. 영, 혼, 육이 건강하다는 것은 그가 믿음의 생활을 잘 하고 있으며 대인 관계가 원만하다는 뜻이다. 또한 사랑의 가정을 이루고 있으며 육신적으로도 건강하다는 것을 말한다.

그러나 아직 치유되지 않은 상처가 많은 사람이 기록된 말씀 이외의 것, 즉 특별한 계시나 은사자의 예언을 통해서 주님의 음성을 듣고 치유를 해 나가는 것은 아주 위험하다. 인간적인 요소가 침범할 소지가 매우 크기 때문이다. 환자를 마취하고 심장 수술을 하고 있을 때에는 의사의 아주 작은 실수도 큰 사고를 일으킬 수 있는 것처럼, 치유 과정에서 환자의 마음이 열리고 부드러워진 상태에서는 사역자의 말 한마디가 큰 부작용을 일으킬 수 있기 때문이다.

많은 치유사역자들이 치유 과정 중에 지나치게 감정을 자극하며 대중 앞에서 그 감정을 마구 토해 내게 한다. 계속해서 울고 통곡하게 하며 심지어는 돌아가신 부모에게 욕을 하게도 한다. 신령한(?) 사역자에게 주시는 성령님의 특별한 말씀을 의지하게 하고, 성령님의 기적적인 능력만 바라보게 한다. 과거와 현재를 마구 여행하고는 끝에 가서 귀신을 쫓아낸다. 이와 같은 과정은 환자의 영과 혼을 크게 손상시킬 수 있는 처방이다.

마음의 치유 과정에서는 전적으로 주님의 기록된 말씀에 의지해야 한다. 사역자들의 눈앞에서 아무 일이 일어나지 않아도 좋다. 그 사람이 사랑의 예수님을 만나고 성경 말씀을 붙잡기만 하면 된다.

주님이 말씀을 통해서 그 사람과 대화를 시작하신다. 그 때부터는 사람이 깊이 관여해도 안 되고 치유 과정을 주관해서는 더더욱 안 되는 것이다. 최고의 의사가 직접 치유하시는 것을 보며 따라갈 뿐이다.

2. 우리 안에 오랫동안 존재해온 악한 지식들을 몰아내라.

사람들은 누구나 자신과, 세상과, 하나님에 대해서 여러 모양의 고정된 생각을 갖고 살아간다. 그런데 많은 경우 그 생각들이 하나님의 말씀과 정면으로 어긋난다는데 큰 문제가 있다. 대부분의 그리스도인들은 자신의 생각들이 하나님의 뜻에 어긋난다는 것을 알면서도 오히려 그 생각들에 지배를 받기 때문에 이중적인 사람이 된다.

이런 지식들과 사고들은 오랜 세월에 걸쳐서 만들어진 것으로 우리 안에 여리고 성 같은 견고한 진이 되었다. 그리고 우리 속사람을 아주 어렸을 때부터 그 속에 가두어 버린 것이다. 마치 해서는 안 되는 계약서 서명을 하고 꼼짝없이 붙잡힌 사람처럼 말이다.

성경 통독하기

우리는 모든 일에서 나름대로 자신의 판단 기준을 정해 놓고 살아간다. 그런데 그중 많은 것들이 세상적이다. 이제 우리는 그 기준들을 성경 말씀에 비추어 평가해 본 후 바꾸어야 한다. 그런 능력을 기르기 위해서 첫째로 필요한 것이 성경을 통독하는 것이다. 묵상과 ´큐티도 중요하지만 성경을 통독함으로써 하나님이 어떤 분이시고, 어떤 사랑으로 우리를 품어 주시고, 그 사랑을 받는 내가 누구인지를 새롭게 깨닫는 것이 중요하다.

치유된 마음과 눈으로 성경을 읽어 가면 나의 생각과 가치 기준, 판단 기준 중에서 성경 말씀과 부딪치는 것을 많이 발견하게 된다. 이때 그 말씀을 피해 가지 말고 과감하게 수용해야 한다. 그리고는 내 속에서 말씀과 어긋나는 것들은 담대하게 잘라 내는 작업을 시작해야 한다.

그런데 치유를 받은 많은 사람들이 여기서 걸려 주저앉는다. 치유를 받아서 일시적으로 고통이 사라지고 문제가 해결됐지만 자신 속에 있는 오래된 가치 기준, 판단 기준, 행동의 규범을 바꾸려 하지 않는다. 바꾸는 과정이 고통스럽기도 하고 세상 적으로 손해가 예상되기 때문이기도 하다.

그러나 그런 우유부단함은 마치 심장 혈관 수술을 한 환자가 식생활이나 생활 형태를 바꾸지 않는 것과 같다. 병은 머지않아 재발한다. 이제 성경 말씀과 정면으로 어긋나는 생각들을 살펴보자.

"나는 가치 없는 존재이구나.", "나는 능력이 부족해서 아무에게도 도움이 안 되는구나.", "나는 잘못 태어난 존재로구나.", " 아무도, 정말 아무도 나를 사랑하지 않는구나.", "엄마, 아빠도 나를 무시하는구나.", "하나님도 나를 싫어하시는 것이 분명해.", "내가 사람들이 깜짝 놀랄 만한 일을 하지 않으면 나는 아무 것도 아니겠구나.", "열심히 일해서 사람들의 인정과 하나님의 사랑을 얻어내야 한다.”

이런 생각들이 당신 속에서 들려 올 때에 당신은 무조건 이렇게 거부해야 한다. “아냐! 그것은 하나님의 말씀이 아니야!” 그리고는 바로 그 말을 뒤집어서 긍정적으로 당신에게 선포해 주어야 한다. “나는 엄청나게 중요한 사람이야!”, “하나님은 지금의 나를 지극히 사랑하신다구!”, “나는 하나님의 계획 속에서 이 세상에 태어난 사람이야!”

이 같은 선포에는 참으로 놀라운 능력이 있다. 그러나 한 두 번의 긍정적인 선포로 당신 속에 오래 숨어 있던 부정적인 말들이 죽어 버리거나 사라지지 않는다. 수십 번, 수백 번 선포 작업을 반복해 주어야만 당신 속의 부정적인 말들이 잘라져 나가게 된다.

3. 솔직하고 담대하게 당신의 과거를 대면하라.

먼저 가족들끼리 어려웠던 일, 재미있던 일들을 이야기하기 시작하라. 그러나 이때, 잘 되지 않을 경우도 대비해야 한다. 나아가서 누군가 믿을 만한 사람을 찾아서 당신과 부모님의 과거를 이야기하면서 쌓인 감정을 풀어 놓기 시작하라. 이것이 당신의 붕대를 풀어내는 과정이다. 사람에게 당신의 상처를 보이는 창피한 일로 보이겠지만, 이것은 최고의 의사이신 주님께 상처를 보여드리는 중요한 과정이다.

4. 잃어버린 삶의 부분들을 생각하고 다시 시도해보라.

우리 대부분은 어린 시절을 잃어버린 세대다. 어린이의 특권은 아무 근심 없이 즐겁게 노는 것인데 대부분은 그것을 빼앗겼기 때문이다. 그 불행한 일은 지금도 우리 자녀들 세대에 계속되고 있다. 그런데 사람은 본능적으로 그 잃어버린 노는 시간을 보상하려 한다.

그래서 한국 사회에 어른들이 이상하게 놀고 있다. 왜냐하면 놀아 보지 못한 한이 맺혀 있기 때문이다. 그래서 우리 조상들은 "노세 노세 젊어서 노세 늙어지면 못노나니…"를 외치며 몸부림을 친 것이고 밤놀이 문화가 발달하게 되었다. 그 맺힌 한을 대낮에 긍정적으로 풀 수 있는 기회를 만들어주고 도와주어야한다.

당신이 어려서 하고 싶었던 일들을 생각해 봐라. 그것이 지금도 해보고 싶은 일이고 큰 무리가 없이 가능하다면 시도해 보기를 바란다. 어려서 살던 곳도 방문 해보고 동네아이들과 함께 어린 아이처럼 놀아 보라.

- 호수에서 낚시질하기
- 새 자전거 타기
- 레고 세트 가지고 놀기
- 수채화 물감으로 그림 그리기
- 원하는 인형을 가지고 놀기
- 모형 비행기 만들기
- 생일 파티 열기
- 피아노 또는 기타 배우기

5. 어린 시절의 재미있던 기억들을 되살려서 대화해보라.

내적치유라고 해서 꼭 어렵고 힘든 기억만을 회상해야 하는 것이 아니다. 어린 시절을 그냥 회상하는 것이 중요하다. 당신의 어렸을 때 모습을 있는 그대로 받아들이며 자신의 뿌리를 발견해 가는 것이다.

우리 사회는 아이를 빨리 어른으로 만들고자 전력을 다하는 뒤틀린 사회가 되었다. 가족들이 모여도 어린 시절 이야기를 많이 하지 않는다. 잘못된 것이다. 주님은 우리에게 어린아이처럼 살라고 말씀하신다.

"그러므로 누구든지 이 어린 아이와 같이 자기를 낮추는 그이가 천국에서 큰 자니라"(마 18:4).

6. 더 잘 해야만 한다는 무서운 압박감(완전주의)에서 벗어나라.

현대 문명사회는 완벽을 추구한다. 요즘 같은 무한 경쟁 사회에서는 제품이 완벽해야 하고 서비스가 완벽해야 한다. 모든 것이 컴퓨터로 운용되기에 더욱 완벽함이 강조된다. 그런데 인간은 결코 완벽할 수 없다. 하나님께 의지해서 살아가도록 우리를 만드셨기 때문이다. 완벽을 추구하는 것은 하나님으로부터 독립하겠다는 마음이고, 바벨탑을 쌓는 마음인 것이다.

아주 많은 사람들이 수시로 자신에게 이렇게 채찍질을 한다.

"너는 좀 더 잘 해야 해."

"너는 좀 더 잘 했어야 해."

"너는 좀 더 잘 할 수 있어야 해."

우리는 어려서부터 이런 말들을 부모에게서 많이 듣고 살아왔고, 우리도 자녀들에게 그 말들을 반복하고 있다.

"네 형처럼(또는 동생처럼) 좀 해봐라."

"너는 무슨 일을 하든지 항상 최선을 다해야 한다."

"노는 것은 마귀를 초청하는 것이다."

완벽주의는 당신을 지치게 하고 당신의 대인 관계를 망가뜨린다. 또한 당신에게 미루는 습관을 심어 준다. 당신이 자신에게 늘 이렇게 말하기 때문이다. "제대로 하지 않으려면 시작도 하지 마라!" 그 반작용도 있다. 많은 일을 시작은 하는데 끝을 내지 못한다. 완성 후의 부정적인 평가가 두렵기 때문이다. 우리는 이 완벽주의에서 무조건 벗어나야 한다. 그것은 하나님을 대적하는 일이기 때문이다.

7. 과도한 책임의식을 버리고 자기 죄를 회개하라.

많은 사람들이 자신의 죄와 죄책감때문에 괴로워한다. 자기에게 일어나는 많은 어려운 일들, 또 마음속에 일어나는 미움, 분노, 시기, 질투 같은 것들을 자신 속에 있는 죄의 결과로 단정하고 그래서 자신의 책임이라고 믿고 자신을 정죄하며 회개한다.

그러나 아무리 회개해도 그때뿐인 것 같다는 사실이 우리를 괴롭게 한다. 문제가 근본적으로 해결되지 않는 것 같다. 계속해서 다시 같은 상황이 벌어지고 같은 마음이 되는 것이다. 인간의 마음을 너무 단순하게 생각했기 때문에 일어나는 오해이고 착각이다. 인간의 마음은 생각보다 아주 복잡한 것이다.

이제 우리는 우리에게 닥치는 모든 어려움과 마음에 일어나는 좋지 않은 감정들의 원인을 두 가지로 분류해야 한다. 그 하나는 내가 책임져야 하는 일이고, 다른 하나는 나에게 책임이 없는 일이다. 그런데 나에게 책임이 없는 일들이 나에게 책임이 있는 일보다 나를 더 괴롭게 하고 있는 것을 우리가 잘 모르고 있다. 예를 들어서 아버지의 외도로 부모가 이혼을 함으로써 일어난 삶의 어려움과 나의 마음의 상처는 어떻게 치유해야 하는가? 그 일은 지금도 나의 삶과 성품과 대인 관계에 심각한 영향을 미치고 있고 괴롭히고 있다.

이것은 내적 치유의 영역이다. 우리는 이 영역에 해당하는 일들을 내가 책임을 져야 하는 영역의 문제보다 먼저 해결해야만 한다. 왜냐하면 우리가 아무런 보호 능력이 없을 때 이 사건들이 우리에게 심각한 영향을 주며 우리의 근본을 뒤틀어 놓았기 때문이다.

이 영역, 즉 내 책임이 아니면서 나에게 심각한 영향을 주고 있는 영역이 먼저 만져지고 치료되어야 한다. 그러면 우리는 자연스럽게 나 자신이 책임지고 교정하고 변화시켜야 하는 영역을 보게 되고 잘못을 깨닫게 된다. 진실한 회개가 시작되는 것이다. 순서가 중요하다. 물론 이 두 과정의 순서가 바뀌어도 큰 역사가 일어나기는 하지만 그와 함께 마음속에 혼란이 일어나기 시작한다. 내 잘못이 아닌 것을 회개할 때에 일어나는 혼란이다.

기본적인 치유 과정을 통과한 사람에게는 자연스럽게 회개의 과정이 시작된다. 마치 수문이 열리면 물 밑에 가라앉아 있던 쓰레기가 흘러 나가는 것과 같다. 이때에 의지를 발동해서 진실한 회개의 고백을 드리게 되면 주님의 깊은 치유가 일어나게 된다.

진실한 회개는 너무 중요한 작업이다. 예수님도 공생애를 시작하면서 회개를 강조하셨고 베드로도 오순절날 예루살렘에서 회개를 강조했다.

"이때부터 예수께서 비로소 전파하여 가라사대 회개하라 천국이 가까왔느니라 하시더라"(마 4:17).

"베드로가 가로되 너희가 회개하여 각각 예수 그리스도의 이름으로 세례를 받고 죄 사함을 얻으라 그리하면 성령을 선물로 받으리니"(행 2:38).

성경에 나오는 죄와 회개의 대표적인 경우는 다윗 왕과 밧세바의 사건이다. 다윗이 밧세바와 간음을 하고 그의 충실한 신하이며 밧세바의 남편인 우리아를 전쟁터 최전선으로 보내서 죽게 한 다음에 그 괴로운 마음을 시편에 이렇게 적어 놓았다.

> "내가 (나의 죄악을) 토설치 아니할 때에 (고백하지 아니할 때에) 종일 신음하므로 내 뼈가 쇠하였도다 주의 손이 주야로 나를 누르시오니 내 진액이 화하여 여름 가물에 마름 같이 되었나이다 내가 이르기를 내 허물을 여호와께 자복하리라 하고 주께 내 죄를 아뢰고 내 죄악을 숨기지 아니하였더니 곧 주께서 내 죄의 악을 사하셨나이다" (시 32:3-5).

하나님의 구하시는 제사는 상한 심령(broken spirit)이다. 하나님은 상하고 통회하는 마음을 멸시하지 않으신다(시 51:17). 다윗이 자신의 죄를 마음에 품고 있을 때는 그의 모든 기쁨이 사라졌고 육신이 죽을 것처럼 고달파졌다. 삶 전체가 무너져 내린 것이다. 그것을 견디다 못해서 하나님께 나가서 토해 내고 회개하니 그의 마음에 주님의 평강이 임하고 치유가 시작된 것이다.

내적치유 과정에서 자주 일어나는 안타까운 일이 바로 이 부분이다. 치유의 자리에 나와서 은혜는 받는데 마땅히 회개해야 하는 자신의 죄와 허물에 대해서는 '부모 탓'을 하면서 넘어가는 사람들이 아주 많다. 자기 자신에게 회개할 일이 많다는 것을 인정하고 겸손하게 회개의 자리에 나아가는 사람에게는 주님의 깊은 치유가 일어나고 성품의 변화가 일어난다. 하지만 자기가 겪고 있는 어려움들을 부모 탓, 아내 탓, 남편 탓으로 돌리는 사람에게는 치유와 회복과 성숙이 멈추어 버린다.

"내가 지금 기뻐함은 너희로 근심하게 한 까닭이 아니요 도리어 너희가 근심함으로 회개함에 이른 까닭이라 너희가 하나님의 뜻대로 근심하게 된 것은 우리에게서 아무 해도 받지 않게 하려 함이라 하나님의 뜻대로 하는 근심은 후회할 것이 없는 구원에 이르게 하는 회개를 이루는 것이요 세상 근심은 사망을 이루는 것이니라"(고후 7:9-10).

✱ ✱ ✱ 치유 과정에서 기억해야 할 것들

1. 당신의 부모, 조부모, 외조부모로부터 전해 받은 것 중에 현재 당신의 삶에 부정적으로 작용하고 있는 것이 아주 많다는 것을 인정하라. 그리고 그 잠재의식은 어머니의 태중에서부터 일어난 일들까지 포함한다는 것을 명심하라.

2. 당신은 어머니의 태중에 있는 동안 특히 부모님으로부터 많은 부정적인 영향을 받았고 그로 인해 자아상이 많이 상처를 입었다는 것을 명심하라.

3. 당신과 하나님 사이에 해결할 것이 아직 많이 있다는 것을 인정하라.

4. 지금의 당신은 결코 완전하지 못하고, 앞으로도 가족들이 보기에 결코 완벽한 수준에 이르지 못한다는 것을 인정하라.

5. 당신의 가족들이나 주위 모든 사람들도 상처입은 사람들이기에 하나님의 기준은 물론이고 당신의 기준에 도달하지 못한다는 것, 그래서 완전 할 수 없다는 사실을 겸손히 인정하라.

6. 당신의 마음을 믿을 수 있는 사람에게 서서히, 그러나 담대하게 여는 연습을 시작하라. 마음을 열고 치유받을 수 있는 가장 중요한 사람들은 전문 상담자나 목회자가 아니고 당신의 가족들이라는 것을 명심하라.

7. 어려운 관계를 해결하기 위해서 상대방이 변하고 회개해야 하는 것이 아니라 당신 자신의 상한 마음을 치유하는 것이 먼저인 것을 인정하고 고백

하라. 가족과 주위 사람들은 당신의 거울이고 당신의 눈에 보이는 그들의 모습은 거울에 비친 당신의 모습일 수 있다는 것을 기억하라.

8. 당신과 하나님 사이가 해결되는 만큼, 즉 당신의 상한 마음이 치유되고 회복되는 만큼 당신의 가족과 주위 사람들과의 문제가 해결되어 가는 것이다. 왜냐하면 당신의 치유가 진행되어 갈수록 주위 사람들의 깊은 아픔을 고려하는 당신의 성숙한 마음과 안목이 자라나기 때문이다.

9. 중요한 성경 말씀을 계속해서 암송하며 당신 자신에게 선포하라. 어려움을 당하고 있는 주위 사람들에게도 나누어 주며 그들도 그 말씀들을 암송하며 선포하게 도우라. 깊은 치유는 하나님의 말씀이 마음에 새겨져야만 가능하기 때문이다.

10. 긍정적이고 치유적인 독백과 선포를 시작하라. 그리고 "나는 하나님 안에서 치유받고 있으며 예수님의 성품으로 회복되어 가고 있다"라고 당신에게 반복해서 선포해 주어라.

11. 주님은 당신의 모든 고난과 고통을 넉넉히 치유하실 수 있으며, 그 치유를 통해서 당신의 잃어버린 세월을 멋지게 회복시키신다는 것을 믿어라.

12. "내 인생에는 중요한 사명이 있다!"라고 당신 자신에게 반복해서 선포하면서 매일 매일 치유 간호사의 삶을 연습하라.

13. "나는 지난번 치유 집회를 통해서 완전히 치유 받았습니다"라는 식으로 말하지 말라. 내적치유는 단기간에 끝나지 않고 끝날 수도 없기 때문이다. 우리의 영적 성장과 성숙이 단기간에 될 수 없는 것과 마찬가지다.

14. 내적치유의 은혜를 체험하는 시간부터 하나님의 말씀으로 깊이 들어가야 한다. 성경을 계속해서 통독하고, 묵상하고, 암송하고 선포하는 것이 중요하다. 기록된 말씀으로 나의 마음에 울타리를 치며 기경해서 상처의 깊은 뿌리들을 제거하는 작업이 꾸준히 지속 되어야 한다.

12

가계도 그리기

"살몬은 라합에게서 보아스를 낳고 보아스는 룻에게서 오벳을 낳고 오벳은 이새를
낳고 이새는 다윗왕을 낳으니라 다윗은 우리야의 아내에게서 솔로몬을 낳고"
(마 1:5-6).

어떤 사람들은 자기에게 닥친 문제의 급한 해결을 위해서 치유 집회와
세미나에 참석한다. 그러나 대부분의 참석자들은 그것보다는 더 깊은 생
각을 하며 모임에 참석한다. "내 삶은 왜 이럴까?", "언제까지 이렇게 살
아야 하나?", "삶이 변하면 좋겠다.", "정말 예수 믿는 사람처럼 살아 봤
으면…" 이라는 생각들이리라. 자신이 겪고 있는 문제에 대한 무언가 근
본적인 이유를 찾고자하는 열망이 사람들 속에 숨어있기 때문이다.

내적치유 과정에서 제일 중요한 것은 문제의 해결이 아니다. 그래서
문제 해결에 초점을 맞추는 치유는 항상 실패한다. 재발하기 때문이다.
주님이 원하시는 치유란 당장의 고통을 제거하는 것이 아니라 그 고통이
생기게 한 근본적인 원인을 찾는 것이다. 원인을 찾으면 해결책이 자연
스레 드러나며 문제의 뿌리를 제거할 수 있기 때문이다.

그 작업을 위해서는 먼저 과거의 기억을 열어야 한다. 우리가 마음의 벽장 속에 깊이 감추어 둔 기억들을 풀어 놓아야 한다. 잠재의식의 맨 밑바닥까지 주님의 빛이 비추어져야만 한다. 내가 잉태되기 전부터 나의 부모님과 그 윗대로부터 전해지는 아픔과 고통의 뿌리들을 알아내야 한다. 그 고난과 고통의 세월들을 통해서 우리에게 어떤 아픔이 전해져 왔는가를 알아야 한다는 말이다. '가계에 흐르는 저주'가 아니라 상처의 전달이다. 이 같은 부정적인 유산의 전달 과정을 알아야만 한다는 말이다.

이 과정에 크게 도움을 주는 것이 가계도를 그리는 것이다. 나 자신과 나의 자녀들은 물론이고 부모와 할아버지, 할머니 그리고 외할아버지, 외할머니까지 포함되어야 한다. 모든 이모, 고모, 3촌, 4촌들이 다 포함되어야 하고 외가 쪽도 모두 포함되어야 한다.

자신의 가계도를 그리면서, 또 그분들의 관계를 생각하면서 많은 생각들이 떠오르기 시작한다. 잊혀 있던 기억의 문이 열리기 시작한다. 숨겨져 있던 과거들이 생각나고 내가 받은 상처와 아픔들이 서서히 드러나 보이게 된다.

◻ 가계도 그리기

1. 책 읽는 것을 잠깐 멈추고 시간을 내어서 당신의 가계도를 그림으로 그려보라.(할 수 있는 대로 자세히)

- 아버지, 어머니와 두 분의 형제들과 그 가정의 자녀들

- 조부모, 외조부모와 그분들의 형제자매들

- 당신의 형제자매들과 자녀들

- 이모, 고모, 삼촌들과 사촌들(친가, 외가 모두)

가계도에다가 그 분들이 어떤 인생을 살았고 부부 관계가 어떠했는가를 간략하게 적어 보라. 잘 모르겠으면 부모님들에게 묻고, 부모님이 안 계시면 이모, 고모, 삼촌, 누나, 형님에게 여러 번에 걸쳐서 알아보라. 그들과의 이야기를 통해서 당신 자신의 모습을 많이 발견하게 될 것이다.

2. 결혼한 사람들은 배우자의 가계도까지 같은 방법으로 그려 보라.

많은 사람들이 여기서 당황해 한다. 배우자의 가계도를 그리는 일이 상당히 어렵다는 것을 알게 되면서 "아, 내가 내 아내에 대해서, 내 남편에 대해서 너무 모르는구나!"를 깨닫는 것이다. 이 일로 인해서 상대방에 대해서 미안한 마음이 생기면서 상대방을 알고자 하는 진실한 관심이 살아나게 된다. 나아가서 상대방을 내가 원하는 대로 일방적으로 몰아쳐 온 잘못된 삶을 돌아보게 된다.

■ 나에게 질문하기

가계도를 그리고 나서 다음의 몇 가지 질문에 답을 써 보기 바란다.

1. 당신의 삶에서 가장 기뻤던 일 두세 가지

   (18세 이전)   (18세 이후)

2. 당신의 삶에서 가장 어려웠던 순간 두세 가지

   (18세 이전)   (18세 이후)

3. 지금 당신이 겪고 있는 가장 큰 어려움은 무엇인가?
   그 문제의 원인이 무엇이고, 또 누구의 책임이라고 생각하는가?

"가계도를 그리면서 두 시간을 울었습니다!"

최 집사는 쾌활하고 사람들에게 인기가 좋은 사람이다. 아내의 권유로 '아버지 학교'에 참석해서 은혜를 받았다. 그렇게 치유에 대해서 눈을 뜨고 나니까 점점 더 많은 것이 보이기 시작했다. 아직 더 치료하고 정리할 것이 많을 것이라는 마음이 있어서 치유학교에 등록을 했다. 제법 준비된 마음이라 첫 시간부터 주님의 만지심이 시작되었다.

첫 시간에 자신의 삶의 뿌리를 돌아보는 안목이 열리기 시작했다. 어린 시절은 그저 막연히 어렵고 힘든 삶이었다는 기억을 가지고 살았다. 그런데 그 어려움들 하나 하나가 모두 자라서 큰 가시덤불을 이루며 현재 자신의 삶에 엄청난 영향을 주고 있다는 것을 깨달은 것이다. 하나뿐인 아들을 어려서부터 매질로 다스려 왔고 착한 아내의 마음을 아주 많이 아프게 했다. 아내가 예수를 믿지 않는 사람이었다면 아마 진작 이혼을 했을 것이다.

강의 중에 수시로 눈물을 훔치기 시작한다. 앞에 나와서 짧게 간증을 하는 시간에 자신의 삶의 뿌리가 어떻게 형성되었는가를 풀어내면서 깨달음이 더 깊어져 간다. 그러더니 다음 주에는 앞에 나와서 이렇게 고백을 한다.

"며칠 전에 제게 놀라운 일이 있었습니다. 전날에 들은 치유 세미나 강의를 생각하며 차를 타고 가는데 별안간에 제가 눌러놓고 있었던 어렸을 때의 기억들이 떠오르는 것입니다. 그러면서 눈물이 쏟아져 내렸습니다. 그 아픈 기억들을 감당할 수가 없어서 차를 길옆에 세워 놓고 한 시간 동안을 펑펑 울었습니다. 제 일생에 없던 일입니다.

그리고 어제는 지난 주간에 숙제로 내주신 가계도를 그리기로 작정하고 모처럼 집에 혼자 앉았습니다. 가계도를 그리며 나름대로 조금씩 설명을 적어 가는데 또 걷잡을 수 없이 눈물이 흐르는 것입니다. 얼마나 많은 아픈 기억들이 살아나는지 제가 감당을 못하겠더라구요. 그래서 그냥 컴퓨터 앞에서 울다가 그리다가 했습니다. 아마도 두어 시간은 족히 울었을 것입니다. 컴퓨터 앞에 한나절을 앉아 있었는데 증조할아버지 때부터 이제 겨우 아버지 때까지 그랬을 뿐인데 말입니다."

그때부터 시작된 최 집사의 생각의 변화, 삶의 변화는 눈부신 것이었다. 아들을 대하는 방법도 완전히 달라졌다. 아들이 말한다. "이제는 아주 살만 해요!" 아내를 대하는 말과 행동도 아주 많이 바뀌었다. 아내가 얼마나 귀하고 중요한 사람인가를 깨달았기 때문이다.

하나님은 신실하셔서 그 아내의 기도를 들으시고 그를 다시 믿음의 길로 인도하시고 좋은 만남들을 갖게 하셨다. 그 가정은 이제 예수님의 사람들로 둘러싸여 있다. 주님은 계속해서 그의 마음의 눈을 열어 여태껏 보지 못하던 많은 것을 보게 하시고 삶과 관계의 여러 막힘을 하나씩 하나씩 열어 주고 계신다. 아내와 자녀들이 너무 좋아한다. 부모님과의 관계도 많이 좋아졌다는 좋은 소식이 날아온다. 오직 주님께 영광이다.

이제 치유와 회복의 물꼬가 트였을 뿐이다. 수십 년, 아니 몇 대를 이어서 쌓여 온 그 많은 상처와 사연들을 어떻게 몇 번의 세미나로 치유하고 교정하고 회복하겠는가? 십년, 이십년을 보는 여유가 필요하다. 그러나 일단 물꼬가 트였기에 풍성한 변화는 아무도 막을 수가 없을 것이다.

13

상처받은 자녀들의 치유

"오직 너희는 택하신 족속이요 왕 같은 제사장들이요 거룩한 나라요 그의 소유된 백성이니 이는 너희를 어두운데서 불러 내어 그의 기이한 빛에 들어가게 하신 자의 아름다운 덕을 선전하게 하려 하심이라" (벧전 2:9).

☐ 부모의 역할

원하지 않은 임신, 혼전 임신, 낙태의 위협, 계속되는 부모의 심한 다툼, 이혼, 아들 원하기, 딸 원하기, 지나친 슬픔, 사고의 후유증 등과 같이 어렸을 때나 태중에서 큰 어려움을 겪은 아이는 어른이 되어서도 사람들을 쉽게 믿지 못한다. 자기에게 큰 상처를 준 사람이 대부분 부모이기에 하나님 아버지를 향해서도 마음이 쉽게 열리지 않는다. 혹은, 어디서나 엄마를 꼭 붙잡고 떠나지 못하게 하며 주위 모든 사람을 경계하게 되기도 한다. 학교에서도 왕따가 될 가능성이 높으며 대인 관계에 심각한 어려움을 겪게 된다. 구체적이며 참을성 있고 반복적인 치유가 필요하다. 특히 이때 어머니의 역할이 중요하다.

1. 아이가 겪은 괴로운 일을 자세하고 솔직하게 설명해 주어야 한다.

사건 그 자체는 물론이고 그 배경과 상황까지 자세히 설명하고 아이에게 진심으로 이해와 용서를 구해야 한다. 이때 한 번의 설명과 사과로 다 치유되지 않는다는 것을 기억해야 한다. 자녀들로부터 "엄마, 이제 됐어요. 그만하셔도 돼요"라는 말이 나와도 멈추지 말고 기회가 될 때마다 사과를 반복하는 것이 좋다. 마치 부부 사이에서 "당신 사랑해"라는 말을 자주 반복해야 하는 것처럼.

이때 절대로 옛날 상황을 변명해서는 안 된다. "가정 형편상 그럴 수밖에 없었단다", "할머니가 너를 유산시키라고 강요해서 어쩔 수가 없었단다"와 같은 변명의 말을 들으면 아이 머릿 속은 온갖 옛날 생각이 돌아가면서 "흥, 어려운 상황이 벌어지면 또 그렇게 하겠군"이라고 하면서 마음이 닫혀 버린다.

자녀들에게 "엄마가 무지해서 잘못했다"라는 것을 확실히 말해 주어야 한다. 그리고 바로 더해서 이렇게 말해 주시라. "나는 잘 몰라서 그랬지만, 하나님은 너를 지켜주셨고 지금도 너를 지키시고 계시단다."

2. 다시는 그런 일이 없을 것이라고 확신시켜 주어야 한다.

상처받은 자녀들에게는 부모에 대한 온전한 신뢰를 회복하는 과정이 필요하다. 아빠, 엄마가 수시로 아이를 안아주면서 "너는 내 생명보다 귀중한 사람이란다. 어떤 경우에도 내 생명으로 너를 지킬 것이란다. 네가 신장이 필요하면 내 신장을 줄 것이고, 간 이식이 필요하면 내 간을 내어줄거야"라는 식으로 말해 주어야 한다. 지금 그 아이의 마음은 고아원에서 입양되어 온 아이와 비슷하게 되어 있다. 부모에 대한 신뢰를 잃어버렸고 "나에게는 아무도 없어"라는 말을 오랫동안 가슴에 새겨 왔다. 그 장벽을 허무는 일에는 오랜 세월이 필요하다. 그 벽은 누군가가 밖에서 허물 수 있는 것이 아니고 본인이 안에서부터 허무는 작업을 해야 하기 때문이다.

3. 작은 일이나 실수에 화를 내거나 야단치지 말라.

아이의 분명한 잘못이 있더라도 꼭 먼저 안아주고 "너는 나의 생명보다 귀한 사람이란다"라는 말을 해준 다음에 부드럽게 틀린 것을 가르쳐 주어야 한다. 이때 결코 목소리를 높이지 말아야 한다. 그 아이에게 소리를 높여서 말하는 것은 즉시로 부정적인 과거 연상 작용을 일으키기 때문이다.

4. 온 집안식구가 상황을 함께 이해하고 치유에 협조해야 한다.

그 아이가 형제 사이에서 이미 '왕따'가 되어 있을 가능성이 매우 높다. 엄마에게 꼭 붙어 있고 엄마를 독점하고 있기 때문이다. 이럴 때 대부분의 경우 엄마들은 자신의 잘못을 직감적으로 알고 있기에 그 아이를 떼어내지 못하게 된다. 이 상황을 속히 치유하지 않으면 형제들이 그 아이를 미워하게 되며 가족 사이의 여러 관계가 상처를 입게 된다.

부모는 이 아이의 상처를 다른 자녀들에게 잘 설명하고 이해시켜야 한다. 그리고 모든 가족들이 함께 치유 간호사의 역할을 하게 도와주어야 한다. 나아가서 부모는 집안 모든 아이들을 똑같은 온유함과 사랑으로 대해 주면서 신뢰를 세워가야 한다. 그래서 오히려 한 아이의 상처를 통해서 사랑의 가정을 만들게 되는 것이다.

5. 다른 사람들 앞에서도 부모의 실수를 자주 고백하라.

"이 귀중한 아이가 나의 무지함 때문에 잘못될 뻔했던 것을 하나님이 지켜 주셨어요. 얼마나 감사한지 몰라요." 이런 식으로 사람들 앞에서 담대하게 당신의 잘못과 실수를 고백하는 것이 주님이 기뻐하시는 겸손의 모습이다. 그 이야기를 듣는 아이에게 부모에 대한 깊은 신뢰를 회복시켜 줄 것이다.

⬜ 어린 자녀들의 치유 이야기

어린 자녀들을 많이 데리고 원주민 선교 여행을 떠났다. 교회에서 만나 보아도 대강은 그들의 성품이 나오지만 이렇게 4박 5일 동안을 먹고 자면 성품의 뿌리가 다 드러난다. 열 명이 넘는 아이들을 지도한 엄마들이 말한다. "사모님, 아이들을 위한 치유학교가 있어야겠어요!"

엄마들은 이미 치유 과정을 한 두 번씩 겪은 사람들이기에 아이들의 행동과 삶을 보면서 그들의 필요를 본 것이다. 또한 그들의 자라 온 환경도 유추하며 부모들의 관계가 아이들에게 어떤 영향을 주었는지를 이해하게 된 것이다.

남의 자녀들을 돌보면서 자신의 자녀들의 문제가 새롭게 보이고 나아가서 자신들의 과거의 아픔과 상처가 드러나는 귀한 은혜가 있었다. 집으로 돌아오기 전날, 저녁 모임 시간에 이렇게들 고백한다. "사모님, 이 원주민 선교 여행은 우리를 위한 것이네요. 치유학교의 실습 시간이었어요. 내년에는 더 많은 어린이들을 데려와야겠어요."

"엄마가 잘 모르고 널 아프게 했구나."

연년생 두 딸의 이야기이다. 만으로 세 살, 두 살이었다. 같은 해에 태어났고 언니는 1월생, 동생은 12월생이다. 그런데 큰 아이의 성격이 유별났다. 얼굴에는 분노가 가득하다. 자기가 하는 일을 누가 조금이라도 무어라고 하면 그 순간에 "싫어!" 하면서 바윗덩어리가 되어 버린다. 한 마디를 더 하면 그냥 소방차 달리는 소리가 터져 나온다. 세 살짜리 어린 아이에게서 그렇게 큰 분노의 반응이 터져 나오는 것은 우리도 처음 보았다.

상황을 물어보면서 그 이유를 알게 되었다. 전혀 예상치 않게 둘째아이를 임신했을 때, 엄마의 건강이 좋지 않다며 의사가 단단히 조심을 시켰다. "절대 안정하세요." 그래서 첫째아이가 겨우 기어서 누워 있는 엄마에게로 가면 엄마가 남편을 불렀다. 그러면 아빠가 달려와서는 그 아이를 안고 밖으로 나가곤 했다. 그럴 때마다 그 아이가 자지러지게 울어댔지만 엄마의 건강 때문에 어쩔 수가 없었다. 그러면서 큰 아이에게는 심각한 거절감과 욕구불만이 쌓여 간 것이다. 반면, 언니에 비해서 동생은 태평한 얼굴이고 거의 울지도 않는다. 엄마가 항상 자기와 함께 했기 때문이리라.

큰 아이가 울 때마다 엄마는 옛날 방식으로 아이를 다스렸다. 야단을 치고, 어두운 방에 가두어 놓고, 맴매를 하기도 하고 겁을 주며 달래면서 겨우겨우 지금까지 온 것이다. 그런데 이민을 오자 상황이 더 나빠졌다. 이민으로 인한 여러 종류의 스트레스 때문이었다.

우리 부부가 엄마에게 여러 가지 치유의 원칙들을 가르쳐주고 아이들에게 적용할 것을 부탁했다. 그 처방은 복잡한 것이 아니었다. 먼저 큰 아이의 마음 상태를 설명 해주었다. 그리고 작은 아이보다 큰 아이를 먼저 돌아보며 앞으로는 절대 야단치지 말고 무조건 자주 안아주라고 조언했다.

부부가 그 처방을 잘 따라 주었고 큰 아이는 눈부시게 달라지기 시작했다. 가끔 옛날 버릇이 나오기도 하지만 이제는 밤이 낮이 된 것 같다. 그렇게 싹싹한 녀석이 없다. 조금 지나서 하나의 처방을 추가했다. "그동안 이 딸에게는 엄마의 거부감이 섞인 겁주는 말이 아주 많이 새겨져 있으니까 사랑의 말들로 그 부정적인 말들을 지워 주어야 해요. 엄마가 얼마나 그 딸을 사랑하는가를 계속해서 말해주도록 해요. 그리고 기회가 되는대로 '엄마가 잘 모르고 너를 아프게 했구나' 라고 말해 주면서 사과를 하도록 해요."

엄마 자신이 어려서 그와 비슷한 욕구 불만을 느끼면서 자랐기 때문에 딸의 마음을 금방 이해하고 전심으로 그 딸을 품에 안고 살기 시작했다. 알아듣든 못 알아듣든 늘 그 딸과 대화를 했다. 그러자 눈에 띄게 그 딸이 변하기 시작했다. 아마도 처음 몇 달 동안은 아이가 엄마의 변화를 믿을 수가 없었을 것이다. 그래서 한 순간이라도 엄마가 안보이면 눈빛이 달라졌다. 또 엄마를 빼앗길지 모른다는 불안감이었다. 하지만 시간이 지나면서 '이제 엄마가 정말로 내 소유이구나' 라는 확신이 들기 시작했다. 그러면서 서서히 교회 친구들에게로 마음이 옮겨지기 시작했다. 때때로 자기 눈에 엄마가 보이지 않아도 별로 놀라지 않는다.

교회에 오는 것이 기쁨이 되었고 친구들과 노는 것이 너무 좋아서 이제는 집에 가기 싫다고 엄마를 붙잡고 늘어진다. 거의 매주일 한바탕 시원하게 울고는 집으로 돌아간다. 그 아이가 이렇게 말한단다. "엄마, 이

렇게 좋은 교회를 오늘은 왜 안가?'

그 엄마가 이렇게 고백한다. "사모님, 저희가 이민을 오게 된 것은 제 딸아이를 치유하시기 위한 하나님의 은혜였어요. 만일 우리가 그냥 한국에 있었다면, 그래서 큰 아이가 그냥 그렇게 욕구 불만 속에서 자라났다면 어떤 삶을 살았을까를 생각하면 너무나 끔찍해요." 일 년 만에 맺힌 귀한 열매다.

꼭 한식만 먹어야 하는 딸

세 살 터울로 두 딸이 있는데 아주 다르다. 특히 둘째아이에게 몇 가지 특별한 것이 있다. 첫째, 꼭 밥을 먹어야 한다. 빵과 양식으로는 만족하질 못한다. 둘째, 자기가 먹을 양보다 훨씬 많이 가져다 놓고는 다 먹지도 못한다. 그래서 아빠로부터 야단을 자주 맞지만 전혀 변화가 없다. 치유학교를 수강하면서 그 원인을 찾아냈다.

이 딸이 임신되었을 때는 아빠의 유학기간 중이었는데, 그때 가정 형편이 매우 어려워서 엄마가 잘 못 먹었다. 특히 한식을 먹고 싶었는데 한국 사람이 가까이에 없는 외진 지역에서 살았기에 한식을 먹을 수가 없었다.

엄마의 고백이다. "이제 확실히 알게 되었어요. 혜선이의 이런 습관은 제 뱃속에 있을 때에 만들어진 일이예요. 그때 저는 너무 한식을 먹고 싶었거든요. 그렇지만 먹을 수가 없어서 많이 슬펐어요."

이렇게 처방을 내렸다. "첫째, 혜선이가 음식을 많이 가져올 때에 절대로 야단을 치지 말고 옆에서 함께 즐겁게 먹어 주도록 해요. 그리고 죄책감을 느끼지 않게 해주어야 해요. 둘째, 두 딸을 절대로 비교하지 말고 함께 격려해 주도록 해요. 그리고 과거의 어려웠던 시절을 재미있게 이야기해 주면서 '혜선아 너는 이제 배고프지 않을 거야. 엄마 아빠가 맛있는 것 사줄게' 라고 하면서 감싸 안아 주도록 해요. 셋째, 부모 또한 자신들의 아픔과 상처를 치유 받으면서 가정을 편안하게 만들어 가야 해요. 부모가 다투고 집안에 평안이 없으면 자녀들의 스트레스가 증가하기 때문에 자녀들 성품의 좋은 변화를 기대할 수 없기 때문이에요."

다행히 부모가 처방을 잘 따라 주었다. 가정에 평화가 차오르기 시작했다. 이제 혜선이는 빵도 제법 잘 먹는다. 음식을 많이 가져다 놓는 습관도 좋아졌다. 표정도 편안해지고 예뻐진다.

아이들의 치유는 빠를수록 좋다. 시기를 놓치지 않으면 그 치유는 바로 영구적인 회복이 된다. 치유가 늦을수록 더 많은 시간과 에너지가 들어가고 미끄러져 내리기도 쉽다. 물론 아무리 미끄러져 내려도 원래 상처입은 모습으로는 되돌아가지 않는다는 것이 예수님의 치유의 능력이다. 다시 한 번 강조하지만, 치유의 시기는 빠를수록 풍성한 결과가 있다.

에베소서 4장32절

서로 인자하게 하며 불쌍히 여기며 서로 용서하기를 하나님이 그리스도 안에서
너희를 용서하심과 같이 하라

Part 05
용서할 수 있는가?

STOP!

지금까지 이 책을 읽어 오면서 많은 것을 배우고 깨달으셨으리라 믿는다. 그런데 계속 읽어 가는 것을 잠깐 멈추시기를 부탁한다. 지금까지 읽은 부분을 다시 한 번 복습하면서 당신 자신의 삶을 돌아보기를 부탁하는 것이다.

"이 책을 읽고 나를 빨리 치유한 다음에 주위 사람들도 치유해줘야지!" 라는 생각은 당신의 상한 감정과 마음의 치유에는 오히려 '심각한 걸림돌' 이 된다. 뿐만 아니라 이 책을 읽는 목적과 의미까지 상실하게 만든다.

'인간의 마음의 원리' 를 깊이 이해하여 당신의 상한 마음을 치유해가면서 하나님과의 친밀한 관계를 회복하는 일이 당신이 이 책을 읽기 시작한 목적이라는 것을 기억하시기 바란다. 나아가서 '치유의 원리' 를 당신의 삶에 겸손하게 적용하면서 힘들이지 않고 저절로 용서가 되어가는 놀라운 은혜를 당신이 직접 경험하게 되기를 기대한다.

지금껏 배운 내적치유의 원리를 당신의 삶에 적용함이 없이 용서의 강의로 들어가는 것은 마치 자그마한 풀장에서 겨우 수영을 배운 사람이 파도가 넘실대는 바닷물로 뛰어 들어가는 것에 비유할 수 있으리라. 그 사람은 원하지 않게 짠물을 많이 마시게 될 것이고 물에 대한 두려움 때문에 결국 수영을 포기하게 될 것이다.

거듭 부탁드린다. 이 책을 처음부터 다시 한 번 읽고 나서 그 원리들을
자기 자신에게 적용해 보기를!

용서 - 항생제

몸이 아파서 병원에 간 경우와 마음이 아파서 치유를 받는 경우를 비
교해서 설명해 보자. 똑같은 질병이라도 환자의 상태에 따라서 처치 방
법이 아주 달라진다. 환자가 위생 개념이 분명한 환경에서 병원에 왔다
면 의사는 약간의 진단 후 바로 항생제 처방을 내릴 수 있다. 박테리아의
침입이 분명하기 때문이다.

그러나 위생 상태가 아주 좋지 못한 곳이라서 손도 씻지 않고 옷도 갈
아입지 못하는 상황에서 병이 생겼다면 그 의사는 아주 다른 방식으로
환자를 대해야 한다. 항생제를 처방을 하기 전에 해야 할 일들이 있는 것
이다. 먼저 환자를 씻겨야 하고 옷을 갈아 입혀야 하리라. 그리고 깨끗한
음식을 먹여야 할 것이다. 환자를 지저분한 상태에 그대로 두면서 약을
쓰는 것은 별로 도움이 안 될 뿐만 아니라 오히려 환자에게 크게 해로울
수 있기 때문이다.

마음의 치유도 마찬가지이다. 용서는 항생제나 페니실린에 비교할 수
있다. 많은 경우 즉각적인 효과가 나타난다. 그런데 며칠이 지나면, 아니
어떤 경우엔 몇 시간만 지나도 옛날 증세가 다시 재발하는 것을 아주 많
이 보게 된다. 먼저 환자를 씻겨서 깨끗한 옷을 갈아입히고, 깨끗한 음식
을 먹이는 일을 하지 않은 채 바로 용서로 들어갔기 때문이다. 이 사람은
부흥 집회마다 참석해서 통곡하며 용서의 항생제를 받아먹는다. 그리고

갈수록 용량을 높여간다. 조금 지나면 항생제가 듣지 않는다. 결국에는 의사를 찾아가는 것도 포기한다. "내적치유? 해 봤는데 전혀 도움 안 돼!"

안타깝게도 문명사회에 사는 대부분의 사람들 마음의 위생 상태는 후자의 경우와 같은 수준이다. 더욱 안타까운 사실은 이러한 현상이 크리스천에게도 별로 큰 차이가 없어 보인다는 것이다. 예수를 믿고도 마치 겉옷은 갈아 입었지만 제대로 된 목욕 한 번 하지 않고, 속옷도 갈아입지 않은 것과 같다. 사실 나도 이전에는 그런 사람이었던 것을 고백하지 않을 수 없다.

용서라는 항생제 치유를 시작하기 전에 당신의 모습을 주님의 거울에 차분히 비추어 보길 바란다. 그렇게 당신의 마음속을 정확하게 진단하는 일이 너무나 중요하다. 그러면서 주위 사람들의 위생 상태를 점검해 보며 함께 목욕을 시작해야 한다. 깨끗한 옷을 갈아입어야 한다. 남에게 보이는 겉옷이 아닌 보이지 않는 속옷 말이다.

목욕탕에 가야만 하는 것이 아니다. 오히려 집에서 하는 것이 좋다. 작은 물통 하나에 더운 물이면 된다. 먼저 옷을 다 벗어야 한다. 이때 가족들끼리 서로 도와 주어야만 한다. 어느 누구도 자신의 옷을 혼자서 벗지 못하기 때문이다. 옷이 너무 찌들어서 살에 고무판처럼 녹아 붙어 버렸고 어디가 살이고 어디서부터가 옷 쪼가리인지 구별이 되지 않는다. "목사님, 너무 심하게 말씀하는 것 아닌가요?" 하실지 모른다. 그러나 안타깝게도 나를 포함해서 거의 대부분의 크리스천들이 이런 형편인 것을 부정하기가 어려운 것을 어찌하랴.

한 번에 온 몸을 다 씻으려 해도 안 된다. 오늘은 손, 일주일 후에 발, 이런 식으로 서서히 씻어 주어야 한다. 20년, 30년 동안 마구잡이로 들일을 해서 터지고 찢어지고 구부러지고 손톱, 발톱이 다 빠진 손발을 치유하는 과정을 생각해보라. 그리고 그렇게 살아온 사람의 오장 육부는 얼마나 많이 망가져 있을까를 생각해보라.

이것이 남의 일이 아닌, 바로 당신과 나의 마음의 상태라는 사실을 받아들이시기를 간절히 부탁한다. 항생제 치유는 한참 후에 시작해야 한다. 이렇게 씻겨 주고 좋은 음식을 먹이다 보면 항생제 치유가 필요 없어지는 경우가 아주 많이 발생한다. 그리고 그와 같이 생활 습관을 바꾸게 되면 균의 침입이 없어지고 내 몸의 자연 치유력이 자신을 넉넉히 지켜가기 시작한다.

14
진실된 용서의 이해

"누가 뉘게 혐의가 있거든 서로 용납하여 피차 용서하되 주께서 너희를 용서하신 것과 같이 너희도 그리하고 이 모든 것 위에 사랑을 더하라 이는 온전하게 매는 띠니라"(골 3:13-14).

믿음 생활을 오래 한 중직자들 중에 이렇게 말하는 사람이 의외로 많다. "치유, 치유 하시는데 그게 왜 필요합니까? 다 용서하고 성령 충만 받으면 해결되는 것 아닙니까?" 그런데 그런 사람일수록 가족을 포함한 주위 사람들을 용서하지 못하고 정죄하는 모습인 것을 본다.

크리스천이면 누구나 용서의 중요성을 잘 알고 있다. 그러나 용서를 깊이 이해하고 있는 사람은 많지 않다. "과거는 잊어버리세요. 그리고 그 사람들을 용서하고 축복하세요." 이 정도면 되는 것으로 생각하는 것이다. 그러나 용서는 그렇게 간단한 것도 아니고 그렇게 쉽게 되는 것도 아니다. 용서에 대한 깊은 이해가 필요하다.

◻ 악한 연쇄반응

우리의 주위를 보면 참으로 많은 사람들이 악한 연쇄반응의 희생자들이다. 그런데 더욱 안타까운 것은 그 희생자들이 자기도 모르게 가해자가 되어 그 연쇄반응을 더욱 확대 가속시키며 살아간다는 것이다. 마치 험한 시집살이를 한 며느리가 그런 시어머니가 되는 것처럼 말이다.

"우리 집안에 고통이 참 많아요."

권사님 한 분이 나의 신문 칼럼을 읽고 먼 곳에서 전화를 해서 손녀딸이 겪는 어려움에 대해 조언을 구하셨다. 고등학교 다니는 손녀딸 앤지가 마음에 상처가 너무 많아서 안타깝고, 이제는 대학에 들어가야 하는데 전혀 공부를 하지 않아서 가슴이 아프다고 하시며 어떻게 하면 좋으냐고 물어 오셨다.

이야기를 들어보니, 앤지는 엄마와 만날 때마다 크게 다투었고 둘은 거의 함께 살 수 없는 상황이 되어 있었다. 공부도 하지 않고 아주 반항적이 되어 버렸다. 당신 딸과 앤지가 싸우는 것을 보고 있으면 제 정신들이 아닌 것 같고, 마치 귀신이 들린 것 같이 느껴질 정도였다고 한다. 보통 있는 십대의 반항과는 다르게 보였다. 몇 가지 질문을 통해서 앤지의 가정환경과 앤지에게 영향을 주었을 주변의 여러 관계들을 알 수 있었다.

그 첫째는 지금의 엄마가 앤지의 친 엄마가 아닌 고모라는 사실이다. 친엄마는 앤지를 낳고 집을 나가 버렸다. 그런데 그렇게 된 원인이 이 시어머니에게 있었다. 며느리가 맘에 들지 않아서 앤지가 잉태되었을 때에 계속해서 낙태시킬 것을 강요했던 것이다. 이제는 앤지도 그 상황을 대략 알고 있다.

둘째는 권사님이 말로 다 할 수 없는 어려운 결혼 생활을 해 왔다는 사실이다. 캐나다에 산다는 젊은이에게 중매가 들어왔었다. 무서운 아버지가 군림하는 집을 탈출하겠다는 오직 한 가지 생각으로 상대방을 만나 보지도 않고 승낙을 했다. 그런데 그 젊은이에게 이미 다른 여인이 있었다. 그 젊은이의 부모가 그 여인을 떼어 놓으려고 억지로 결혼을 시킨 것이다.

그런 결혼이 잘 될 리가 없었고 권사님의 분노에 찬 삶이 그 때부터 시작되었다. 한 번도 남편을 사랑한 적이 없다. 남편과는 자식 셋을 낳은 후 별거가 시작되었고 그 남편은 예수도 모르는 채 외롭게 세상을 떠났다. 옛날을 생각하면 지금도 너무 억울하고, 안타깝고, 기가 막힌다고 했다.

지난 세월 동안 자녀들이 엄청나게 상처를 받은 것은 말할 필요도 없다. 본인도 "우리 집안에 고통이 참 많아요"라고 하셨고, 이야기를 듣는 나의 마음에도 저려 오는 아픔이 있었다.

이 가정은 어디서부터 잘못되었을까? 언제부터 악한 연쇄반응이 시작된 걸까? 그 시작은 까마득히 보이지 않지만 전화한 권사님이 엄청난 피해자이면서 한편으로는 아주 나쁜 가해자가 된 것이 보인다. 권사님 자신이 부모님과 남편에게 당한 아픔이 한이 된 것이다. 하나님의 용서의 은혜를 누리지 못하고 있기에 그들을 용서하지 못했고, 며느리를 귀한 내 아들을 빼앗아 가는 여자로 보았기에 서로 좋아하는 아들 며느리 사이를 강제로 찢어 놓은 것이다.

아들은 어머니의 지나친 간섭과 소유욕에 치여서 자신의 딸 엔지를 챙기지도 못하고, 삶의 의욕을 잃어버린 무능한 사람이 되었다. 앤지는 할머니로부터 받는 엄마의 고통을 뱃속에서 그대로 이어받아 엄마를 강제로 빼앗긴 아픔을 자기를 길러 준 엄마, 고모에게 분노로 터뜨리는 것이다. 안타까운 것은 그 권사님이 자신의 뒤틀린 모습을 아직도 보지 못하면서 자식들과 손녀 탓만 하고 있다는 사실이다.

오랜 세월동안 그 권사님으로부터 흘러나온 쓴물을 자녀들과 손자 손녀들이 그대로 마시면서 지금도 몸부림을 치고 있는 것이다. 빨리 그 쓴물을 차단하고 단물로 바꾸어야 한다. 주님의 도우심으로 악한 연쇄반응을 끊고 쓴물을 토하게 해야 한다. 그 쓴물을 차단하는 작업이 바로 내적 치유이고, 용서인 것이다.

☐ 용서가 아닌 것들

많은 사람들이 용서에 대해서 바르게 알지 못하고 있다. 온전하게 용서를 하기 위해서 먼저 용서에 대해서 잘못 알고 있는 우리의 생각을 과감하게 수정할 필요가 있다. 먼저 그런 잘못된 생각을 나열해 보자.

> **1. 옛날 그 사건이 그 사람 잘못이 아니라고 자신에게 계속해서 말하는 것**
> 그러면 그 잘못의 모든 원인이 나 자신에게 있다는 말이 된다. 그래서 자신이 계속해서 미워지며, 끝없이 자신을 정죄한다.
>
> **2. 상대방의 잘못을 덮어두며 가슴에 묻어 두려 하는 것**
> 그 사람이 잘못한 것을 알지만 그 사람이 나에게 중요한 사람이기에 그 아픔을 아무에게도 털어놓지 못하고 품고 있는 것이다. 그러나 우리 가슴에

는 어디에도 그런 것을 묻어 놓을 곳이 없다. 묻으려 할수록 오히려 더 깊이 뿌리 내려서 우리 마음 전체를 망가뜨리는 것이다. 결국, 아무 것도 아닌 일에 계속해서 분노가 쌓이며 예상치 못한 장소에서, 아무 관계도 없는 사람에게 화산처럼 터져 나온다.

3. 자신에게 잘못을 행한 사람의 심리를 분석하고 이해해 주는 것으로 끝내려 하는 것

용서에 매우 근접한 치유 적인 방법이지만 우리의 이해만으로는 온전한 용서가 이루어지지 않는다는 것을 알아야 한다. 그 상한 마음이과 아픔이 하나님과 사람 앞에서 드러나고 표현되어야만 한다.

4. 상대의 잘못을 오히려 나 자신의 불찰 혹은 책임으로 돌리는 것

태중에 있을 때나 어렸을 때에 겪은 아픔들이 이렇게 처리된다. 성인이 된 우리가 보면 분명히 미숙한 부모들의 잘못인데 어린아이 때에는 그것을 자신의 탓으로 돌리게 된다. 나 때문에 부모들이 다투고 나 때문에 부모가 이혼했다고 굳게 믿고 자기를 계속해서 꾸짖는 것이다.

이런 식으로 '잘못된 용서'를 용서로 착각하고 넘어가면 자기 자신과 주위 사람들에 대한 실망감이 계속해서 쌓여 가며 주위 사람들에게 쉽게 실망하게 된다. 옆 사람의 작은 실수를 보는 순간 크게 실망하게 되면서 그 사람을 향한 마음이 닫혀 버린다. 어느 누구와도 인격적인 깊은 교제가 어려워진다.

■ 진실된 용서

진실된 용서를 위해서 아주 중요한 전제 조건이 있다. 이 첫 조건만 충족이 되면 나머지는 쉽게 이루어지게 된다. 바로 "나는 하나님의 사랑받는 자녀이고 조건 없이 완전히 용서를 받았다"라는 확신이다. 나아가서 나를 사랑하시는 하나님이 나를 아프게 한 그 사람도 사랑하신다는 사실을 받아들이는 것이다.

「상한 감정의 치유」의 저자인 데이빗 씨맨즈 박사는 이렇게 요약한다. "크리스천들의 고통의 문제에는 크게 두 가지 원인이 있다. 첫째는 하나님의 조건 없는 사랑과 용서의 은혜를 제대로 이해하지 못하기 때문에 마음으로 받아들이지 못하는 것이고, 둘째는 그 같은 조건 없는 사랑과 용서를 다른 사람에게 베풀지 못하기 때문이다."

그런데 이 같은 '받아들임'은 내 마음이 치유를 받는 중에 마음의 눈이 열리면서 자연스럽게 이루어지는 것이다. 그래서 우리는 자연스럽게 진실된 용서로 나아갈 수 있게 되는 것이다.

◼ 진실된 용서의 과정

1. 나에게 상처를 준 사람을 더 이상 나에게 빚진 자로 간주하지 않아야 한다.
우리 인간은 자연스럽게 나에게 어려움을 끼친 사람들과 그들이 한 일을 마음에 잘 적어 놓는다. 그리고 그들이 나에게 큰 빚을 진 것처럼 믿어 버린다. 그러나 그것은 대부분 잘못된 생각이다. 오히려 나에게 해를 끼치고 아픔을 준 사람들 대부분이 하나님이 나의 상처를 치유하시기 위해서 나에게 보내신 천사라는 사실을 기억하자.

2. 용서란 과거를 잊어주는 것이 아니라 더 이상 과거에 지배당하지 않고 미래를 향해 나아가는 자세라는 것을 깨닫고 실천해야 한다.

우리는 과거를 잊을 수가 없다. 우리 인간은 역사적 존재로 만들어져 있기 때문이다. 하지만 과거에 일어난 일이 나를 운전해 가는 것을 거부해야 한다. "과거엔 그랬지만 이제는 아니야!" 라고 잘라내는 결단이 필요하다. 그래서 관심의 초점을 미래에 두는 연습을 해야 한다.

3. 과거에 일어난 일들을 돌아보며 분노를 느끼도록 허락해야 한다.

마음의 상처와 분노를 덮어 버리는 것이 아니라 그 존재를 인정하고 표현해야 한다. 과거의 상처와 아픔과 분노를 묻어 버릴 수 없다면 이제는 한 가지 방법 뿐이다. 즉 열어젖히는 것이다. 우리말에 '병을 자랑하라' 는 말과 일맥상통한다. 그리고는 그것들을 쓰레기통에 가져다 버리는 과정이 필요한 것이다.

4. 한번 용서했다고 해서 모든 아픔과 분노가 즉시 사라지지도, 나의 상처가 바로 아물지도 않는다는 것을 기억해야 한다.

용서는 과정이기 때문에 상처가 클수록 치유에 오랜 시간이 걸리는 것은 당연한 일이다. 용서도 마찬가지다. 예를 들어서 사고로 다리 하나를 절단한 사람을 생각해보자. 이 사람의 상처가 치유되고 회복되는 데는 꽤 시간이 걸릴 것이다. 잘린 다리는 다시 생기지 않을 것이다. 그 사람이 가해자를 눈물로 용서했더라도 다리가 필요하다고 느끼는 어떤 순간에 안타까운 마음이 다시 건드려지는 것은 당연하지 않겠는가?

5. 진실된 용서는 나의 능력으로는 불가능한 것이며 오직 성령님의 은혜로만 가능하다는 것을 겸손하게 인정해야 한다.

우리 마음의 깊은 상처는 결코 쉽게 아물지 않는다. 그래서 성령님의 도우심이 필요하다. 예수님의 만져 주심이 필요하다. 하나님 아버지의 사랑의 껴안아 주심이 필요하다.

이때 한 가지 명심할 것이 있다. 하나님께서는 전능하시지만 여러분과 같은 성숙한 신앙인에게 마술사같이 일하시기를 원하시지 않는다는 것이다. 여러분을 성숙한 인격으로 대하시고 대화하시고 여러분의 의사를 존중하신다. 우리가 해결하지 못하는 것을 잘 아시지만 우리가 하나님께 도움을 요청할 때까지 기다리신다. 우리의 아픔을 우리보다 더 아프게 느끼시면서 기다리시는 것이다. 그러므로 겸손하게 주님께 도우심을 구하는 것이 진실된 용서를 온전히 이루는 유일한 길이다.

> "나는 너희에게 이르노니 너희 원수를 사랑하며 너희를 핍박하는 자를 위하여 기도하라 이같이 한즉 하늘에 계신 너희 아버지의 아들이 되리니"(마 5:44-45).

🟧 언제 용서 해야 하는가?

이제 용서에 대한 마지막 질문이 남았다. 당신이 이 질문에 대해서 자신 있게 답 할 수 있을 때에 당신의 용서가 온전히 이루어질 가능성이 매우 높아진다. 그런데 이 질문에 대한 답은 주님이 나를 언제 용서하셨는가를 깨달으면 자연스레 나온다.

"우리가 아직 죄인 되었을 때에 그리스도께서 우리를 위하여 죽으심으로 하나님께서 우리에게 대한 자기의 사랑을 확증하셨느니라"(롬 5:8).

내가 주님을 거부하고 주님이 나를 찾아오시는 것을 알면서도 죄를 물 같이 마시고 살며 그 분을 모욕하고 있을 때, 그래서 내가 주님을 십자가에 못 박고 있을 때에 주님이 나를 용서하셨다는 사실을 깨달아야 한다.

그와 마찬가지로 나도 상대방이 나에게 죄 지었다는 것을 아직 인정하지 않고 있을 때에 그들을 용서해야 하는 것이다. 그 사람을 위해서가 아니라 나를 위해서 그렇게 해야 한다. 내가 더 이상 그 사람에게 끌려 다니지 않기 위해서 그렇게 해야 한다. 마치 옷에 검불이 붙었을 때에 그것이 어디서, 또 어떻게 내게 붙었고 따라왔는가를 따지지 않고 그 검불을 털어 버리듯이 말이다.

15

내게 빚진 사람들

"너희가 사람의 과실을 용서하면 너희 천부께서도 너희 과실을 용서하시려니와 너희가 사람의 과실을 용서하지 아니하면 너희 아버지께서도 너희 과실을 용서하지 아니하시리라"(마 6:14-15).

☐ 나 - 조건 있는 용서

어떤 경우에도 용서는 쉽지 않다. 아무리 애를 써도 마음에 앙금이 남는 것 같다. 왜 우리는 온전한 용서를 하는 것이 힘들까?

우리가 본질적으로 죄인이기 때문이리라. 우리는 보통 이렇게 말한다. "세월이 흐르면 미운 마음이 사라지겠지. 그때 가서 용서하지. 지금은 용서할 마음이 아니야."

그러나 미운 마음은 세월이 지날수록 더 깊이 뿌리를 내린다. 용서를 지연시키면서 용서의 장애물이 더 많아져 가는 모습을 보게 된다.

또 우리는 이렇게 말한다. "이번엔 용서해 준다. 그렇지만 당신이 완전히 변했다는 것을 확인할때까지는 더 이상 당신을 만나지도 않을 것이고 관계도 없을 것이다.", "그 사람을 용서 해주기는 하겠는데 그때 그 사람이 나를 얼마나 아프게 했는가에 대해 한번은 꼭 말해 줄 거야."

이런 자세는 하나님의 조건 없는 용서와는 아주 많이 다르다. 용서를 하더라도 아직까지 그 사람이 나와 연결되어 있는 끈을 다 풀어놓지 않은 상태인 것이다. 그 결과로 상대방이 움직이는 대로 옛날 상처가 건드려지게 되며 그때마다 내가 그 사람에게 끌려 다니는 것이다.

나아가서 아주 많은 경우 우리는 우리가 받은 하나님의 놀라운 용서를 머리로만 이해하고 마음으로 받지 못한다. 그래서 우리 속사람은 자신이 용서받은 것을 모르고 있다. 그래서 우리 아픔이 건드려지는 순간에 다시 옛 미움에 휩싸이는 것이다. 그리고는 용서의 조건을 더욱 강화 하는 것이다.

하나님 - 조건 없는 용서

일만 달란트(백억) 빚진 종(마 18:23-35)

한 임금이 그의 재산을 맡겨 두었던 종들과 계산을 시작했다. 그 중 한 사람이 일만 달란트, 즉 백억정도 되는 어마어마한 빚을 지고 있는 것을 발견했다. 어느 누구도 도저히 갚을 수 없는 큰 금액이었다. 그 종은 엎드려서 임금에게 자비를 구했다. "기한을 연장해 주십시오."

임금은 그 종을 아주 사랑했고 그 빚을 갚는 것이 불가능한 것을 잘 알고 있었다. 그래서 그 빚 자체를 다 취소해 주었다. 그래서 "갚지 않아도 좋다"라고 했다. 임금은 종이 바라던 것과 비교가 되지 않을 만큼의 엄청난 자비를 베풀어 주었던 것이다.

그런데 그렇게 용서를 받은 종은 나가면서 자신에게 백 데나리온, 즉 백만원 정도의 빚을 지고 있는 동료 종을 하나 만나게 된다. 목을 붙잡고 돈을 갚으라고 했다. 그 동료도 똑같이 말을 했다. "시간을 좀 주십시오. 갚겠습니다."

그러나 그는 듣지 않고 그를 감옥에 넣었다. 그 이야기를 들은 임금은 그 종을 불러들여서 말했다. "내가 너의 모든 빚을 다 용서해 주었는데 너는 네 동료를 그렇게 취급하느냐?" 그러면서 임금은 그가 자기 빚을 다 갚을 때까지 감옥에 넣었다. 결국 죽을 때까지 감옥에 있게 된 것이다. 왜냐하면 결코 그 돈을 갚을 수가 없기 때문이다.

예수님의 그 다음 말씀은 너무나 충격적이다. "너희가 각각 중심으로 형제를 용서하지 아니하면 내 천부께서도 너희에게 이와 같이 하시리라."(마18:35) 나에게 죄지은 사람을 용서하지 않으면 나도 용서받을 수가 없다고 말씀하시는 것이다.

일만 달란트 빚진 종은 임금의 말을 잘못 알아들었다. 임금은 그 빚 자체를 없애 주었으나 종은 자신이 임금에게 "기한을 연장해 주십시오"라고 부탁했기에 주인이 그 요청을 들어준 것이라 믿은 것이다. 그래서 그 종은 하루하루 조금씩이라도 빚을 갚아야 한다고 굳게 믿었다. 그래서 자신에게 빚을 진 동료 종을 감옥에 넣고 그의 가족들이 돈을 가져오도록 만든 것이다. 그 결과, 그는 모든 것을 잃어버렸고 결코 나올 수 없는 감옥에 떨어진 것이다.

만일 내가 하나님의 그 큰 용서를 받아들이지 못하면 나는 아무도 용서하거나 사랑할 수가 없고, 나의 용서와 사랑을 받지 못한 아내와 남편과 자식들 또한 다른 사람을 용서하거나 사랑할 수 없게 된다. 그리고 나는 다시는 나올 수 없는 감옥에 떨어지게 되는 것이다. 참으로 두렵고 떨리는 일이다.

■ 용서하지 않을 때의 해독

용서는 해도 좋고 하지 않아도 좋은 것이 아니다. 용서하지 않은 마음은 우리에게 독극물(poison)로 작용하기 때문이다. 용서를 지연시키는 것은 독을 입에 물고 있는 것과 같다. 그 독은 서서히 몸속으로 들어가며 우리를 죽이기 시작하는 것이다.

1. 용서를 지연시키면 우리의 마음은 점차 굳어지고 완악해진다.

내가 받은 하나님의 용서가 점점 잊혀져간다. 내 속의 쓴 뿌리는 더욱 깊이 뿌리를 내려간다. 남을 불쌍하게 여기는 마음도 사라진다. 가족 사이의 관계를 포함한 모든 관계가 딱딱해져 간다. 앞에 얘기한 일만 달란트 빚진 종이 여기에 해당된다. 그 자신이 자비의 마음을 잃어버린지 오래였기에 임금이 자신의 잘못을 완전히 용서했을 때에 그 큰 용서를 믿을 수도 없었고, 받아들일 수도 없었기에 백 데나리온 빚진 종을 용서할 수가 없었던 것이다.

2. 용서하지 않는 딱딱해진 마음은 하나님과의 교제를 막아버린다.

마음이 딱딱해지면, 하나님이 가장 원하시는 것이 사랑의 관계라는 것을 잊어버리고 사람들 사이에서도 인격적인 관계가 아니라 자기중심적인 사람이 된다. 율법적인 크리스천이 되어가고 위선적인 사람이 된다. 수시로 불평을 쏟으며 교회에서도 당을 짓는 사람이 된다.

3. 용서하지 않으면 내가 싫어하던 모습으로 변화해 간다.

부모에게 상처를 많이 입은 사람들은 성장하면서 자신에게 계속해서 이렇게 말한다. "나는 결코 우리 아버지나 어머니처럼 되지 않을거야.", "나는 결코 우리 아버지나 어머니같은 사람하고 결혼하지 않을거야." 그러면서 부모를 미워하는 마음은 점점 커진다.

그런데 기이하게도 많은 경우, 그럴수록 더 부모의 모습을 닮아가고 부모와 비슷한 배우자를 만나게 되는 것을 본다. 부모가 자신에게 하던 말을 자식들에게 그대로 하는 자신을 보게 된다.

알코올 중독자인 아버지가 술 마시고 폭력을 쓰는 모습을 미워하면서 성장한 아들은 어른이 되어서 어려운 일이 생기면 자신도 모르게 술을 마시게 되고 아내와 자식들에게 쉽게 폭력을 쓰게 된다. 주정뱅이 아버지를 용서 못하는 딸은 자기 아버지와 비슷한 사람을 만나서 어머니와 비슷한 결혼 생활을 하게 될 가능성이 매우 높아진다. 온 가족이 그 아버지를 돌보며 살아가는 삶에 익숙해져 버렸기 때문이다. 그 삶의 나쁜 고리를 진실된 용서로 끊어 버리지 못했기 때문에 마음속에 가시덤불이 가득해져서 자신이 원하는 새 삶을 살아가지 못하게 되는 것이다. 인생의 굴레가 대를 이어서 전해지는 것이다.

4. 용서하지 않으면 성령님의 은사가 막혀 버린다.

우리의 마음이 딱딱해지면 머지않아 터진 웅덩이가 되어버리게 되기에 주님의 은혜가 마음에 담기질 않는다. 열매가 맺히지 않는 말라버린 포도나무 가지가 되는 것이다.

"무릇 내게 있어 과실을 맺지 아니하는 가지는 아버지께서 이를 제해 버리시고…사람이 내 안에 거하지 아니하면 가지처럼 밖에 버리워 말라지나니 사람들이 이것을 모아다가 불에 던져 사르느니라" (요 15:2,6).

■ 내게 빚진 사람들

이제 구체적인 용서의 작업을 시작해 보자. 아래 빈칸에 내게 (특히 어렸을 때) 상처를 준 사건들과 상처를 준 사람들을 적어 보십시오.

1. _____ 2. _____
3. _____ 4. _____
5. _____ 6. _____

당신이 이미 또 여러 번 용서했을지라도 위의 빈칸에 그 사람의 이름과 사건들을 기록하기를 바란다. 그리고 수시로 다시 살아나는 그때의 어려운 감정들을 바로 표현하며 정리 해보라. 감정을 결코 눌러 버리거나 부정하지 말고 안타까움, 좌절, 수치감, 분노를 있는 그대로 인정하고 어떤 형태로든 표현하라.

그 감정들이 처리되면 그 사람을 다시 한번 용서하고 축복을 시작하라. 예수님의 이름으로 한번 용서했다고 그 사람과 또 그 사건과 관련된 모든 것이 온전히 해결되었을 것이라고 믿는 것은 오랜 질병에 일주일 동안 항생제를 투여하고 나서 "이제는 완전히 다 나았다"라고 믿는 것처럼 어리석은 일이다.

나는 나의 아내가 수시로 이렇게 말하는 것을 들을 때 용서를 반복하는 것의 중요성을 절감하곤 한다. "나는 당신이 내 마음을 아프게 하거나 실망스러운 말이나 행동을 할 때마다 지난 35년 세월의 테이프가 돌아가요. 내가 중지하려 해도 어쩔 수가 없네요."

16

용서의 세 과정

"자기 아들을 아끼지 아니하시고 우리 모든 사람을 위하여 내어주신 이가 어찌 그 아들과 함께 모든 것을 우리에게 은사로 주지 아니하시겠느뇨"(롬 8:32).

용서에 대한 설명을 마치기 전에 한 가지 매우 중요한 것을 짚고 넘어가야 하겠다. 그것은 바로 사람 마음의 원리 중에서 고난에 대한 반응 부분이다. 고난에 대해서 우리들이 일반적으로 어떻게 생각하고 어떻게 반응하며, 나아가서 왜 그렇게 반응하는가를 알아야만 용서에 대한 설명을 온전히 마무리 지을 수가 있다.

인간은 본래 자기중심적이고, 자기 보호적이며 자기 방어적이다. 자신은 괜찮은데 내 주위 사람들이 잘못되었고, 남들이 나에게 잘못을 저질렀기 때문에 내가 이렇게 아프고 힘들다고 굳게 믿는 것이다. 한 걸음 더 나아가서 마음 깊은 곳으로부터 '하나님이 나를 차별하셔서, 또는 실수하셔서 내 인생이 이렇게 고통스럽게 되었다'라고 믿고 살아간다. 동방의 의인인 욥도 자신이 고통을 당한 것이 부당한 일이고 하나님이 실수한 것이라고 믿었기에 하나님께 막말을 하면서 대들지 않았던가?

"누구든지 나의 변백을 들을찌니라 나의 서명이 여기 있으니 전능자가 내게 대답하시기를 원하노라"(욥 31:35).

이스라엘 백성들도 자기들에게 어려움이 닥칠 때마다 그런 식으로 생각했기에 여호와 하나님을 전적으로 신뢰할 수 없었다. 그래서 하나님께 번제를 드리고 나서 바로 이방의 우상 신들에게 제사를 드렸던 것이다. 하나님의 자녀들이 고난 속에 숨겨진 하나님의 뜻에 대해 무지하기에 그런 실수를 지금도 반복한다. 고난의 이 신비를 알아야만 온전한 용서가 이루어질 수 있다.

◻ 고난의 신비

성숙한 크리스천이라는 증거 중의 하나는 고난을 당할 때 대처하는 태도와 방법이다. 고난은 나쁜 것이기 때문에 벗어버려야 하고 사탄이 보낸 것이라고 믿는 사람은 아직 어린 신앙인이다.

고난은 하나님이 나를 훈련하시고 연단하시기 위해 보내신 것임을 믿어야 한다. 그 고난을 통해 자신을 겸손하게 낮추는 사람이 성숙한 사람이고, 성경을 제대로 아는 사람이고, 하나님의 마음을 아는 사람이다. 성경은 고난에 대해서 이렇게 말한다.

"내 형제들아 너희가 여러가지 시험을 만나거든 온전히 기쁘게 여기라 이는 너희 믿음의 시련이 인내를 만들어 내는 줄 너희가 앎이라 인내를 온전히 이루라 이는 너희로 온전하고 구비하여 조금도 부족함이 없게 하려 함이라 시험을 참는 자는 복이 있도다 이것에 옳다 인정하심을 받은 후에 주께서 자기를 사랑하는 자들에게 약속하신 생명의 면류관을 얻을 것임이니라" (약 1:2-4,12).

"다만 이뿐 아니라 우리가 환난 중에도 즐거워하나니 이는 환난은 인내를, 인내는 연단을, 연단은 소망을 이루는 줄 앎이로다" (롬 5:3-4).

또, 다윗은 시편 119편에서 이렇게 고백한다.

"고난 당하기 전에는 내가 그릇 행하였더니 이제는 주의 말씀을 지키나이다…고난 당한 것이 내게 유익이라 이로 인하여 내가 주의 율례를 배우게 되었나이다… 여호와여 내가 알거니와 주의 판단은 의로우시고 주께서 나를 괴롭게 하심은 성실하심으로 말미암음이니이다" (시 119:67,71,75).

고난은 우리 하나님의 자녀들에게 꼭 필요하다. 고난은 인내를 길러 주고 소망을 이룬다. 왜냐하면 하나님의 말씀의 깊은 것을 알게 하고 우리를 위하신 하나님의 계획을 이루게 하기 때문이다.

또한 우리는 전능하신 하나님이 결코 실수가 없으시다는 것을 믿어야 한다. 어떤 일도 하나님께서는 연습으로 하신 일이 없으시고 하다가 지워 버리신 일도 없다. 그 분은 완전하시고 온전하시고 완벽하신 분이시다. 욥처럼 하나님이 원망스러운 마음이 들 때에도 그것은 내 마음을 겸손케 하시는 주님의 은혜의 손길이라는 것을 믿어야만 한다.

욥이 마지막에 이렇게 고백한다.

"주께서는 무소불능하시오며 무슨 경영이든지 못 이루실 것이 없는 줄 아오니 무지한 말로 이치를 가리우는 자가 누구니이까 내가 스스로 깨달을 수 없는 일을 말하였고 스스로 알 수 없고 헤아리기 어려운 일을 말하였나이다 내가 주께 대하여 귀로 듣기만 하였삽더니 이제는 눈으로 주를 뵈옵나이다"(욥 42:2-3,5).

우리는 우리에게 일어나는 엄청난 고난들을 하나님이 잘 아시며 우리를 끝까지 보호하신다는 것을 의심 없이 믿어야 한다. 욥이 고백했듯이 그 고난들이 사탄으로부터 온 것이 아니라는 것을 인정하고 고백할 수 있어야만 한다. 그럴 때에 우리는 하나님의 마음을 깨달으며 하나님의 마음에 합한 자가 되어 가 것이다. 이렇게 성숙한 사람이 되어 가 때에만 온전한 용서가 이루어진다.

■ 용서의 세 과정

1. 다른 사람을 용서하는 일

용서는 크게 세 가지 과정으로 나누어서 이루어져야 한다. 보통 우리가 용서라고 말하는 것이 여기 해당된다. 나에게 아픔과 괴로움을 준 사람을 용서하는 것이다. 예수님께서 주기도문에서 말씀하신 용서도 이 부분이다. "나에게 죄 지은 자를 용서 해준 것 같이 내 죄를 용서해 주십시오"

라고 가르치셨다.

2. 상처받은 나 자신을 용서하는 일

다른 사람들로부터 어려움을 겪은 피해자들이 오히려 자기 자신을 원망하게 된다. 어렸을 때 피해를 당한 경우에는 더욱 그렇다. 어려서 부모가 이혼을 하면 아이들은 자기에게 문제가 있어서 부모가 이혼을 한 것으로 생각하고, 부모가 싸우면 자기가 잘못했기 때문에 다툼이 있는 것으로 생각한다. 믿었던 가족이나 친척에게 성적 학대를 당했더라도 자신이 무언가 행동을 잘못해서 그런 일이 일어난 것으로 여긴다.

피해자가 자신에 대해서 화를 내고, 자신을 나쁘게 생각하고, 용서치 못하여, 정죄하고 거부하는 것이다. "하나님이 나를 용서하신 것은 알겠는데 나는 나 자신을 용서할 수가 없어요!"라고 부르짖는다. 자기 자신을 용서하지 못하면 자신을 사랑할 수도 없고, 존귀하게 여길 수도 없다. 자신을 사랑하지 못하는 그 사람은 나아가서 아무도 진심으로 사랑할 수가 없게 된다.

예수님은 이 땅에 오셔서 하나님의 계명들을 아주 간단히 요약해 주셨다. 그 첫째는 "하나님을 전심으로 사랑하라"는 것이고, 둘째는 "네 이웃을 네 몸과 같이 사랑하라"는 것이다. 즉 이웃을 사랑하려면, 먼저 나 자신을 사랑해야 한다는 말이다. 그래서 예수님의 계명은 사실 세 부분이 된다. 첫째는 하나님 사랑, 둘째는 자기 자신 사랑, 셋째는 이웃 사랑이 되는 것이다.

물론 당신에게 숨겨진 죄가 있다면 바로 회개해야 한다. 온전한 회개를 마친 후에는 당신 자신을 확실하게 용서해야 한다. 당신은 하나님이 피 흘려서 구원하신 사람이고 하나님이 이미 완전히 용서하신 사람이다. 그래서 당신이 당신 자신을 용서하지 못할 이유도, 명분도, 권한도 없음을 기억해야 한다.

이제 당신은 자신과의 전쟁을 무조건 그리고 당장 중지해야 한다. 하나님 아버지의 존귀한 자녀인 당신 자신을 기쁘게 용납하고 축복하며 격려하시라.

3. 하나님 원망하는 마음을 해결하는 일

마음의 상처와 아픔을 가지고 상담해 오는 많은 사람들에게 육신의 질병이 있고, 가족들 안에 큰 고통이 있음을 많이 본다. 그들을 상담하면서 마음속에 숨겨진 분노를 드러나게 해야 하는 경우가 많이 있었다. 가해자에 대한 분노는 물론이고, 그런 상황을 예방하지 못한 자기 자신에 대한 분노도 크다. 나아가 자신에게 그런 상황이 일어나게 하신 하나님에 대한 숨겨진 분노도 있다. 그 모든 분노들을 하나님 앞에서 쏟아 내는 것이 필요하다.

아주 많은 사람들이 하나님을 원망하는 마음을 품고 살아간다. 그래서 하나님을 진정으로 사랑하는 일이 불가능하게 된다. 하나님과의 관계가 막혀 있기 때문이다.

그러나 당신은 이 말을 이렇게 부정할지 모른다. "나는 하나님을 누구보다 사랑합니다. 내가 왜 나를 구원하신 하나님을 원망합니까? 그런 말씀 마십시오!"

그런데 만일 당신이 "왜 나는 이런 부모에게서 태어났을까?", "왜 나는 이렇게 어려운 집에 8남매의 맏아들로 태어나서 이 책임을 지고 사는

가?", "왜 나는 딸로 태어나서 이렇게 천대를 받고 살아야 하나?", "왜 내게 이런 형제들이 함께 태어났는가?", "왜 내가 이 조그만 나라에 태어났는가?"라는 생각을 한다면 그 불만의 궁극적인 대상이 누구인가를 잘 고찰해보라. 바로 하나님에 대한 원망이 아닌가?

과거에 심각한 어려움을 겪은 사람들은 하나님께 이렇게 질문을 던진다. "하나님, 나를 사랑하신다면 왜 그렇게 끔찍한 일이 내게 일어나도록 하셨지요?", "내가 그렇게 어려움을 겪을 때에 하나님은 어디 계셨나요?", "왜 그 일이 일어나지 않도록 막아 주시지 않았어요?"

바로 의인 욥이 하나님께 던진 질문이다. 하나님에 대한 오해이고 무지인 것이다. 사도 바울이 이렇게 고백한다.

"찬송하리로다 그는 우리 주 예수 그리스도의 하나님이시요 자비의 아버지시요 모든 위로의 하나님이시며 우리의 모든 환난 중에서 우리를 위로하사 우리로 하여금 하나님께 받는 위로로써 모든 환난 중에 있는 자들을 능히 위로하게 하시는 이시로다"(고후 1:3-4).

이제 우리는 하나님을 향한 우리의 원망을 무조건 잘라 버려야 한다. 하나님은 실수가 없으시고 우리를 목숨 바쳐 사랑하신 분이라는 것을 믿어야 한다. 우리에게 닥친 어려움이 우리를 하나님의 사람으로 만드시기 위해 꼭 필요한 과정이라는 것을 믿음으로 인정해야 한다. 그 어려움 때문에 내가 이렇게 천국을 바라보며 하나님의 사람으로 살아가고 있다는 것을 깨닫고 감사하며 찬양해야 하는 것이다.

◻ 용서의 순서

용서의 순서에 용서의 엄청난 비밀이 들어 있다. 대부분의 사람들이 용서를 맨 처음 것, 즉 다른 사람을 용서하는 것부터 시작하고자 한다. 그래서 용서에 실패한다.

온전한 용서는 마지막 것, 즉 하나님을 향한 섭섭한 마음, 원망의 마음을 해결하는 것부터 시작해야만 한다는 것을 알지 못하기 때문이다. 그 세번째 과정이 온전히 이루어지면 나 자신의 용서와 이웃의 용서는 자연스럽게 이루어져 간다. 물이 위에서 아래로 흐르듯이 말이다.

하나님과의 막힘이 해결되면 하나님의 말씀이 내 속으로 거침없이 흘러 들어온다. 하나님이 나를 사랑하신다는 말이 의심없이 믿어지고 내가 하나님 앞에서 귀중한 존재라는 것이 믿어진다. 나 자신을 사랑하고, 인정하고, 축복하는 일이 자연스러워진다. 나에게 괴로움을 끼친 사람들이 새롭게 보인다. 그들은 사탄이 보낸 사람들이 아니라 하나님이 나를 치유하고 회복하고 연단하시기 위해서 보낸 천사들인 것을 알게 된다. 나를 아프게 한 이웃을 '용서' 하는 것이 아니라 오히려 그들에게 '감사' 하는 마음이 살아난다. 비로소 온전한 용서가 시작되는 것이다.

◻ 용서하는 사람이 누리는 은혜

진실된 용서에는 하나님의 큰 축복이 따라온다. 우리가 이 세상에서 하나님의 사람으로 살아가면서 얻을 수 있는 최상, 최고의 것들을 상으로 주시는 것이다.

첫째, 믿음이 자라난다.

나를 창조하신 하나님의 놀라운 계획이 깨달아진다. 성경 말이다. 믿어지기 시작한다. 내가 그동안 당한 모든 어려움 속에 함께하신 주님의 모습이 분명하게 보이기 시작한다. 하나님의 나를 향한 계획이 참으로 아름다운 것을 알게 된다.

"하나님이여 주의 생각이 내게 어찌 그리 보배로우신지요 그 수가 어찌 그리 많은지요 내가 세려고 할찌라도 그 수가 모래보다 많도소이다" (시 139:17-18).

둘째, 삶에 새로운 소망이 넘치게 된다.

상황은 전혀 변하지 않았지만 내 인생의 무거운 멍에가 벗어지는 것이 느껴지며 나의 모든 짐을 맡아 주신다는 주님의 약속을 순간순간 경험하게 된다.

"수고하고 무거운 짐진 자들아 다 내게로 오라 내가 너희를 쉬게 하리라 나는 마음이 온유하고 겸손하니 나의 멍에를 메고 내게 배우라 그러면 너희 마음이 쉼을 얻으리라" (마 11:28-29).

셋째, 사랑의 샘물이 흐르기 시작한다.

내 마음에서 생명의 샘물이 흐른다. 그 물을 마시고 가족들이 살아나고 주위의 사람들이 살아나고 교회가 살아나는 것이 보인다. 어디를 가든지 사랑 받는 사람이 되어 간다. 하나님이 참으로 가깝게 느껴진다. 아무도 빼앗아 갈 수 없는 평화가 가슴에 차오른다. 서서히 그리스도를 닮은 크리스천이 되어 가는 것이 느껴진다. 진실된 용서를 통해서 믿음과 소망과 사랑의 깊은 경지에 들어가게 되는 것이다.

■ 요셉의 용서

성경에서 용서를 이야기할 때에 우리는 요셉을 빼놓을 수 없다. 요셉은 예수님을 제외하고, 용서를 가장 멋지고 완벽하게 이루어 낸 사람이기에 우리 치유의 가장 중요한 모델이기 때문이다. 요셉은 앞에 말한 용서의 세 과정을 완벽하게 터득한 사람이다. 그가 형들에게 잡혀서 구덩이에 떨어졌을 때, 그리고 애굽으로 팔려 갈 때의 마음은 참으로 비참했으리라. 나중에 그 형들이 애굽에서 이렇게 말한다.

> "그들이 서로 말하되 우리가 아우의 일로 인하여 범죄하였도다 그가 우리에게 애걸할 때에 그 마음의 괴로움을 보고도 듣지 아니하였으므로 이 괴로움이 우리에게 임하도다" (창 42:21).

그러나 요셉은 보디발의 집에 팔려 가면서 마음을 고쳐먹고 완전히 다른 사람으로 태어난다. 주인집의 일을 자기 일처럼 전심을 다해서 감당하기 시작했다. 나중에 보디발의 아내의 농간으로 감옥에 들어가서도 아무도 원망하지 않았다. 그 모습을 보시고 하나님의 특별하신 은혜가 부어졌다.

> "여호와께서 요셉과 함께하시고 그에게 인자를 더하사 전옥에게 은혜를 받게 하시매"(창 39:21).

요셉은 감옥에서도 제 2인자가 되었고 하나님의 많은 훈련을 받고 중요한 때를 대비하는 것이다. 물론 하나님이 그를 더욱 연단하시고 겸손하게 만들기 위해서 술 맡은 관원장의 꿈을 잘 해석 해준 다음에도 요셉을 2년이나 그대로 감옥에 두신다. 이때가 요셉에게는 참으로 어려운 세월이었으리라. 그러나 요셉은 이 과정도 멋지게 극복하고 애굽의 총리가 된다. 나중에 엎드려 절하며 곡식을 사러 온 형들 앞에 자신을 드러내자, 두려워하는 형들에게 이렇게 고백한다.

> "당신들이 나를 이곳에 팔았으므로 근심하지 마소서 한탄하지 마소서 하나님이 생명을 구원하시려고 나를 당신들 앞서서 보내셨나이다… 하나님이 큰 구원으로 당신들의 생명을 보존하고 당신들의 후손을 세상에 두시려고 나를 당신들 앞서 보내셨으니 그런즉 나를 이리로 보낸 자는 당신들이 아니요 하나님이시라"(창 45:5,7-8).

하나님께 대해서는 오직 감사함 뿐이고 형들에 대해서도 원망이 전혀 없을 뿐 아니라 오히려 그 악한 일의 선함을 말한다. 그와 함께 모든 일에서 하나님의 주권을 선포하고 있다. 나중에 아버지 야곱이 죽었을 때에 형들이 와서 사죄하는 모습을 보면서 다시 한번 이렇게 하나님께 영광을 돌린다. 요셉은 하나님이 기뻐하시는 온전한 용서를 이룬 것이다.

> "요셉이 그들에게 이르되 두려워 마소서 내가 하나님을 대신하리이까 당신
> 들은 나를 해하려 하였으나 하나님은 그것을 선으로 바꾸사 오늘과 같이 만
> 민의 생명을 구원하게 하시려 하셨나니 당신들은 두려워 마소서 내가 당신
> 들과 당신들의 자녀를 기르리이다 하고 그들을 간곡한 말로 위로하였더라"
> (창 50:19-21).

■ 예수님의 용서

앞에서 말한 용서의 세 과정이 원하는 순서대로 이루어지게 되면, 예수님이 주기도문에서 우리에게 명하신 용서가 힘들지 않게 이루어짐을 경험하게 된다. 마태복음 6장에서 주님이 제자들에게 이렇게 엄중하게 말씀하신다. "우리가 우리에게 죄 지은 자를 사하여 준것 같이 우리 죄를 사하여 주옵시고"(마 6:12). 이렇게 기도문을 끝내시고는 바로 더하여 이렇게 말씀하신다.

> "너희가 사람의 과실을 용서하면 너희 천부께서도 너희 과실을 용서하시려
> 니와 너희가 사람의 과실을 용서하지 아니하면 너희 아버지께서도 너희 과
> 실을 용서하지 아니하시리라"(마 6:14-15).

이 심각한 용서의 명령이 자연스럽게 이루어지는 연습이 되어가면 우리의 삶에 놀라운 일이 벌어지기 시작한다. 예수님의 말씀이 내 마음속에 막힘없이 흘러 들어오면서 서서히 내 마음 속을 밝게 비추기 시작한다. 바짝 말라 있던 내 마음에 생명수가 흐른다. 눈이 밝아지면서 내 속에 찰거머리처럼 붙어 있는 육신의 정욕, 안목의 정욕, 세상의 자랑이 보인다. 그것들이 생명수에 서서히 쓸려 내리는 것을 보게 된다. 나 자신의 성결과 거룩과 순종을 위해서 확신 있고 능력 있는 기도가 시작된다. 주님의 진실된 평안이 내 속에 차오르는 것을 경험하면서 이렇게 고백하기 시작한다. "나의 왕이신 주님, 나를 온전히 주장하시고 다스리옵소서!"

내 감정의 하수구가 뚫렸습니다!

혼자서 선교지에 와 있는 권 선생은 조용하고 부드러운 사람이다. 누구에게도 화를 내지 않을 것 같은 인격자의 모습이다. 이 분이 치유 세미나를 통해서 아버지로부터 받은 상처를 알게 되었고, 그 과정 중 자신에게 일어난 변화를 홈피 게시판에 올려서 많은 사람에게 감동을 주었다.

한마디로 표현해서 세미나를 통해서 내 마음의 막혀있던 '하수구' 가 열렸다. 마치 온갖 쓰레기로 막혔던 나의 마음의 하수구가 뚫린 것처럼 마음이 시원하다. 마음의 상처들로 인하여 찌그러지고 눌려온 나의 자아상이 치유와 회복의 손길을 만나게 된 것이다. 이제는 성령의 열매를 맺는 생명나무로 성장할 수 있다는 소망을 가지게 된다.

먼저 내가 너무나 무식했다는 고백을 하지 않을 수 없다. 사랑하는 아내, 두 아들에 대하여만 무식한 것이 아니라 나 자신에게 대해서도 너무나 무식했다는 것을 고백할 수밖에 없다. 이제 내 나이 50 줄에 섰는데… 왜

예전에 나이 많은 어른들이 나에게 조금 싫은 소리를 하면 그렇게 분노하였는지? 참을 수 없었는지? 어째서 하나님 '아버지' 라는 말에 아무 느낌도 가질 수 없었는지?

이제 그 질문에 대한 답들을 분명히 알게 된 것이다. 놀라운 깨달음이고 삶에 새로운 전기가 들어온 기분이다. 강사 목사님이 세미나를 시작하실 때마다 "내적치유는 여러분의 현재의 문제를 해결하기 위한 것이 아닙니다. 여러분과 하나님 사이를 치유하기 위한 것입니다" 라고 하시는 말씀이 이제 확실히 이해가 된다.

나에게 아버지는 '무책임' 이라는 단어와 거의 동의어로 들려왔다. 아버지와 같이 생활한 것이라고는 초등학교 2학년 때 반 년 동안이 거의 전부다… (중략) … 게다가 아버지는 일찍 세상을 떠나셨다.

내가 어릴 때 제일 듣기 싫어했던 말은 "네 아버지처럼 되지 말라" 는 외할머니의 잔소리였다. 가족 중에 유일하게 기독교 신자였던 할머니는 고생하는 어머니를 안쓰러워하시며 내가 조금만 잘못하면 아무데서나 "지 애비를 닮아서 그렇다" 라며 나를 꾸짖으셨다. 할머니로부터 그런 소리가 듣기 싫어서 어릴 적부터 밖에서 어슬렁거리며 놀다가 어두운 저녁이 되어서 어머니가 집에 들어올 때 쯤이면 집에 들어가곤 했다.

결혼하고 두 아들의 아버지가 되었을 때 내가 제일 원망을 한 사람이 아버지였다. 아버지로서 남편으로서 내가 너무 준비가 안 되어 있는 것을 깨달으면서, 아버지가 나에게 가르쳐 주지 않았기 때문이라는 안타까움이었으리라. 또 결혼 초기에는 별로 말이 없던 아내가 조금씩 잔소리를 시작하면서 난 왜 그렇게도 참을 수가 없었던가? 결국 결혼한 지 10년 정도가 흐르자 문제가 생기기 시작했다. 작은 일이라도 아내의 목소리가 조금만 높아지면 내 머리와 마음이 그냥 굳어져 버리는 것이다. 이제 알고 보니 그 옛날 듣던 할머니의 잔소리가 연상되면서 내 마음이 걷잡을 수 없이 격동했던 것이다.

내 마음의 상처에서는 계속해서 피가 흐르고 있었던 것을 깨달았다. 예수님을 감동적으로 내 인생의 구주로 고백하고 모든 죄를 용서함 받은지 십여 년이 지났는데도 말이다. 내 과거는 이미 그리스도와 함께 십자가에 못 박은 것이 아니가? 계속해서 나 자신에게 말씀을 선포했지만 해결되지 못한 무엇이 나를 괴롭히고 있었던 것이다. 내가 구원받았고 내 속에 성령께서 함께 하심에도 불구하고 내 속에는 평강이 없었던 것이다.

성경공부 모임을 끝내면서 주기도문을 암송 할 때 "하늘에 계신 우리 아버지여" 하면 난 "하늘에 계신 주여"란 고백으로 바꾸곤 했다. 하나님을 얘기할 때마다 내 육신의 아버지 모습이 덧입혀져서 하나님의 진짜 모습을 보지 못 했던 것이다. 계속적인 신앙 훈련을 통하여 아버지 하나님을 조금씩 배울 수는 있었지만 결코 해결되지 않던 문제를 이번 치유 세미나를 통해 확실히 해결할 수가 있었다.

또한 육신의 아버지를 불쌍한 마음으로 보게 되고 진정으로 용서하게 되었다 (이미 30년 전에 세상을 뜨셨지만…) 그 아버지를 용서하고 축복하자 비로소 하나님 아버지의 모습이 선명히 보이기 시작했다. "아하, 이거구나!" 라는 탄성이 내 마음 속에서 울려 나왔다.

세미나 중 용서에 대하여 깊이 음미하는 시간을 가졌다. 끝부분에 내가 용서해야 될 사람들을 기록하는 시간이 있었다. "한번의 용서로 나의 상한 마음의 치유가 끝나지 않는 것이 보통이니까 이미 과거에 용서하였더라도 다시 기록해 보십시오"라는 강사님의 제안이었다. 그래서 별 생각 없이 아버지, 외할머니, 옛날 지도교수 등등 적어 내려갔다. 그런데 어느 순간 나는 굳어져 버렸다. 내 속에서 이런 소리가 들리는 것이다. "너는 이제껏 네게 상처 준 사람들, 너에게 가까웠던 사람들은 용서를 하면서도 왜 너 자신을 용서 못하느냐?" 숨이 탁 막혀 왔다.

남들을 용서하려 애를 쓰면서도 상처받은 나 자신을 용서하고 주께 맡기지 못하는 모습을 분명히 보게 된 것이다. 내 인생에서 가장 중요한 나 자신을 용서하지 못한 것이다. 그 깨달음을 통해서 하나님을 원망하는 마음에서 치유 받을 수 있었고 "왜 저를 그런 가정에서 태어나게 하셨습니까?"라고 하나님께 자주 항의하던 내가 이제는 시편 기자처럼 "주께서 내 장부를 지으시고 나의 모태에서 나를 조직하셨나이다"라고 고백하게 되었다.

이제는 하나님 아버지께서 앞장서서 가시고 있는 모습이 보인다. 하나님과 나 사이가 주인과 종의 관계가 아니라 아버지와 아들의 관계가 되었고, 행함(doing) 보다 존재(being)로 와 닿는다. 나의 모습을 기뻐 받으시는 아빠 아버지의 모습을 보면서, 나도 두 아들에게 비록 멀리 떨어져 있을지라도 좀 더 깊은 사랑의 교제를 할 수 있겠다는 기대를 갖게 된다.

이런 치유와 회복의 기회를 허락하신 내 하나님 아버지께 감사를 드린다. 나를 이 먼 땅에 혼자 있게 하신 중요한 이유이리라. 이제 "범사에 그에게까지 자랄찌라"라는 에베소서 말씀을 받아들인다. 내 속에 들어와 계신 예수님의 모습을 닮아갈 수 있도록 오늘도 내 마음의 하수구를 청소한다. 말씀을 선포함으로 내 마음에 울타리를 쳐 나간다. 나의 생명나무도 그 울타리 안에서 잘 자라나서 많은 열매를 맺을 것이다. 나의 가족들과 주위의 사랑하는 이들을 치유하는 주님의 도구가 될 것이라는 기대가 가득해진다.

17

성폭행 치유의 사례들

"자기 아들을 아끼지 아니하시고 우리 모든 사람을 위하여 내어주신 이가 어찌
그 아들과 함께 모든 것을 우리에게 은사로 주지 아니하시겠느뇨"(롬 8:32).

■ 목사님, 제가 개한테 물렸지요?

성폭행의 치유 사례들

어려서 개한테 물린 사람이 아주 많다. 내적 치유책에 왜 개에 물린 이야기가 나오나 궁금해 하실 것이다. 여기서 말하는 개들이란 사람의 모습을 한 개들을 말한다. 어려서 성폭행을 당한 사람이 많다는 말이다. 우리 문화에서는 이 사실을 드러내놓고 이야기 하지 못하고, 교회 안에서도 말 할 수가 없기에, 대부분의 가족들조차 그 사정을 모르고 살아간다. 당사자들만 찢어진 가슴을 붕대로 칭칭 감고서 피눈물을 흘리며 살아간다.

내적 치유 세미나를 하면서 성폭행을 당한 자매를 자주 만나게 된다. 선교지에서도 만나고, 교회 집회를 나가서도 만나고, 우리가 살고 있는

곳에서도 만난다. 원주민들의 경우에는 80~90% 이상이(남자와 여자 모두) 어릴 적에 성희롱과 성폭행의 사연이 있다. 그러나 이들 원주민의 경우는 그것이 별로 부끄럽지 않은 일이 되어버렸기 때문에 쉽게 들어내서 말할 수 있다. 그래서 대중 앞에서 언급을 해도 별 문제가 되지를 않는다. 실제로 그 사람들은 이렇게 말하기도 한다. "저는 여러분이 생각할 수 있는 모든 학대를 당했습니다."

서양 여성들도 원주민만큼은 자유롭지는 못해도, 그런대로 쉽게 자신이 당한 성적 학대의 경험을 털어놓는다. 목회자 모임에 참석하면, 사모들이 자신의 어릴 적 아픈 경험을 눈물을 흘리면서 대중 앞에서 솔직하게 털어놓고는 한다.

회교 지역에서도 성폭행과 근친상간이 아주 많이 일어난다. 종교적으로나 사회적으로 도덕적 문란을 일체 허용하지 않는 사회이기 때문에, 건강한 남성 에너지 발산의 수단이 없다. 술도, 노래도, 유희도 없다. 남성의 육체적인 욕구는 끊임없이 솟구쳐서, 어딘가는 발산이 되어야 하는데도 말이다. 그것이 출구가 없기에 집안에서 이루어진다. 밖의 사람이 보아서는 아무 일도 없는 것 같은 가정이지만, 안에서는 곪아가고 있다.

한국 사회에서의 문제도 점점 심각해지고 있다. 그러나 성폭행의 상처와 아픔을 이야기하는 것이 금기되어 있기 때문에, 상처를 입은 우리 여성들은 심각한 마음의 고통을 당하고 있다. 아무 죄 없이 피해를 본 사람, 그래서 자신의 인생을 송두리째 빼앗긴 사람이 오히려 모든 고통을 혼자서 짊어지는 것이다. 범인인 남성들은 당당하게 활보하고 교회에서도 중책을 맡고 있는데 말이다. 부당하고 부당한 일이다.

우리 부부가 집회나 세미나에 참석하는 여성들의 깊은 이야기를 알게 되는 것은, 일대일 상담을 통해서가 아니라 치유 세미나 등록원서를 통해서였다. (이 등록 원서는 우리 부부만 보는 비밀문서이다) 우리 문화에서는 일대일 상담에서조차 그러한 문제가 거론되는 것이 무척 어려운 일이다

그래서 우리는 성적인 피해를 본 사람과의 상담은 등록원서와 함께 인터넷을 사용한다. 상대방의 수치감을 감싸주기 위해서이다. 그런데 그 치유의 효과는 참으로 놀랍다. 수치감을 느끼지 않으면서, 자신의 상처와 아픔을 이야기할 수 있기 때문이다.

그러한 치유의 만남이 시작된 지 몇 달이 되지 않아서, 그 여성들이 당당한 사람이 되는 것을 볼 때는 말할 수 없는 보람을 느낀다. 주님의 사랑의 능력이요, 치유의 열매이다.

이제 어려서 성폭행을 당한 몇 사람의 이야기를 나누고, 그들을 치유한 경험을 나누려고 한다. (이 책 전체에 나오는 사람과 지역의 이름들은 모두 실명이 아니다. 특히 이 부분은 더욱 철저하게 가려져 있다.)

첫 번째 치유 사례 – 진희 선교사

진희는 겉으로 보아서는 아주 활동적이고 건강한 선교사이다. 서른 살 정도도 되었고 팀 내에서 인정도 받는다. 그런데 모임에 참석하는 자세가 좋지 않고, 표정도 밝지 않다. 그녀의 등록 원서를 읽어보고서 그 이유를 알게 되었다. 8~9세쯤 되었을 때에 동네 친구들과 놀고 있는데 웬 청년이 이웃 동네로 가는 길을 물어왔다. "아저씨, 내가 가르쳐 드릴게요. 따라오세요." 하면서 그 청년을 인도해서 산길을 걸어갔다. 으슥한 곳에 이르자 그 청년이 이 어린아이를 덮친 것이다. 계획적인 범행이었다. 어린

진희에게 그 사건은 너무나 큰 충격이었다. 그때까지는 아주 활동적이고 쾌활했는데, 이때부터 조용한 성품으로 변한 것이다. 주위에서는 철이 들었다고 칭찬했지만, 그 무서운 이야기를 아무에게도 하지 못하고 성인이 되었다.

그 사건 때문에 진희는 일찍 하나님을 찾게 되었다. 그리고 주님께 헌신해서 이 먼 곳까지 나오게 되었다. 그러나 그녀의 마음의 무거움은 그대로 남아 있었다. 수시로 하나님에게 원망을 쏟아냈다. 이제 그 빈도가 잦아지고 있었다. 맡은 일을 잘하다가도 그 생각이 떠오르면, 모든 의욕이 사라지고 무력중에 빠지는 것이다.

세미나 후반부에 참석자들과 짧게 개인 상담을 하며, 진희 자매와도 상담하게 되었다. 세미나에 참석하는 마음이 어떠한가를 묻자, 차가운 말투로 이렇게 대답한다.

"왜 이 시간에 또 치유 세미나를 반강제로 참석해야 하는지 모르겠어요. 할 일도 많은데…….이런 세미나에 여러 번 참석해 봤어도 잠깐 반짝하다가는 옛날로 돌아오곤 했지요. 그리고 다시 그 이야기를 거론하는 것 자체가 제 겐 오히려 마음에 부담되고 아주 싫어요. 그만 했으면 좋겠어요."

성폭행 같은 큰 어려움을 당한 자매들은 많은 경우, 나름대로 치유를 위해서 계속해서 노력하기에 대부분 몇 번씩 치유 사역을 받은 경험이 있다. 그런데도 진희 자매가 받은 치유가 지속성이 없었다는 안타까운 하소연이다. 그 이유는 간단하다. 상처의 깊은 뿌리를 제거하지 못했기 때문이다. 여성들의 마음은 워낙 좋은 토양이라서, 악한 뿌리가 조금이라도 살아 있으면 아주 빠른 시간에 다시 무성한 가시덤불로 자라나기 때문이다. 마치 불완전하게 제거된 몸속의 암세포와도 같다.

그 뿌리가 무엇인가? 그 뿌리는 "나는 이제 너무나 더러워졌어!" 하는 잘못된 확신이다. 그 어려움을 당한 순간부터 어린 피해자들은 "나는 이제 너무 더러워져서 누구와도 친밀한 교제를 할 수 없어. 나와 결혼하는 사람은 나 때문에 함께 더러워질 거야. 그리고 거기서 나오는 자녀도 함께 더러워질 거야."라고 굳게 믿어버리는 것이다.

이것은 너무나 잘못된 확신이다. 그 논리가 맞는다고 한다면 이 세상에 깨끗한 사람은 전혀 없다. 자신은 깨끗하다고 할지라도 부모와 그 부모를 따라서 올라가면 오염되지 않은 사람이 어디 있겠는가? 나는 진희 자매에게 이렇게 말해 주었다.

"진희 자매, 진희 자매는 그 사건 때문에 조금도 더러워지지 않았어요. 그때 그 일은 진희 자매를 강아지가 한 번 물고 지나간 것과 같은 거예요. 몸에 상처는 났지만 진희 자매의 깨끗한 마음, 순결한 마음을 결코 더럽히지 못했어요. 그리고 그 물린 상처도 이제 완전히 아물어 버렸어요. 찾아보려 해도 흔적이 안 보이지요? 진희는 그때도 그랬고, 지금도 너무 순결한 사람이에요! 그리고 아주 중요한 것이 있어요. 그 어려운 순간에도 하나님이 진희자매를 떠나지 않으시고 함께 계셨어요. 그 상황에서 진희를 지켜주셔서 그 정도에서 일이 멈추어진 거예요. 더 무서운 일이 벌어질 수도 있었는데 말이에요. 하나님이 왜 그 사건을 막아주시지 않았는가는 나는 말할 수 없지만, 언젠가 하나님이 진희에게 직접 말씀해 주실 거예요. 그리고 하나님은 결코 실수가 없으신 분이고, 또 절대로 좋으신 분이라는 것을 진희가 눈물을 닦으며 고개를 끄덕거린다. 그렇게 짧은 상담은 끝났다. 그날부터 진희의 모습이 눈에 띄게 달라지기 시작한다. 얼굴에 광채가 나는 것 같고 모든 일에 열심을 낸다. 주위 사람이 놀라며 바라볼 정도였다. 상처의 깊은 뿌리가 만져진 것이다. 이후 여러 차례 메일을 주고받으며 진희자매는 자신을 치유하고 다른 사람들을 돕는 간호사의 역할까지 잘해내고 있다. 성숙해진 그 모습이 너무 대견하다.

두 번째 치유 사례 – 영혜 선교사

영혜 자매도 선교지에서 만났다. 주로 어린이들을 돌보는 일을 하고 있었다. 세미나 전에 나에게 등록 원서를 메일로 보냈는데 너무 재미있게 적어주었다. 생기가 가득 넘치고 발랄했다. 그러다가 성폭행에 대한 이야기를 두어줄 적어놓고는 아무 일 없다는 듯이 재미있게 그 다음 이야기들을 적어 주었다.

그런데 실제 만나보니 얼굴에 큰 그림자가 드리워져 있다. 여섯 살 때에 이웃집 오빠에게 두 번 당한 성폭행의 상처가 깊이 뿌리가 내려 있는 모습이었다. 등록 원서를 그렇게 밝게 써 놓은 것은 그 상처를 덮어버리기 위한, 그래서 자신의 아픔을 숨겨보고, 잊어보려는 이중적인 모습이었던 것이다.

그녀는 강의를 열심히 들었다. 3일간의 강의가 다 끝나고 장소를 정리할 때가 되어서야 영혜 자매와 둘이서 조용히 만나는 시간이 생겼다. 눈시울을 적시며 영혜 자매가 말한다.

"목사님, 강의 너무 잘 들었고 많이 배웠어요. 그런데 저는 결혼을 할 것 같지 않아요. 제가 그럴 수 없을 것 같아요. 너무 더럽다는 생각 때문에요."

나는 말해주었다.

"영혜는 강아지에게 물렸던 거야. 그 강아지는 영혜의 살을 잠깐 물어뜯은 것뿐이야. 영혜는 결코 더러워지지 않았어. 이제 그런 생각이 다시 떠오르면 동네 강아지들이 쫓아오는 것으로 알고 '저리 가!' 하고 발로 뻥 차버려. 도망갈 테니까⋯⋯."

그 말을 들으며 영혜의 눈이 반짝인다. 제대로 알아들은 것이다. 그리고 계속된 상담과 메일을 통해 아름답게 변하기 시작했다.

더욱 온전한 치유가 이루어지기 위해서 앞으로도 계속해서 상담하게 되겠지만 이제 큰 고비를 넘었다. 정상적인 신앙생활을 하면서 치유해나갈 수 있는 상태가 된 것이다. 머지않아 좋은 사람을 만나게 될 것이다. 주님은 참 좋으신 분이시다.

세 번째 치유 사례 - 유나 자매 이야기

치유학교에 억지로 끌려온 듯한 자매가 있었다. 그런데 이상하게도 이 자매는 항상 맨 뒷줄에 앉는다. 사람들이 모두 앞으로 이동해도 그 자리를 떠나지 않는다. 막무가내다. 절대 움직이질 않는다. 그리고 말과 태도가 아주 도전적이라서 주위 사람들이 많이 긴장했다. 그에게 조용히 물어보았다. "이렇게 뒷줄에 앉는 무슨 이유가 있는가요?" 답은 간단했다.

"저는 제 뒤에 누가 있는 것이 싫어요."

치유 학교가 진행되면서 친해지고 나서야 등록원서를 제출했다. 거기에 비밀이 쓰여 있었다. 어려서 동네 오빠에게 성폭행을 당한 것이다. 그러면서 이렇게 썼다.

"저녁에 문소리가 나면 그것이 남편이 열쇠를 열고 들어오는 것이 너무 확실한데도 문이 열리고 남편의 얼굴이 보일 때까지는 몸이 조여 오는 불안이 엄습합니다."

결혼한 지 벌써 4년이 지났고 아들도 있는 사람에게 아직도 어려서의 공포가 생생하게 살아 있는 것이다. 그제야 깨닫게 되었다. 그리고 그 자매의 모든 것이 이해가 되는 순간이었다.

세 살짜리 아들에게도 엄마의 두려움과 경계심이 많이 넘어가 있었다. 어린아이가 아무의 말도 믿지를 않는 것이다. 아무에게도 인사도 하지 않고, 안기지도 않는다. 모든 사람이 자신을 해롭게 할지도 모른다는 그러한 자세이다. 어린아이의 순진함이 다 사라진 모습이다.

꾸준히 치유의 과정을 따라오면서 서서히, 아주 서서히 과거의 눌려 있던 무서운 기억에서 벗어나기 시작했다. 대중 앞에서는 과거를 말하지 않았지만, 조금씩 몇 사람에게 마음을 열고 자신의 과거를 이야기하기 시작했다.

오랜만에 우연히 다시 만났을 때 반갑게 인사를 한다. 몰라보게 밝아졌다. 아들도 제법 인사를 한다. 나도 반갑게 웃어 주고는 헤어졌다. 갈 길이 멀지만, 나머지는 주님이 하실 일이다.

이사야 61장1-2절

주 여호와의 신이 내게 임하셨으니 이는 여호와께서 내게 기름을 부으사 가난한 자에게 아름다운 소식을 전하게 하려 하심이라 나를 보내사 마음이 상한 자를 고치며 포로된 자에게 자유를, 갇힌 자에게 놓임을 전파하며 여호와의 은혜의 해와 우리 하나님의 신원의 날을 전파하여 모든 슬픈 자를 위로하되

Part 06

우리의 치유자 예수 그리스도

예수님께서는 모든 것이 현재입니다

변화시키는 말씀의 능력

그 때도 알았더라면

열리는 생명의 샘들

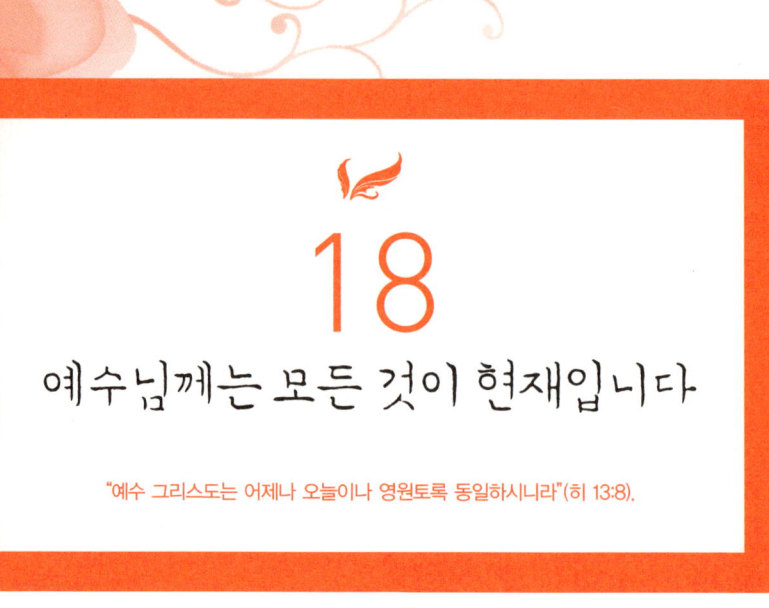

18
예수님께는 모든 것이 현재입니다

"예수 그리스도는 어제나 오늘이나 영원토록 동일하시니라"(히 13:8).

그리스도인들은 문제가 생기면 기도한다. 그러나 많은 사람들이 간절히 오랫동안 기도해도 자신이 원하는대로 문제가 해결되지 않으면, 기도 이외의 다른 방도를 찾는다. 소위 능력 있는 사람을 찾고 그 사람의 기도를 통해서 성령의 능력을 받고 문제를 '해결'하려 한다. 은혜자의 집회를 따라다니고 그 사람의 말을 하나님의 말씀처럼 순종한다. 예언을 사모하여 예언 기도도 받는다. 정해진 울타리를 넘나드는 신앙생활, 기록된 말씀을 믿지 못하는 사람들… 마치 하나님 이외의 무언가를 찾고 의지하려하는 광야 이스라엘 백성의 모습이 되어 간다.

우리에게 어려움이 닥치면 우리는 하나님의 마음과 말씀을 잘 알고 있는 하나님의 사람의 도움이 꼭 필요하다. 그러나 그때 그 사람이 우리의 문제를 '해결'하는 것이 아니라는 것을 명심해야 한다. 그들의 역할은 우리를 예수님께로, 그리고 기록된 말씀으로 인도하는 것이어야만 한다.

성경을 벗어난 말로 우리의 마음과 눈을 예수님과 사람에게로 돌리게 하는 어떤 가르침이나 특별한 은혜도 우리는 단호하게 거부해야 한다.

물론 하나님은 오늘도 당신의 자녀들에게 특별하게 말씀하신다. 성경에 없는 말씀도 하신다. 나도 많은 말씀을 듣고 살아간다. 그러나 그것은 어디까지나 나 자신을 위한 말씀일 뿐이다. 그런 말씀을 다른 사람에게 "하나님이 당신에게 이렇게 말씀하십니다"라며 두려움 없이 전해 주는 것은 매우 심각한 오해를 일으킬 수 있고 듣는 사람의 믿음을 망가뜨리게 된다. 기록된 말씀을 우습게 여기는 신앙으로 변질시키기 때문이다.

여러분에게 다시 강조하고 강조한다. 예수님만이 우리의 소망이시고 기록된 말씀만이 우리를 보호하는 갑옷이고, 산성이며 피난처이고, 방패고 투구이며 신발이고 양날 선 검이다. 예수님도 광야에서 40일 금식 후 자신을 시험하러 온 사탄에게 "기록되었으되"라며 말씀으로 물리치신 것을 기억해야 한다.

"예수께서 대답하여 가라사대 기록되었으되 사람이 떡으로만 살것이 아니요 하나님의 입으로 나오는 모든 말씀으로 살 것이니라"(마 4:4).

◼ 대제사장 예수 그리스도

예수님은 모든 면에서 조금도 부족함이 없는 우리의 완벽한 대제사장이시다. 신약 성경 히브리서 전체가 이 내용을 분명하게 선포하고 있다. 그 중에서도 우리가 늘 기억해야 하는 중요한 사실이 있다. 그것은 예수님은 우리의 모든 연약함을 직접 경험하셨기에 우리 마음을 완벽하게 이해하신다는 것이다.

> "우리에게 있는 대제사장은 우리의 연약함을 체휼하지 아니하는 자가 아니요 모든 일에 우리와 한결 같이 시험을 받은 자로되 죄는 없으시니라 그러므로 우리가 긍휼하심을 받고 때를 따라 돕는 은혜를 얻기 위하여 은혜의 보좌 앞에 담대히 나아갈 것이니라" (히 4:15-16).

예수님은 인간이 경험할 수 있는 모든 어려움, 연약함, 괴로움, 수치스러움을 완전히 체험하셨다. 나의 무능력, 나약함, 감정적인 어려움, 내부 갈등을 이해하실 뿐 아니라 그것들로부터 생기는 마음의 모든 요동함까지 다 경험하신 것이다. 그분은 나의 좌절, 불안, 초조, 우울함, 상처, 아픔들을 경험하셨고 버려짐, 외로움, 고립됨, 그리고 거절당한 마음을 경험하셨다.

많은 사람들은 이 말이 잘 믿어지지 않아서 이렇게 묻는다.

"하나님의 아들이신 예수님이 정말 그러셨을까요? 우리가 느끼고 경험하는 모든 감정과 고통들을 예수님이 정말 경험하셨다는 말입니까?"

그 답도 역시 성경에 있다.

> "그는 육체에 계실 때에 자기를 죽음에서 능히 구원하실 이에게 심한 통곡과 눈물로 간구와 소원을 올렸고" (히 5:7).

예수님은 죽음의 공포를 절실하게 체험하셨기 때문에 겟세마네 동산에서 땀방울이 핏방울이 되도록 기도하셨다. 그리고 유대 지도자들에게 잡히시던 밤부터 십자가에 달리셔서 죽으실 때까지 우리가 생각조차 할 수 없는 모든 고통을 겪으셨다. 예수님은 인간이 경험할 수 있는 모든 고난을 받으셨고, 마음을 찢는 것 같은 고통을 겪으셨기에 우리가 하나님께 드리는 통곡의 기도가 무엇인지를 아신다. 주님은 나의 모든 연약함을 경험하셨기에 나에게 결코 이렇게 말씀하지 않으신다.

"너는 그렇게 죄를 짓고서도 뻔뻔하구나. 이제는 선한 일 좀 해라."

"그렇게 실패를 많이 했으면 이제 좀 부끄러운 줄 알아라!"

"그렇게 잘 못한 것을 알았으면 이제는 좀 잘해야지."

"지금 네 나이가 몇 살이냐. 어려서의 일은 다 잊어버려라."

"네가 뿌린 씨앗 때문에 자식이 이렇게 고생하는 것이니 어쩌겠니."

"큰 죄들은 용서해 주지만, 네 죄값은 어느 정도는 해야 한다."

"네 죄를 보면 너는 벌써 큰 벌을 받았어야 하지."

"내가 자비를 베풀어서 그나마 네가 이렇게 살고 있는 것이다."

주님은 나를 다스리는 왕이시며, 사탄의 공격으로부터 나를 지키시는 완벽한 보호자이시다. 내 마음이 주님께 향해 있고, 우상을 섬기는 길로 의도적으로 달려가지 않는 한 주님은 나를 정죄하지 않으신다. 아니, 내가 세상 한가운데로 뛰어 들어가더라도 나를 포기하지 않으신다.

누가복음 15장에 나오는 탕자의 이야기를 당신은 기억하리라. "이 내 아들은 죽었다가 다시 살아났으며 내가 잃었다가 다시 얻었노라"(눅 15:24). 아직도 건강한 아버지의 유산을 억지로 챙기고 나가서 모든 것을 탕진하고 돌아온 아들을 기쁨으로 받아들이는 아버지의 모습에서 결코 정죄함 없이 우리를 받아 주시는 하나님 아버지, 그리고 예수 그리스도의 마음을 보는 것이다.

◼ 임마누엘 하나님

우리의 대제사장인 예수님은 하나님의 아들이시며 동시에 하나님이시다. 예수님은 아버지와 함께 우리 인간과 온 세상을 창조하신 전능하신 하나님이시며 온 세상을 완벽하게 운행하신다. 십자가 위에서 우리 각 사람의 모든 죄값을 치르셔서 구원하시고 우리에게 날마다 살아갈 수 있는 생명력을 주시며, 우리 각 사람 속에 들어와 계셔서 우리를 도우시며 우리를 치유하시며 회복해 가신다. 그리고 우리를 위해서 모든 것을 완벽하게 예비하셨다.

그런데 그 모든 예수님의 능력 중에서 거절당하고 상처받아 좌절하고 두려워하는 나에게 가장 큰 의미가 있는 것은 무엇일까? 그것은 예수님이 잠시도 나를 떠나지 않으시고 내 안에 계셔서 나를 도우시며 함께하신다는 사실이라고 믿는다. 바로 '임마누엘' 하나님을 뜻한다.

"아버지께서 내 안에, 내가 아버지 안에 있는 것같이 저희도 다 하나가 되어 우리 안에 있게 하사 세상으로 아버지께서 나를 보내신 것을 믿게 하옵소서"(요 17:21).

당신의 아버지가 수십만 병사를 움직일 수 있는 육군 대장이라도, 또는 모든 권세를 가지고 있는 그룹의 회장이라도 당신이 간절히 필요로

한 때에 아버지가 멀리 떨어져서 만날 수가 없다면 무슨 의미가 있는가? 세상적으로 많이 부족한 아버지일지라도 두려움에 떨고 있는 당신을 안 아주며 위로하는 아버지가 더 귀하지 않겠는가?

전능한 하나님이신 예수님은 당신을 잠시도 떠나지 아니하시며 당신 속에 계셔서 힘을 주시고 지혜를 주신다. 항상 손잡아 주시고 위로하시 며 격려하신다. 예수님은 당신이 어려움을 통과할 때 함께 하셨고 당신 의 모든 고통을 당신과 함께 겪으셨다. 그리고 지금 아파하고 외로워하 는 당신을 품에 안으시고 위로하신다. 예수님은 우리가 지금 여기까지 살아온 것 자체가 예수님이 우리 안에서 함께 살아오셨기 때문이라는 사 실을 깨닫기 원하신다. 마치 젖먹이 어린 아이에게 부모의 도움이 절대 적으로 필요한 것처럼 말이다.

아무리 큰 아픔이 당신 속에 있더라도 그 고통의 시간에 예수님이 당 신과 함께 하시며 당신을 붙잡아 주고 계셨다는 것을 깨닫는 순간에 치 유가 시작된다. 당신은 어린아이처럼 예수님 앞에 아픔을 드러내기만 하 면 된다. 그 어린아이와 함께 하시는 주님을 만나며 그분의 위로의 말씀 을 듣는 순간에 모든 괴로운 기억들과 아픔이 기적같이 치유되기 시작할 것이다.

전신마비 죠니 자매에게 오신 예수님

건강한 운동선수였던 죠니 에릭슨은 어느 날 밤, 수영장에 다이빙을 하며 뛰어들었다. 그러나 그 수영장에는 물이 조금밖에 없었다. 그래서 머리를 바닥에 부딪쳤고, 그 결과 전신 마비가 되었다. 손가락 몇 개와 얼 굴만 움직일 수 있었다. 절망이었다. 몇 년을 침대에 누워 있었다. 사는 것이 지옥이었다. 하나님을 믿고 있었지만 고통, 분노, 비애, 비통함을 감당할 수 없었다. 전신이 마비되었기에 신체적인 고통은 없었지만 가끔 온 몸을 날카롭게 찌르는 통증이 3년간이나 계속되었다. 견디다 못한 죠니는 자살하고자 하는 생각으로 수면제를 모으고 있었다.

그런데 어느 날 밤의 작은 사건이 죠니를 완전히 변화시켰다. 신디라는 친구가 문병을 왔는데, 그 시간에 죠니에게 날카로운 통증이 또 시작되었다. 신디는 고통하는 죠니에게 아무 위로의 말도 해 줄 수가 없었다. 그때 예수님이 지혜를 주시는 것을 느끼면서 이렇게 말을 시작했다. "예수님은 너의 모든 괴로움을 알고계셔. 너만 마비증세와 통증을 겪은 것이 아니야. 예수님도 똑같이, 아니 더 고통스럽게 그것을 겪으셨어."

죠니가 물었다. "정말?

"그럼!"

"언제 그렇게 겪으셨지?"

신디가 대답했다.

"예수님이 십자가에 못 박히셨을 때에 네가 겪는 통증과 같은 것을 더 심하게 겪으셨지. 예수님도 그 통증을 벗어나고 싶으셨을 거야. 그렇지만 꼼짝할 수도 없으셨고, 온 몸은 찢어지는 듯 아프셨지. 그래서 그분은 너의 지금의 고통을 너무나 잘 알고 계셔."

그 순간에 죠니의 마음이 변하기 시작했다. '하나님의 아들께서도 이런 고통을 겪으셨구나. 그리고 나의 무력감과 죽고 싶은 마음을 알고 계시구나.' 예수님이 죠니에게 믿을 수 없이 가까이 다가오셨다. 가족들의 사랑이나 사람들의 사랑과는 근본적으로 다른 사랑을 가지시고 다가오신 것이다.

죠니의 육신은 전혀 회복되지 않았다. 그러나 죠니는 지금 예수님의 사랑의 사도로 전 세계를 다니면서 지체 장애인들의 무너진 마음을 치료하고 있다.

■ 대가를 치르신 예수 그리스도

당신은 부모로부터 버림받은 기억이 있는가? 어려서 어떤 이유에서든 부모와 오래 떨어져 있던 적이 있는가? 부모로부터 사랑을 받으려고 손을 뻗었다가 실망스럽게 거절당한 기억이 있는가? 부모가 어린 당신 앞에서 소리치며 다투지 않았는가? 혹 이혼하시지는 않았는가?

아무 이유 없이 부모에게 심하게 얻어맞은 적이 있는가? 어려서 사랑하는 형제, 자매, 또는 부모가 먼저 세상을 떠난 일이 있는가? 어려서 성적으로 희롱을 당한 일이 있는가? 부모로부터 계속해서 멸시를 받거나 천대를 받은 적 있는가? 공부를 못한다고, 또 부모의 말을 즉각 순종하지 않는다고, 계속해서 꾸지람을 듣고 야단을 맞은 일이 있는가?

이름 때문에, 별명 때문에, 신체적 특징 때문에, 사투리 때문에, 집안 환경 때문에 계속해서 조롱을 받은 기억이 있는가? 친구들이 보는 앞에서 선생님으로부터 큰 창피를 당하고 가슴에 못이 박히는 말을 들은 기억이 있는가? 학교 친구들로부터 심한 따돌림을 받은 기억이 있는가? 학교에서 당신을 늘 괴롭히던 동급생이 있었는가? 군대에서 말도 안 되는 비인간적인 기합을 받은 적 있는가? 직장의 상사로부터 공개적으로 심한 모욕을 당한 적 있는가?

억울하게 고소를 당하거나 누명을 쓴 적 있는가? 누군가가 없는 말을 지어서 당신에게 심한 수치를 끼친 적이 있는가? 사랑하는 사람이, 또는 짝사랑하던 사람이 당신을 오해하거나 배신하고 떠나 버린 적 있는가? 성장한 자식들, 며느리, 사위로부터 업신여김을 당하고 모욕적인 말을 들은 적 있는가? 믿고 의지하던 목회자로부터 무시와 면박을 당한 적 있는가? 해결되지 않은 아픔 때문에 혹시 지금도 가슴 속 깊이 눈물이 흐르고 신물이 올라오는가?

인간의 몸을 입고 고난 받으신 예수님은 모든 것을 경험하셨기 때문에 우리의 고통을 깊이 이해하신다. 당신이 얻어맞고, 모욕 당한 것이 얼마나 아픈 일인가를 예수님은 잘 아신다. 예수님은 얼굴에 침 뱉고 주먹으로 치고 또 손바닥으로 때리는 희롱을 당하셨다. 십자가에 달리실 때에 벌거벗기우고 두 강도 사이에 매어 달리시는 수치를 당하셨다. 또한 손과 발에 못이 박히시는 극심한 육신의 고통을 당하셨다. 십자가에 달려서 폐가 무너져 숨이 쉬어지지 않는 고통 중에서 "만일 네가 하나님의 아들이면 너 자신을 구원하고 십자가에서 내려오라"(마 27:46)라는 조롱까지 받으셨다.

그러나 예수님은 그들을 용서하신다. 뿐만 아니라 자신은 전혀 죄를 짓지 않으셨지만 우리를 위해서 그 죄의 무거운 짐까지 지시고 하나님의 진노를 대신 감당하셨다. 그 고통이 너무나 무거워서 "아버지여, 아버지여, 어찌하여 나를 버리시나이까?"라고 부르짖으셨다. 그렇기 때문에 예수님은 사랑하는 사람을 일찍 떠나보낸 사람의 마음과 깨어진 가정의 아픔을 아신다. 하나밖에 없는 자식을 거리의 폭력배에게 빼앗겨 버린 부모의 심정을 잘 아신다. 기도조차 할 수 없는 절망 상태에서 하나님께 등을 돌리고 원통함을 토해 내는 당신의 마음을 너무나 잘 아신다.

그래서 예수님은 당신의 그 모든 상처와 아픔들을 치유하시길 간절히 원하신다. 우리의 상한 마음이 온전히 치유되어야만 우리가 하나님 아버지와 아들과 성령님을 제대로 만나게 되고 사랑의 관계를 맺을 수 있다는 것을 잘 아시기 때문이다. 이처럼 예수님이 임마누엘 하나님으로서 우리를 완벽하게 아서서 치유하시고 온전히 회복시키기를 간절히 원하신다는 사실은 말로 표현할 수 없는 큰 위로요 은혜요 소망이다.

"누가 정죄하리요 죽으실 뿐 아니라 다시 살아나신 이는 그리스도 예수시니 그는 하나님 우편에 계신 자요 우리를 위하여 간구하시는 자시니라"(롬 8:34).

□ 시간에 대한 오해와 무지

우리는 하나님과 하나님의 나라에 대해서 모르는 것이 참 많다. 그리고 그 무지함은 어떻게 보면 당연한 일이다. 우리는 모든 것을 내가 경험한 것에 의해서 판단하고 분석하고 이해하기 때문이다. 그런데 하나님과 하나님의 나라는 이 땅의 것이 아니기에 우리들의 생각으로, 또 이 땅의 지혜로는 결코 제대로 깨달을 수가 없는 것이다.

"여호와의 말씀에 내 생각은 너희 생각과 다르며 내 길은 너희 길과 달라서 하늘이 땅보다 높음 같이 내 길은 너희 길보다 높으며 내 생각은 너희 생각 우리의 심각한 무지함 중의 하나가 시간에 대한 것인데, 우리는 예수님이 어제나 오늘이나 영원토록 동일하시다는 말씀의 의미를 제대로 알지 못한다. 시간의 주인이신 예수님이 내 모든 아픔의 가시들을 뽑아주실 수 있다는 사실을 믿지 못하기 때문에, 겪지 않아도 되는 고난과 실패와 좌절 속에 살아가는 것이다.

사람들은 태어나기 전부터 시간의 제약 속에 살아간다. 한 순간도 그 영향을 벗어난 적이 없다. 그래서 태초에 하나님이 사람을 창조하시기 바로 얼마 전에 하나님이 시간도 만드셨다는 것을 생각하기가 매우 어렵다. 사람을 지으시기 며칠 전에 빛을 만드시고 태양과 달을 만드시고 우리가 살고 있는 태양계를 만드신 것을 깊이 생각하지 않고 그냥 살아간다. 그래서 하나님도 시간에 제약을 받고 계시며 나아가서 하나님 나라도 그럴 것이라고 생각한다.

그것은 이 땅의 잘못된 생각이다. 삼위일체 하나님은 시간 밖에 계신다. 시간을 창조하신 분이기 때문이다. 이 세상의 계절과 날짜와 시간은 해와 달이 만들어진 다음에 생긴 것이다. 우리가 말하는 시간은 태양을 중심으로 회전하는 지구에서만 적용되는 것이고 시간을 창조하신 하나님은 그 틀 밖에 계신다.

인간이 하루하루 살아가는 것을 당신이 시간의 틀 밖에서, 또는 이 세상을 떠난 후에 천국에서 보고 있다고 한번 상상해 보라. 지금의 우리에게는 어제가 있고 지난 세월이 있지만 그 틀 밖에서 볼 때는 모두 현재가 아니겠는가? 이 신비를 깨닫는 순간 우리는 하나님의 나라(Kingdom of

God)의 중요한 원리를 알게 된다.

주님께는 모든 것이 현재이다. 그래서 주님은 오늘 내 삶에 크나큰 영향을 미치고 있는 나의 '과거'를 만지실 수 있고 치유하실 수 있고, 나의 인생을 회복시켜 주실 수 있는 것이다. 이것은 참으로 놀라운 위로요, 은혜요, 소망이요, 능력이다.

"예수 그리스도는 어제나 오늘이나 영원토록 동일하시니라"(히 13:8).

"내가 전에 말하기를 내 뒤에 오시는 이가 나보다 앞선 것은 나보다 먼저 계심이라 한 것이 이 사람을 가리킴이라 하니라"(요 1:15).

"아브라함이 나기 전부터 내가 있느니라 하시니"(요 8:58).

"산이 생기기 전, 땅과 세계도 주께서 조성하시기 전 곧 영원부터 영원까지 주는 하나님이시니이다…주의 목전에는 천년이 지나간 어제 같으며 밤의 한 경점 같을 뿐임이니이다"(시 90:2,4).

■ 시간의 벽을 넘어가신 예수님

이 천 년 전에 하나님의 아들인 예수님이 시간의 벽을 넘어서 작은 여인의 자궁 속으로 들어오셨다. 그리고 33년을 우리와 똑같은 육신을 입으시고 이 땅에 사셨다. 그리고 나를 위해서 십자가를 지시고 죽으셨고, 부활하심으로 다시 시간의 벽을 넘어가셨다. 예수님의 새 몸은 이제 시간의 벽에 제한을 받지 않으시고 양쪽을 왕래하신다.

"여드레를 지나서 제자들이 다시 집안에 있을 때에 도마도 함께 있고 문들이 닫혔는데 예수께서 오사 가운데 서서 가라사대 너희에게 평강이 있을찌어다 하시고"(요 20:26).

이제 예수님에게는 모든 것이 현재인 것이기에 예수님은 지금도 '과거의 일'로 아파하는 '내 속에 있는 나'를 만져 주시며, 나의 고통스러운 기억을 온전하게 치료하시고 회복시켜 주실 수 있다.

◼ 나의 과거를 어떻게 대면해야 하나?

오랫동안 신앙생활을 한 사람들도 쉽게 이렇게 이야기한다. "다 지난 일인데 어쩌겠습니까?" 시간의 비밀을 모르기 때문이다. 이제 이 시간의 비밀을 깨달은 우리는 과거를 아주 심각하게 대면해야 한다.

그런데 사람들은 이 과정을 아주 싫어한다. 왜냐하면 대부분의 사람들은 자신의 과거를 별로 자랑스러워하지 않기 때문이다. 그래서 과거를 그냥 눌러 버리고 벽장 속에 밀어 넣고 살아 가려한다.

이제 우리는 그 과거가 오늘날의 나의 삶을 난폭하게 운전 해가고 있다는 사실을 인정해야만 한다. 나의 오늘날 겪고 있는 모든 어려움의 근원이 과거에 있고 그 과거를 만져서 치유하지 않으면 나의 앞으로의 삶에 엄청난 손해가 미칠 것이라는 것을 인정하는 것이 하나님이 주시는 명철이고 지혜인 것이다.

또한 크리스천 사이에서도 과거의 문제는 분명하게 해결되어야 한다.

죄를 회개하고 예수를 믿으면 나와 하나님 사이의 문제는 해결된다. 그러나 나와 사람들 사이의 어려운 문제들, 특히 내가 받은 마음의 아픔과 상처는 쉽게 해결되질 않고 나의 오늘날의 삶에 큰 장애물이 되기 때문이다.

바울과 빌레몬과 오네시모

"다만 네 승낙이 없이는 내가 아무 것도 하기를 원치 아니하노니 이는 너의 선한 일이 억지 같이 되지 아니하고 자의로 되게 하려 함이로라 이후로는 종과 같이 아니하고 종에서 뛰어나 곧 사랑 받는 형제로 둘 자라 내게 특별히 그러하거든 하물며 육신과 주 안에서 상관된 네게랴 그러므로 네가 나를 동무로 알찐대 저를 영접하기를 내게 하듯하고 저가 만일 네게 불의를 하였거나 네게 진 것이 있거든 이것을 내게로 회계하라 나 바울이 친필로 쓰노니 내가 갚으려니와 너는 이 외에 네 자신으로 내게 빚진 것을 내가 말하지 아니하노라"(몬 1:14,16-19).

사도 바울은 빌레몬과 특별한 사이였다. 아마도 바울이 골로새의 부자인 빌레몬을 전도했고 그의 집에 교회를 세운 것 같다. 그런데 바울과 빌레몬에게 함께 중요한 일이 생겼다. 그것은 바울을 통해서 예수를 만나고 열심히 바울을 섬기고 있는 젊은 노예인 오네시모에 대한 것이었다. 그가 빌레몬에게서 도망쳐 나온 노예라는 것을 바울이 알게 된 것이다. 아마도 오네시모가 양심의 가책을 받아 고백했을 것이다.

당시의 바울이 노예제도를 찬성한 것은 결코 아니지만 어쩔 수 없는 현실이었다. 로마법에 따르면 도망친 노예는 주인에게 죽임을 당할 수도 있었다. 그런 상황에서 감옥에 있는 바울이 오네시모를 빌레몬에게 보내면서 간곡한 편지를 쓴 것이 빌레몬서인 것이다.

빌레몬은 바울에게 엄청난 은혜를 입은 사람이지만 바울은 그 모든 것을 오네시모 한 사람의 자유와 바꾸기를 원하고 있는 것이다. 오네시모가 이미 빌레몬의 영향을 완전히 벗어나 있는데도 말이다.

이처럼 바울은 빌레몬서를 통해서 크리스천들 사이에서도 과거의 문제를 항상 올바르게 정리하고 해결해야 한다는 중요한 본을 보여준다.

19
변화시키는 말씀의 능력

두려워하지 말라 내가 너와 함께 함이라 놀라지 말라 나는 네 하나님이 됨이라 내가 너를 굳세게 하리라 참으로 너를 도와주리라 나의 의로운 오른손으로 너를 붙들리라 (사 41:10)

내적치유에서 가장 중요한 것은 치유의 기술이나 방법들도 아니고 상담자의 능력도 아닌, 오직 기록된 하나님의 말씀이다. "당신들이 성령의 은사의 깊은 것을 체험하지 못해서 그래요" 라는 소리가 들리는 듯하다.

하지만 그렇지 않다. 우리 부부는 성령의 은사 사역을 참으로 오랫동안 해온 사람들이고 예언과 통변을 포함해서 거의 모든 은사를 받았고 사용해 왔다. 손을 대지 않고서 많은 사람들을 쓰러뜨리기도 했다.

그런데 그렇게 몇 시간을 눕혀 놓고 기도해 주어도 결코 문제의 뿌리가 만져지지 않는다는 것을 반복해서 경험하면서 말씀을 통한 내적 치유의 중요성을 절감, 절감한 사역자들인 것을 믿어 주시기 바란다.

성령의 은사를 사모하고 받는 것은 너무나 중요하다. 놀라운 신앙의 진보가 일어난다. 여러 가지 묶임이 끊어진다. 나쁜 습관의 올무에서 벗어난다. 선하신 하나님이 가슴 깊이 다가오신다. 정말로 좋은 것이다. 그러나 그 은사들로 인해 모든 문제들이 근본적으로 해결되는 경우는 참으로 극소수인 것을 말하지 않을 수가 없다.

여러 가지 기술과 방법도 때로는 도움이 된다. 급한 상황을 해결해 줄 수가 있다. 그러나 이런 식으로 진행된 치유는 대부분 재발하는 것을 본다. 그 증거를 멀리서 찾을 필요가 없다. 바로 우리 자신의 삶에서 그것이 반복되어 오지 않았는가?

내면의 치유와 변화에 대해 우리 부부가 내린 결론은 이렇다. "영속적이고 근본적인 치유는 오직 기록된 말씀으로만 일어난다.", "우리의 오랫동안 굳어진 잘못된 생각과 성품과 행동 습관을 근본적으로 바꾸어서 하나님이 기뻐하시는 성품으로 회복시키는 기적은 오직 기록된 말씀이 내 마음 판에 새겨질 때에만 일어난다." 그래서 우리는 치유사역 중에 말씀의 통독과 암송과 선포를 강조하고 또 강조한다.

뜨겁게 성령님의 능력을 의지해서 사역을 할 때는 아무리 애를 써도 뿌리가 만져지지 않던 문제들이 말씀이 그의 마음속으로 들어가면서 근본적으로 해결되어서 그들의 삶이 눈앞에서 변하면서 보기 좋고 맛있는 열매가 맺히는 것을 보는 놀라움과 기쁨을 무엇과 바꾸겠는가? 이것이야말로 주님 주시는 생명수를 마시는 기쁨이다.

"사역을 해야 하는데…말씀만 보고 있어도 되나…"

목사님, 안녕하셨죠? 희선 자매입니다. 오늘은 말씀을 보는데 목사님 생각이 많이 떠올랐습니다. 그 이유는 목사님의 가르침 덕분에 저와 남편의 삶이 조금씩 변하고 있기 때문이에요.

말씀을 풀어서 가르쳐 주시며 암송하라고 하신 말씀이 얼마나 큰 힘인지 알게 되었어요. 처음에는 말씀 읽고 암송하는 것이 적응이 안 돼서 많이 힘들었지요. "사역을 해야 하는데 내가 이러고 말씀만 보아서 될까"라는 걱정때문이지요. 하지만 이제 그 비밀을 알았어요.

그 덕분에 만나는 사람들에게 자주 말씀을 나누고 간증을 해요. 저번에 말씀드린 자매 생각나세요? 단기 사역자로 와서 내적 치유사역자를 찾는다고 했던 그 자매가 저희 집에 왔어요. 그래서 제가 요즘 암송하며 묵상하는 말씀을 가지고 은혜를 나누었더니 자신에게 딱 맞는 말씀이라며 얼마나 감사해 하는지요. 또 다른 나라에서 한 자매가 잠깐 쉬러 왔었는데 말씀을 통해서 주신 은혜와 깨달음을 나누었더니 자신에게도 꼭 필요한 말씀이었다며 기뻐했어요.

이곳에 있는 여러 사역자들과도 말씀을 나누는 이런 만남을 자주 갖게 되면서 만남이 더욱 깊어지는 것 같아요. 이제는 다른 어떤 일보다 남편과 저는 말씀을 가까이 하려고 애를 쓴답니다. 성경도 자주 읽고 암송하라고 하신 말씀들을 벽에다 붙여 놓고 수시로 보고 읽고 기도하지요.

얼마 전 이 지역에 있는 저희와 아주 친한 선교사님 가정에 어려움이 왔어요. 외롭게 사역을 개척해 나가는 분이지요. 그 가정에 심방을 가서 저희 부부가 함께 예배를 드렸어요. 제 남편을 통해서 은혜의 말씀이 흘러나올 때 우리 모두는 회개하지 않을 수 없었지요.

하나님의 말씀으로 인해 더 많은 시간을 밝은 빛 속에서 감사함으로 또 기쁨으로 보내고 있어요. 더 많이 가르쳐 주세요. 감사합니다. 아버지의 은혜와 사랑이 풍성한 가을이 되시기를….

말씀의 암송과 선포는 마음의 치유에서 참으로 중요하다. 말씀을 마음 판에 새기는 일이기 때문이다. 말씀을 읽고 묵상하는 것도 중요하고 날마다의 삶을 풍요롭게 하지만 대부분의 경우 그 말씀들이 마음 판에 새겨지는 작업이 잘 이루어지지 않고 흘러 버리는 것을 경험한다. 그래서 치유 과정에 들어온 모든 사람에게 두 개의 말씀의 암송을 특히 강조하며 부탁한다. 「빌립보서4:6-7」와 「이사야41:10」인데, 하나는 염려를 막는 말씀이고 다른 하나는 두려움을 막고 주님의 능력으로 채우는 말씀이다. 희선 자매가 그 두 말씀으로 양식을 삼고 있는 모습이다. 바로 격려의 답신을 보낸다.

> 희선 자매, 아주 반가운 소식이에요. 말씀을 사랑하게 되고 말씀의 능력을 체험하게 되고 남편이 그렇게 살아 있는 말씀을 전할 수 있게 되었다니 우리도 얼마나 좋은지! 하나님 아버지의 기뻐하시는 모습이 보이네. 말씀의 귀한 비밀을 알았으니 날마다 큰 은혜와 충만함이 있을 거예요. 계속해서 주님의 위로의 역사가 일어날 테니까 어디서나 담대하게 입을 벌리도록 해요.
> 우리 입에서 나오는 몇 마디 말씀으로 사람들이 살아나는 것을 보는 기쁨을 무엇에 비길 수 있을까! 현지인들에게도 똑같이 아니 더 강하게 적용될 것이라 믿어요. 언제 어디서나 오직 말씀으로 나아가며 더 말씀을 사랑하게 되기를 부탁해요. 그래서 모든 대화에서 늘 암송된 말씀이 흘러나오기를….
> 이제 좋은 일들이 많이 일어날 테니까 기대해요. 특히 남편을 말씀으로 세우는 주님의 일이 계속될 것이고, 날마다 감사하면서 여러 사람에게 기록된 말씀의 비밀을 나누어 주다 보면 내가 가는 길이 보이고 목표가 보이게 될 거예요. (… 하략 …)

그렇다면 말씀의 암송과 선포로 충분한가? 결코 그렇지 않다. 오해가 없기를 바란다. 말씀의 암송과 선포가 말씀의 통독, 성경 연구, 묵상을 대신할 수 있다는 말이 결코 아니다. 몇 가지 말씀만 암송하고 있으면 성경을 멀리해도 된다는 말은 더더욱 아니다. 대부분의 한국 크리스천들이 일반적으로 말씀을 머리로만 이해하고 받아들이는 삶으로 굳어져 있다고 보았기 때문에 마음 판에 말씀을 새기는 작업인 암송과 선포를 강조한 것이다. 그리고 실제로 그 과정을 통해서 놀라운 치유와 회복과 변화가 시작되는 것을 늘 경험하고 있기 때문이다.

"제 인생의 수수께끼가 다 풀렸어요!"

인숙 선생은 상담 실장을 맡고 있다. 열정적으로 학생들을 지도하면서 그들의 공허하고 상처받은 마음을 채우고 치유하는 사명을 전심으로 감당 해가는 모습이 참으로 귀하다. 연세가 제법 있는데도 젊게 인생을 살아간다. 에너지 넘치는 젊은 학생들 속에서 살기 때문이리라.

그런데 두 번의 치유 세미나에 열심히 참여하면서 자신의 쾌활한 겉모습 속에 감추어져 있던 많은 상처를 담대하게 드러내기 시작했다. 자신의 해결되지 않은 아픔 때문에 깨어져 버린 가정 이야기, 그 과정에서 크게 상처를 받은 자녀들의 이야기, 그들의 상처를 보듬어 주지 못한 자신의 어리석은 모습에 대한 이야기들을 풀어놓는다. 그러면서 자신의 아픔과 상처의 뿌리를 보게 되었고 해결의 실마리를 찾게 된 것이다. 세미나가 끝난 후에 이렇게 메일을 보내왔다.

목사님, 지난번 세미나에서는 아마도 제가 최고 우등생(?)이었던 것 같습니다. 제일 도움을 많이 받았다고 자신하니까요. 나 자신에 관한 수수께끼가 모두 풀린 것 같습니다. 물론 주님께서 나의 필요를 아시고 때에 맞추어 치유해 주셨겠지만요.

저는 세미나 후에 학생들 상담 사역에 더욱 열심을 내고 있습니다. 나 같은 인생의 피해자가 더 나오지 않도록 목이 쉬도록 열심히 가르치고 부끄러움도 마다 않고 나를 다 드러내면서 청년들에게 간증을 합니다. 이 귀한 일을 하기 위해서 그토록 긴 세월을 제가 아파야 했나 봅니다. 이젠 과거에 대한 한스러움이 다 없어졌습니다.

다만 한 가지 제 자식들이 나의 아픔 때문에, 또 엄마의 아픔을 받아 주느라고 받은 상처를 어떻게 해야 하나 그것이 안타까울 뿐이지요. 방학이 되어서 집에 가면 아들과 딸에게 나를 다 드러내 놓고 이야기할 생각입니다. 지금도 제 아들을 생각하면 가슴이 저려 옵니다. 우선은 그저 주님께 아들의 치유를 부탁드릴 수밖에 없지요. 아들이 여태껏 겪어 온 문제의 원인을 알게 된 것만으로도 너무 감사하구요.

이번 세미나를 통해서 저의 상담 사역에 큰 명철과 지혜를 얻게 된 것에 무엇보다 감사를 드립니다. 다음번에 다시 오시면 그때는 눈물을 쏟을 일이 없을 것 같아요. 물론 그때 가 봐야 알겠지만… 호호! 두 분의 건강과 사역의 풍성한 열매를 위해서 기도합니다.”

인숙 선생의 메일에 중요한 단어가 나온다. 바로 ‘수수께끼’ 라는 말이다. 많은 사람들이 자신의 인생에 풀어야 하는 수수께끼가 있다는 것을 인정하지 않거나 있는 것을 알면서도 그 수수께끼를 풀어 볼 생각을 하지 않고 그냥 살아간다.

사람들에게 ‘수수께끼’ 란 그 사람 인생의 정문 열쇠에 해당하는 것이라 보면 된다. 그 수수께끼를 풀어야만 정문을 통해서 집안으로 들어가는 것이다. 그런데 그 열쇠를 찾을 생각을 하지 않으니 쪽문이나 창문으로 집안에 들어가야만 한다. 그러니 옷이 찢어지고 여기 저기 상처가 난다. 그런데 이제 인숙 선생은 그 열쇠를 찾은 것이다. 삶이 참으로 편해질 것이다.

인숙 선생의 메일에 나오는 또 하나의 중요한 구절은 '명철과 지혜'이다. 사람들은 통증이 심해지면 의사를 찾는다. 좋은 의사는 진통제 처방을 내리지 않고 그 통증의 원인을 찾으려 애를 쓴다. 그와 함께 환자에게 자신의 병을 관리하고 건강을 근본적으로 회복할 수 있는 지식과 식생활 지침을 알려 준다.

현명한 환자는 의사의 조언을 통해서 자신의 몸에 대한 깊은 깨달음(명철)을 얻게 되는 것이다. 자연스럽게 자신의 몸을 잘 관리하는 지혜로운 사람이 되어 간다. 감사하게도 인숙 선생이 그 단계에 도달한 것이다.

■ 지식, 명철, 지혜

우리 부부는 치유 세미나와 집회를 인도한 후에 참석자들의 애프터 케어에 많은 노력을 기울인다. 집회에 모이는 사람들의 숫자는 중요하지 않다. 한 사람 한 사람을 사랑하시는 예수님의 마음이 우리에게 전달되기 때문이다. 집에 돌아오는 대로 이메일을 통해서 집회와 세미나 중에 가까이 만났던 사람들의 치유와 회복의 진행 상태를 애정을 가지고 확인한다. 깊은 속마음의 이야기를 나누며 격려하고 집회와 세미나로 시작된 주님의 치유와 회복이 계속되도록 돕는 것이다. 이메일을 통해서 감동적인 사연들이 많이 나누어진다. 마치 우리 자녀들의 아픔을 치유 해주는 것처럼 기쁘다. 조금도 힘들지 않고 오히려 주님의 은혜가 더욱 넘친다.

메일을 통해서 치유를 계속해 갈 때마다 주님의 격려의 음성을 듣는다. "잘 하였도다 착하고 충성된 종아." 그리고 잠언 말씀이 떠오른다.

"의인의 열매는 생명나무라 지혜로운 자는 사람을 얻느니라" (잠 11:30).

그러면 이제 하나님의 말씀으로 들어가서 하나님의 지식과 명철과 지혜를 연구해 보자. 특별히 솔로몬의 잠언이 많은 것을 가르쳐 준다.

"네 귀를 지혜에 기울이며 네 마음을 명철에 두며 지식을 불러 구하며 명철을 얻으려고 소리를 높이며 은을 구하는 것 같이 그것을 구하며 감추인 보배를 찾는 것 같이 그것을 찾으면 여호와 경외하기를 깨달으며 하나님을 알게 되리니 대저 여호와는 지혜를 주시며 지식과 명철을 그 입에서 내심이며" (잠 2:2-6).

잠언에는 우리의 내면세계를 열어 주는 귀한 열쇠들이 가득히 들어 있다. 이 말씀에는 중요한 단어들이 반복해서 나온다. 바로 지식, 명철, 지혜, 세 단어다. 그 중에서도 우리는 지혜를 매우 중요하게 생각한다. 젊은 학생들에게 기도할 때에 무엇을 구하느냐고 물으면 절반 이상이 '지혜'라고 대답할 정도다. 그런데 잠언을 보면 이 세 단어가 삼위일체처럼 조화롭게 사용되고 있다.

이 세 단어 중에서 제일 앞에 있는 것이 무엇일까? 바로 지식이다. 우리가 복잡한 시내에서 운전을 할 때에 일방통행의 화살표를 이해하지 못한다면 어떤 일이 벌어질까? 그 화살표가 무엇을 뜻하는가를 아는 것이 바로 지식이다. 그렇게 지식이 들어오면 그 다음에 그것을 이해하게 된다. "아, 이 길로 가면 안 되는구나." 깨달음이다. 이것이 명철이다. 그러면 그 사람은 사고를 일으키지 않고 복잡한 시내를 잘 헤쳐 나가게 된다. 지혜로운 사람이 되는 것이다.

그런데 많은 경우에 지혜와 지식이 혼동되고 있다. 박사 학위가 있으면 지혜로운 사람으로 인정을 받는다. 그렇지 않다. 박사 학위는 세상 지식이 있다는 사회적인 인정일 뿐이다. 박사 학위가 두 세 개 있는 사람과 초등학교도 제대로 마치지 못한 우리의 어머니를 비교할 때에 누가 더 지혜로울까? 아마도 대부분의 사람들이 어머니라고 대답할 것이다.

지혜는 머리에 든 지식이 아니라 사람을 살리는 말과 행동, 곧 삶의 열매인 것이다. 그리고 그 지혜는 지식에서 시작된다. 지식이라는 입력이 없으면 깨달음이 없는 것이고, 지혜의 열매도 만들어지지 않는다는 말이다. 그래서 오늘날 우리에게 가장 먼저 필요한 것은 하나님의 지식이며, 그 중에서도 인간 내면세계에 대한 지식이다. 이제 잠언 말씀을 가지고 이 지식과 명철과 지혜의 관계를 좀 더 자세히 살펴보자.

"너희가 은을 받지 말고 나의 훈계를 받으며 정금보다 지식을 얻으라 대저 지혜는 진주보다 나으므로 무릇 원하는 것을 이에 비교할 수 없음이니라 나 지혜는 명철로 주소를 삼으며 지식과 근신을 찾아 얻나니 여호와를 경외하는 것은 악을 미워하는 것이라 나는 교만과 거만과 악한 행실과 패역한 입을 미워하느니라 내게는 도략과 참 지식이 있으며 나는 명철이라 내게 능력이 있으므로"(잠 8:10-14).

이렇게 하나님의 지식이 들어오면 그는 지혜로운 사람이 되는 것이다. 즉 말과 행동으로 주위의 모든 사람을 살려내는 사람이 된다는 말이다. 이제 이 말씀에서 두 가지만 짚고 넘어가자. 12절에 지혜가 '나 지혜는' 이라고 의인화 되었고, 14절에 그것이 '나는 명철이라' 라고 바뀌었음을 주의하라.

잠언 8장을 계속해서 읽어보자. 여기에 우리가 자주 암송하는 구절이 있다. 17절, "나를 사랑하는 자들이 나의 사랑을 입으며 나를 간절히 찾는 자가 나를 만날 것이니라." 이 말씀에서 '나' 는 대부분 하나님으로 알고 있다. 그런데 문맥으로 보면 그 '나' 는 의인화 된 '명철' 이다. 즉 명철이 하나님이시라는 뜻이 된다. 22절 이후의 말씀에서 이 의인화가 더 분명해진다.

> "여호와께서 그 조화의 시작 곧 태초에 일하시기 전에 나를 가지셨으며 만세 전부터, 상고부터, 땅이 생기기 전부터 내가 세움을 입었나니 아직 바다가 생기지 아니하였고 큰 샘들이 있기 전에 내가 이미 났으며… 그가 하늘을 지으시며 궁창으로 해면에 두르실 때에 내가 거기 있었고… 땅의 기초를 정하실 때에" (잠 8:22-24,27,29).

그리고 30절에서 놀라운 결론을 직접 내어 버리신다. "내가 그 곁에 있어서 창조자가 되어 날마다 그 기뻐하신바 가 되었으며 항상 그 앞에서 즐거워하였으며." 지혜와 명철은 우리 머릿속에 든 지식이 아니라 바로 예수님 자신이라는 말씀이 된다. 우리가 지혜로운 말과 행동으로 사람을 살리고 있을 때에 그 자리에 예수님이 함께하시고 계시다는 말이다. 하나님이 우리 옆에서 우리를 도우셔서 우리가 하나님의 지식을 통해서 명철을 얻고 지혜로운 사람이 되기를 바라신다는 말씀인 것이다. 지식과 명철과 지혜의 의미와 관계를 이렇게 새롭게 알게 되면 성경 말씀의 많은 것이 깊이 있게 깨달아지는 것을 경험하게 된다. 잠언 말씀을 조금 더 읽어보자.

> "지혜를 얻은 자와 명철을 얻은 자는 복이 있나니 이는 지혜를 얻는 것이 은을 얻는 것보다 낫고 그 이익이 정금보다 나음이니라 지혜는 진주보다 귀하니 너의 사모하는 모든 것으로 이에 비교할 수 없도다 그 우편 손에는 장수가 있고 그 좌편 손에는 부귀가 있나니 그 길은 즐거운 길이요 그 첩경은 다 평강이니라 지혜는 그 얻은 자에게 생명 나무라 지혜를 가진 자는 복되도다"(잠 3:13-18).

지혜 속에 우리가 원하는 모든 것이 들어 있다는 말씀이다. 특히 16절이 그렇다. 지혜만 있으면, 즉 사람을 살리는 지혜로운 사람이 되면 이 세상에서 모든 사람이 원하는 장수와 부귀를 얻게 된다고 말씀하는 것이다. 조금 더 읽어보자. 18절에 '생명 나무'라는 의외의 단어가 나온다. 상식적으로 생각해서 '지혜는 생명 나무'라고 해야 할 것 같은데 "지혜는 그 얻은 자에게 생명 나무라"고 말한다. 즉, 이 말씀은 생명 나무가 우리 속에서 자라고 있다는 뜻이다.

아담과 하와가 에덴동산에서 쫓겨날 때에 하나님은 동산에 있던 생명 나무를 불 칼을 든 천사들로 지키게 하셨다. 나는 그 후에 생명 나무를 어떻게 하셨을까 몹시 아쉽고 궁금했었다. 그런데 이제 이 말씀을 통해서 깨닫는 것은, 생명 나무를 하늘나라로 가져가신 것이 아니라 우리 각 사람의 마음속에 옮겨 심으셨다는 것이다. 그런데 우리가 그 나무를 몰라보고 살아온 것이다.

우리가 진작에 생명 나무를 알아보고 그 열매를 따서 나도 먹고 내 주위사람에게 나누어 주었다면 우리 삶이 얼마나 풍성해졌겠는가? 우리의 지혜로운 삶, 즉 생명 나무 열매를 먹고 사는 삶이 우리의 내면세계에 대한 지식에서 비롯된다는 것을 마음 깊이 깨달아야 한다. 말씀을 통해 내면세계의 지식을 통해서 명철을 얻고, 지혜로운 사람이 되어서 주님 앞에서 영화로운 면류관을 받는 당신의 모습을 믿음의 눈으로 바라보기를 바란다. 이렇게 하나님의 말씀은 당신의 모든 것을 새롭게 변화시킬 것이다.

"지혜를 얻으며 명철을 얻으라 내 입의 말을 잊지 말며 어기지 말라 지혜를 버리지 말라 그가 너를 보호하리라 그를 사랑하라 그가 너를 지키리라 지혜가 제일이니 지혜를 얻으라 무릇 너의 얻은 것을 가져 명철을 얻을찌니라 그를 높이라 그리하면 그가 너를 높이 들리라 만일 그를 품으면 그가 너를 영화롭게 하리라 그가 아름다운 관을 네 머리에 두겠고 영화로운 면류관을 네게 주리라 하였느니라" (잠 4:5-9).

19.

20

지금 알고 있는 것을
그 때도 알았더라면

지혜는 그 얻은 자에게 생명 나무라 지혜를 가진 자는 복되도다"(잠 3:18).

세미나와 집회가 끝나면 많은 사람이 우리 부부에게 이렇게 말한다. "목사님, 사모님, 제가 지금 알고 있는 것을 그때도 알았더라면 제 인생이 이렇게 되지 않았을 텐데요." 안타까운 고백들이다. 가정이 깨어지지 않았을 것이고, 자녀가 그렇게 상처 입지 않았을 것이고, 아들, 며느리가 암에 걸리지 않았을 것이고, 자녀가 이혼하지 않도록 붙잡아 주었을 것이고, 아들을 우울증으로 잃어버리지 않았을 것이고, 부모님께서 그렇게 비참하게 일찍 세상을 떠나지 않았을 것이다. 교회와 믿음의 형제, 자매들에게 그렇게 상처를 주지 않았을 것이고, 잘못된 이성 관계를 시작도 하지 않았을 것이다.

지난날의 후회스러운 일들을 나열하자면 끝이 없으리라. 우리 삶에는 돌아보면 볼수록 창피한 일, 안타까운 일, 다시 돌이켰으면 하는 일들이 너무나 많다. 어떤 일들은 아직 어느 정도 회복이 가능하기도 하다. 이제라도 당신이 조금만 겸손하게 나가면 온전히 회복될 수 있는 일들도 많이 있다. 그런 일들은 하루라도 속히 실천하시기를 간절히 권면한다.

그러나 돌이키기엔 때가 늦은 일이 아주 많이 있다. 이미 깨어져 버린 관계들, 잘못된 결혼, 그리고 이혼, 낙태 당한 아기, 아픔으로 질병으로 일찍 세상을 떠나 버린 사람, 그 결과로 망가진 인생이나 사업들, 그런 일들은 이제는 되돌릴 수가 없다. 그렇지만 그 실수로부터 인생의 교훈과 하나님의 섭리를 제대로 배우는 일이 당신 앞에 남아 있다. 치유 집회나 세미나에 와서 배우고 깨달은 것으로도 당신의 삶에 제법 많은 변화가 일어날 것이지만 그것으로 일이 다 끝난 것이라고 착각해서는 안 된다.

이제는 그 치유의 원리들을 당신의 삶에 하나하나 구체적으로 적용해 가는 '지혜로운 사람'이 되어야 한다. 잡초가 우거진 백만 평의 농지를 한 평씩 개간해 가는 겸손하고 진지한 농부가 되어야 한다. 어려운 일이라고 지레 겁을 먹지 마시길 바란다. 당신의 마음 밭을 당신 대신 개간해 줄 "사람"은 없지만, 우리 주님이 당신을 돕기 위해서 작업복을 갈아입고 나오셨기 때문이다.

이제 우리 부부가 한국의 지방 도시에 있는 교회에서 인도한 집회를 마감하는 강의를 글로 옮기면서 이 책을 마무리하고자 한다. 비록 독자의 귀에 우리 부부의 목소리는 들리지 않지만, 독자를 향한 우리의 마음이 온전히 전달되기를 기대한다. 아내가 먼저 강의를 시작한다.

■ 강봉숙 사모

"지금 알고 있는 것을 그때도 알았더라면…."

말씀을 전할 때마다 제 속에서 온갖 상념이 돌아가며 늘 제 눈에 물이 고이게 하는 말입니다. 지금 알고 있는 것을 그때도 알았더라면….

전에 저희 부부 사이가 부드럽지 못할 때 남편이 제게 자주 하는 말이 있었습니다. "당신은 내 가슴에 못을 박아." 그러면 제 마음은 이렇게 반응했습니다. "못 박힐 일을 하지 말지..." 그리고는 평행선을 걸어가는 삶을 살았습니다. 그러다가 저희가 큰 결단을 내려서 남편은 캐나다 교회 부목사직을 사임하고 저는 좋은 직장을 내려놓고 작은딸과 함께 하와이 YWAM 제자훈련학교를 들어갔습니다. 엄청난 투자였습니다. 그만큼 저희가 갈급했던 것입니다.

매주간 다른 강사가 와서 강의하는데 그중에 한 강사가 (Ron Smith) 우리와 하나님과의 관계를 자신의 삶을 예로 들면서 이렇게 설명하고 있었습니다. 일 년에 몇 차례, 한 번에 몇 주간씩 설교 여행을 떠나는 그에게 외동딸이 있는데, 여행을 마치고 돌아오는 날이면 아내와 어린 딸이 늘 공항에 마중을 나옵니다. 딸은 목을 길게 빼고 비행기에서 나오는 사람들을 보다가 아빠의 모습이 조금이라도 보이면 전속력으로 아빠에게 달려옵니다. 누가 보든지, 남들이 얼굴을 찌푸리든지 상관없이 딸은 큰 소리로 "아빠~~"를 부르며 달려와 안기는 것입니다. 우리가 하나님 아버지를 그렇게 찾아야 한다는 말씀이었습니다.

그런데 갑자기 제 마음속에서 아빠를 향해서 달려가는 그 소녀가 남자아이로 바뀌었습니다. 바로 저희 남편의 어린 모습이었습니다. 그런데 그 소년은 전속력으로 달려는 갔지만, 자신이 안길 사람을 찾지 못하는 것입니다. 몹시 당황하고 슬퍼합니다. 그 때 제가 깨달았습니다. "아~~, 내 남편에게는 저렇게 달려가서 안길 아빠가 없었구나. 얼마나 허전했을까?" 그 순간 제 속에서 허리를 꺾는 울음이 터져 나왔습니다. "내가 남편의 이 허전한 마음, 당황스러운 마음을 몰랐구나. 그 빈 마음을 채워 주고 만져 주라고 나를 이 사람에게 보내셨는데 나는 그것을 전혀 알지 못했구나."

6·25 전쟁이 터지고 며칠 있다가 청년 모임에 강제로 불려 나갔다가 돌아오지 못한 남편의 아버지, 시어머니의 남편. 저는 그동안 남편을 잃은 시어머니의 마음을 생각하고 안쓰러워는 했지만, 그 헤어짐이 제 남편에게 그렇게 큰 상실감과 허전함으로 뿌리내렸으리라는 것은 상상하지 못했던 것입니다. 그 허전한 남편의 마음을 헤아리지 못했기에 남편의 가슴에 못을 박는 일을 반복한 것이고 남편은 그 아픔을 견디지 못했기에 저와의 대화를 습관적으로 피했던 것입니다.

이제는 그런 실수를 거의 하지 않게 되었기에 남편도 자신의 마음을 훨씬 잘 표현하게 되었고 저도 그의 마음과 습관들을 많이 이해하게 되었습니다. 그리고 이제는 남편도 제 말을 잘 들어주는 사람이 되었습니다. 제가 남편을 정죄하거나 비난하는 마음으로 말하는 것이 아니라는 것을 확실히 알게 되었기 때문입니다.

이전에는 조금 어려운 말 좀 하려고 하면 아래층에서 위층으로 피하고 위층으로 쫓아가면 아래층으로 피하고 또 다가가면 밖으로 나가 버리던 사람인데 이제는 순한 양처럼 제 말을 듣습니다. 제 말이 다 끝나기도 전에 "미안해, 알았어, 잘못했어, 바로 고칠게." 하고 나오는 남편이 되었습니다. 말만 그렇게 하는 것이 아니고 바로 행동으로 옮기는 사람이 되었습니다.

이제는 남편의 마음에 못 박을 일도 없지만, 남편도 마음에 쌓았던 담들이 무너져 내려서 제가 못을 박을 곳이 없어져 버린 것 같습니다. 물론 아직도 제가 보기에 남편이 고쳐야 하는 습관들이 제법 있습니다만 이제는 급하지도 않고 답답하지도 않습니다. 조금만 노력하면 고쳐질 것을 알기 때문입니다. 우리 부부의 삶의 상황은 크게 변하지 않았지만 저는 참으로 행복한 아내가 되었답니다.

구자형목사

"지금 알고 있는 것을 그때도 알았더라면…"

그 말씀을 더 반복하질 못하겠습니다. 눈물이 쏟아질 것 같아서입니다. 이 간단한 마음의 원리들을 몰라서 가족들을 아프게 했고 괴롭게 했던 지난 세월을 생각하면서 제 마음에 안타까움과 안쓰러움이 가득해지기 때문입니다.

물론 주님이 그 모든 것을 합력해서 선을 이루셨고 지금도 더 아름다운 선을 이루어 가시는 것을 확실히 알기에 전처럼 마음이 아프지는 않습니다. 그리고 이제 이 귀한 깨달음을 형제자매들에게 전할 수 있게 되었고, 그래서 겪지 않아도 되는 어려움을 겪으면서 주님의 생명을 풍성하게 누리지 못하는 주님의 귀한 자녀를 도울 수 있게 된 것은 참으로 감사한 주님의 은혜입니다.

저희 부부가 이제 간절히 원하는 것은 여러분 한 분 한 분이 지난 며칠 동안 배운 것을 가지고 여러분 자신과 가족들과 주변의 많은 사람의 삶을 치유하고 회복하고 새롭게 해주시는 귀한 역사를 이루는 것입니다.

오늘의 본문 말씀인 에베소서 4장 32절을 보겠습니다. 저희 집의 가훈이기도 합니다. "서로 인자하게 하며 불쌍히 여기며 서로 용서하기를 하나님이 그리스도 안에서 너희를 용서하심과 같이 하라."

성도 여러분, 사랑의 첫 단계가 무엇이라고 생각하십니까? 바로 서로 불쌍히 여기는 마음입니다. 불쌍히 여김이 없는 사랑은 에로스 사랑, 즉 육적인 사랑, 나 중심의 사랑입니다. 상대의 멋진 것을 보고 "내가 저 사람의 저 아름다운 것을, 저 좋은 것을 차지하기를 원한다."라는 나 중심의 마음입니다. 그에 비해 예수님의 아가페 사랑은 마태복음 9장 36절에 잘 나타나 있습니다. "무리를 보시고 민망히(불쌍히) 여기시니 이는 저희가 목자 없는 양과 같이 고생하며 유리함이라." 이 양들 속에 여러분과 제가 들어 있는 것이 보이십니까?

여러분, 한번 생각해 보세요. 우리 자신이 얼마나 불쌍한 사람인가를. 이 험한 세상에 뚝 떨어져서 살아가는 우리의 모습을 한번 객관적으로 바라보십시오. 그리고 점점 나이가 들어가며 힘없는 할머니, 할아버지가 되는 모습을 상상해 보십시오.

"여러분 많이 가진 것 같지만, 정말 많이 가지셨어요?"

"여러분 많이 아는 것 같지만, 정말 많이 아세요?"

"여러분 많이 배우신 것 같지만, 정말 많이 배우셨어요?"

"여러분이 젊고 싱싱한 것 같지만, 앞으로도 그렇게만 살아갈 수 있을 것 같습니까?"

나이가 들어가는 저 자신을 보면서 저도 참 불쌍한 사람인 것을 부정할 수 없습니다. 이것을 일찍 깨닫는 사람이 참으로 지혜로운 사람이고 주님의 은혜의 사람입니다. 왜냐하면, 자신을 불쌍히 볼 줄 아는 사람만이 남을 불쌍히 여길 수 있고, 그런 사람만이 하나님의 사랑인 아가페(Agape)사랑의 첫발을 내디딜 수 있기 때문입니다.

사랑하는 성도 여러분, 내적 치유사역이라는 것은 특별한 상담 기술을 배우는 것이 아닙니다. 귀신 쫓아내는 사역은 더더욱 아닙니다. 전적으로 하나님 말씀 사역이고 성경에 나타나 있는 마음의 원리를 - 여러분, 이 단어를 꼭 기억 하십시오 - 하나님의 말씀을 통해서 배우고 삶과 관계에 적용해 가는 것입니다.

우리가 살면서 마음속으로 "내가 왜 이 일을 하는 거지? 내가 왜 이 사람을 만나는 거지? 내 마음, 나도 모르겠네." 라는 말을 하루에 열두 번도 더 하면서 살아갑니다. 나 자신의 마음을 너무나도 모르는 것입니다.

이 말에 대해서 어떤 사람은 이렇게 말합니다.

"목사님, 저는 그런 생각할 시간이 없습니다. 지난 20년, 30년, 40년을 열심히 일하고 앞만 보고 달려왔습니다." 그러나 여러분, 그런 사람들이 이 세상을 떠나갈 때에도 그렇게 말할까요? 아마도 이렇게 말할 것입니다. "제가 지금 알고 있는 것을 젊어서 알았더라면, 삶을 아주 다르게 살았을 텐데요."

이제 집회의 마지막 시간이 되었습니다. 여러분이 이 집회를 준비하시면서 많은 것을 기대하셨을 것입니다. "나를 오랫동안 괴롭히고, 어렵게 하고, 마음을 불편하게 했던 내 문제가 이제 해결되겠구나." 라고 기대하셨을 수도 있고, "무언가 내 삶에 놀라운 변화가 일어날 것이고, 마음에 평강이 가득 차게 될 것이다." 라고 기대하셨을 수도 있습니다.

그러나 그런 기대에 대한 답이 아직까지 여러분 손에 확실히 잡히지 않았고, 아직은 "해결되었다!"라는 생각이 들지 않고 있다는 것을 제가 압니다. 무언가 배운 것 같고, 무언가 내 속에서 새롭게 움직이는 것 같은데, 그리고 무언가 이루어질 것 같은 생각은 들지만, 아직 내가 원하는 대로 해결이 되지 않은 것 같다는 생각일 것입니다.

그러나 여러분 그게 정상입니다. 하나님의 생각과 우리 인간들의 생각은 무엇과 무엇처럼 다르다고 했습니까? 하늘과 땅이 다른 것처럼 다르다고 말씀합니다. 여러분이 지금 원하시는 것과 하나님이 여러분에게 주시기를 원하시는 것은 아주 다를 가능성이 매우 큽니다. 우리는 당장 배고픔과 목마름을 해결하기를 원합니다. 그런데 하나님의 생각은 그렇지 않습니다. 하나님은 여러분의 문제를 근본적으로 해결해 주시기를 원하십니다.

성도 여러분, 이제 우리는 "주님, 내가 주님의 방법으로 주님을 따르기를 원합니다." "나를 주님의 뜻대로 사용하여 주십시오."라고 고백하면서 인생을 새롭게 바라보며 나아가야 합니다. 그리고 그 시작은 하나님의 말씀입니다. 이제 잠언 4장 23절을 다시 보겠습니다. "무릇 지킬 만한 것보다 더욱 네 마음을 지키라. 생명의 근원이 이에서 남이니라." 하나님의 말씀이나 올바른 행실을 지키라 하지 않고 네 마음을 지키라고 말씀합니다. 그러면서 우리의 생명의 근원이 마음에 있다고 말씀합니다. 이제부터 여러분의 마음을 잘 다스리십시오. 마음을 잘 지키시고 보호해 주십시오. 상처 입지 않도록 잘 지키십시오.

남이 어떤 심한 말, 가시 돋친 말을 할 때에 내가 상처를 입지요? 그런데 여러분 잘 생각해 보십시오. 대부분의 경우 저 사람이 내게 상처를 줍니까? 아니면 내가 상처를 입습니까? 육신적으로 누가 나에게 상처를 입히는 것과는 다른 일입니다. 관계에서 일어나는 일들을 말합니다. 대부분은 내가 상처를 입는 것입니다.

저 사람이 내게 험한 소리를 할 수 있고 내 속을 뒤틀어 놓을 수 있지만, 상처를 받고 안 받고는 내 결정입니다. 남편이 친정 부모 이야기를 기분 나쁘게 할지라도 내가 상처를 안 받으면 됩니다. 시어머니가 내 속을 뒤집어 놓더라도 상처를 안 받으면 됩니다. 운전 중에 누가 나에게 손가락질을 하고 욕을 하며 지나갈지라도 내가 상처를 안 받으면 됩니다.

사랑하는 성도 여러분, 이제부터 상처받지 않기로 결심하십시오. 어떤 상황에서, 어떤 말을 들어도, 상처받지 않기로 결심하십시오. 날카롭게 반응하지 말고 바보처럼 반응하십시오. 상대방을 용서하며 축복하며 여유 있게 넘어가는 습관을 기르십시오. 목사님의 설교가 날카롭게 들리면 "아, 목사님의 상처를 누가 건드렸구나." 하면 됩니다. 교회 안에서 상처받지 마십시오. 그들의 상처를 누군가가 건드렸기에 여러분에게 그 영향이 오는 것뿐입니다. 대부분 여러분하고는 상관이 없는 일들입니다.

여러분이 그렇게 자신의 마음을 지키셔야 합니다. 더는 여러분의 마음이 상처를 받지 않도록 지켜야만 여러분의 깊은 상처들을 제대로 치유할 수가 있는 것입니다. 능력 있는 의사가 상처를 아무리 잘 치유하면 무슨 소용이 있습니까? 환자가 자신의 마음을 지키지 못하고 작은 일에 언제든지 상처를 받을 준비 즉 '상처 환영!'의 자세로 살아간다면 그 사람은 치유를 받으면서 더 큰 문제가 생길 수 있는 것입니다. 이 모든 연습이 여러분의 마음을 지키는 것입니다. 여러분이 이것 한 가지만 제대로 배우셔도 이 치유 집회는 여러분에게 아주 큰 역할을 한 것입니다.

사랑하는 성도 여러분, 지금까지 듣고, 배우고, 암송하는 말씀으로 여러분의 마음을 지키시고 여러분 주위 사람들의 마음을 지키도록 도와주십시오.

날카로운 말이나 깨어진 관계로 상처받고 아파하는 사람들에게 이렇게 말해 주십시오. "김 집사, 오늘 이 집사가 한 말로 상처받지 마. 이 집사가 매우 아픈 사람이잖아. 오늘도 그 상처가 건드려져서 그런 거야. 김 집사가 상처받으면 안 돼. 이 집사를 불쌍히 여기고 위해서 우리 기도하자." 그럴 때에 당신의 마음이 지켜지고 그 지켜진 마음속에 하나님의 말씀이 담기기 시작합니다.

(··· 중략 ···)

이제 마지막 시간이 되어서 여러분 속에서 이런 질문이 나올 수 있습니다. "자 목사님, 시간 다 지났는데 어떻게 치유해야 합니까. 어떤 약을 먹어야 합니까?" 그러면서 마음에는 "나는 답을 이미 알고 있습니다. 용서지요?"라는 생각이 있을지 모릅니다. 그 답이 아주 틀린 것은 아니지만 제가 원하는 답은 아닙니다. 가장 중요한 치료약은 용서가 아니고 '대화'이기 때문입니다.

물론 때로는 응급 상황이 있습니다. 일단 용서부터 해야 할 것 같은 상황이 있습니다. 그래도 역시 더 중요한 것은 대화입니다. 그 아픈 사람과 대화를 시작해야 하고 그 사람이 마음을 열고 대화를 시작하도록 도와야 합니다. 그러고 나서 자연스레 용서와 축복으로 넘어가는 것입니다. 부부간에 대화하고, 부모님과 대화하고, 형제들과 대화하십시오. 목사나 상담자가 우선이 아닙니다. 그러면 이렇게 질문하시는 분이 있을 것입니다. "목사님, 제 나이 60이 넘었고 부모가 오래전에 돌아가셨는데 어떻게 부모님과 대화해서 문제를 해결할 수 있습니까. 저는 안 되겠군요." 꼭 그렇지 않습니다. 그냥 부모가 여러분 앞 의자에 앉아 계신 것처럼 생각하시고 이야기를 시작하십시오.

홀로 되신 어머니들이 남편 산소에 가면 어떻게 하십니까? 성묘만 하고 그냥 내려오십니까? 만일 그런 어머니시라면 그분은 남편으로부터 받은 아픈 상처가 해결되지 않은 분일 것입니다. 저희 장모님께서는 장인어른의 성묘가 끝나면 자식들을 모두 먼저 내려 보내고 나서 혼자서 한참을 계시다가 내려오십니다. 장인어른과 두런두런 이야기를 나누는 것입니다. 마주 대면하셨듯이 말입니다. 자녀는 엄마가 또 그런다고 킥킥대며 웃곤 했지만 제가 나이를 먹으니 그것이 얼마나 중요한 일인가를 깨닫습니다.

만일 찾아갈 묘지도 없다면 편지를 쓰기를 권합니다. 저도 6·25 전쟁 초기에 잃어버린 아버지에게 여러 번 편지를 썼습니다. 보낼 곳도 없는 편지이지만 여러 번 썼습니다. 그러면서 많이 울었습니다. 나아가서 비슷한 처지에 있는 사람들이 모여서 자신의 편지를 읽으며 함께 진술하게 마음을 나누는 것도 아주 좋습니다. 눈물도 흐를 것이고 글로 적지 못한 안타까움도 쏟아질 것입니다. 그러면서 깊은 치유가 진행되는 것입니다.

우리 한국 그리스도인들은 마음의 아픔을 다루기 위해서 "너 그 사람하고 깊은 대화를 하겠니? 아니면 혼자서 기도하겠니?" 물으면 대부분 기도를 택합니다. 아픈 마음을 풀어내는 이야기를 대면해서 하는 것이 어색하기 때문입니다. 그에 비해서 서양 사람들은 모두라고 할 정도로 '대화'를 택합니다. 대화를 통해서 자신의 아픔을 쉽게 표현하는 연습이 되어 있기 때문입니다.

(… 중략 …)

성도 여러분, 이 순간부터 여러분 자신과의 전쟁을 무조건 중지하십시오. 그리고 거울을 보면서 그 속에 있는 사람을 축복하고 격려하십시오. 그래도 여러분은 이렇게 대답할지 모릅니다. "저는 워낙 잘못한 것이 많거든요." 자, 이제 펜을 놓으시고 옆 사람과 짝을 지으십시오. 그리고 서로에게 이렇게 말해 주십시오. 감정을 많이 넣어서 말해 주십시오.

"당신은 하나님의 완전한 용서를 받았습니다."

"당신의 모든 죄가 용서받았습니다."

"이제는 아무도 당신을 정죄하지 못합니다."

수시로 여러분 자신을 축복하기 바랍니다. 그러면서 주님하고 이야기를 시작하십시오. 밥 먹으면서, 일하면서, 설거지하면서 그냥 중얼중얼 이야기하면 됩니다. 하나님 아버지는 우리와 이야기하기를 참으로 즐겨 하십니다. 마치 우리 부모들이 자녀와 이야기하기를 즐겨 하는 것처럼 말입니다.

하나님께서는 나를 얼마나 사랑하시는가를 반복해서 말씀해 주십니다. 나를 얼마나 중요하게 여기시고 "의지"하시는가를 반복해서 말씀하십니다. 내가 그동안 주님을 위해서 얼마나 귀한 일들을 했고 아버지를 기쁘시게 했는가를 알려 주시기를 원하십니다. 열등감과 자책감으로 처져 있는 내 마음을 토닥여 주십니다.

"아들아, 딸아, 너를 내가 참으로 기뻐한다. 너만큼만 하라고 해라."

하시면서 우리를 격려하십니다.

그렇게 주님과의 대화가 시작되면 여러분의 열등감과 자책감과 아픔은 바로 사라지기 시작합니다. 마음속에서 주님의 은혜와 믿음과 소망과 사랑이 차오릅니다. 주님과의 진실한 만남이 이루어지고 구체적인 교제가 시작됩니다. 그렇게 주님과 친밀해지면 누군가가 나를 건드려도 화가 나지 않습니다. 툭툭 털어 버릴 수가 있습니다. 오히려 나를 건드린 사람을 축복할 수가 있습니다.

(… 중략 …)

이제 여러분은 진실한 용서를 할 수 있게 되었습니다. 원수 같았던 아내가, 방해꾼 같기만 했던 남편이 내가 사랑으로 돌보아 주어야 할 상대이고 나아가서 하나님이 나를 위해서 특별히 보내신 천사인 것을 알았기 때문입니다. 이제 제 아내가 저희 부부에게 일어난 용서의 실례를 한 가지 말씀드리며 이 집회를 마치고자 합니다.

용서를 다른 말로 표현하면 "묶임의 줄을 풀어버린다."라고 할 수 있습니다. 왜냐하면, 용서하지 못하는 마음 때문에 내가 미움의 대상을 붙잡고 있는 것이기 때문입니다. 그런데 내가 그 사람과 한 줄에 묶여 있다면 내가 그 사람의 포로가 된다는 사실을 깨달으시기 바랍니다. 왜냐하면, 그 사람이 움직이는 대로 내가 끌려다녀야 하기 때문입니다. 그리고 내가 그 줄에 묶여서 끌려다니고 있는 동안은 하나님도 나를 도울 수 없다는 것을 알아야 합니다. 하나님이 주신 꿈을 통해서 제가 이 사실을 분명히 깨달았습니다.

저희 부부가 밴쿠버 사역 초기에 청소년 사역을 하고 있을 때입니다. 집사 한 사람이 자꾸 방해하기 시작하면서 당을 짓는 것입니다. 자신의 자녀는 크게 은혜를 입고 있는데 말입니다. 많은 부모가 찾아와서 그 집사의 그런 행동들을 전해 주었습니다. 저는 화가 나기 시작했습니다. "하나님이 이 귀한 젊은이들을 만지시고 계시는데 왜 이 사람이 우리를 어렵게 하고 사역을 방해하고 있는가…, 내가 공개적으로 이 사람을 망신을 주어야겠다."라는 생각마저 들기 시작했습니다.

그 분함이 가득 차오른 어느 밤에 꿈을 꾸었습니다. 꿈속에서 그 집사와 다른 여자 집사 한 사람이 저를 대항해서 칼을 휘두르면서 춤을 추고 있는데 그 뒤에 어둠의 세력이 있는 것이 보이는 것입니다. 순간 깨달음이 왔습니다. "내가 이 사람들을 더 붙잡고 있으면 큰일 나겠구나. 그 뒤에는 악한 영들이 숨어 있구나." 깨어나서 바로 회개를 시작했습니다. "주님 제가 잘못했습니다. 몰라서 그랬습니다. 이제 주님께 맡깁니다. 주님께서 해결해 주십시오."

그러고 나서 몇 주일 후에 놀라운 일이 벌어졌습니다. 어느 날 제가 출타

한 낮에 그 집사가 집으로 찾아와서 우리 남편에게 자신의 잘못을 사과하며 용서를 구한 것입니다. 하나님이 하신 일입니다. 그 사건을 통해서 저는 용서의 의미를 확실히 깨닫게 되었습니다. 여러분께서도 진실한 용서의 의미를 깨달으셨기를 기대합니다.

이제 저희 부부는 여러분과 참으로 아쉬운 작별을 해야 합니다. 그러나 가슴에 여러분을 품고 갑니다. 여러분을 향한 큰 기대를 하고 갑니다. 주님이 저희를 통해서 뿌리신 씨앗들이 100배의 열매를 맺을 것을 기대하며 떠나갑니다. 여러분의 순종과 헌신으로 이 귀한 교회에 치유와 회복과 사랑이 넘치게 하셔서 온 도시를 살려내는 놀라운 역사를 이루실 것을 믿으며 떠나갑니다. 샬롬!

21

열리는 생명의 샘들

"여호와를 경외하는 것은 생명의 샘이라 사망의 그물에서 벗어나게 하느니라"
(잠 14:27).

우리 부부에게는 특별한 생명의 샘이 몇 개 있다. 영혼을 소생시키는 생명수가 이 샘들로부터 항상 솟구쳐 오른다. 늘 새로운 힘과 영양을 주며 마음의 눈을 밝게 하는 생명수가 풍성하게 쏟아져 나온다. 이 같은 생명수는 우리를 사망에서 벗어나게 하며 지혜롭게 한다고 잠언에서 말씀하고 있다.

"지혜 있는 자의 교훈은 생명의 샘이라 사람으로 사망의 그물을 벗어나게 하느니라"(잠 13:14).

"명철한 사람의 입의 말은 깊은 물과 같고 지혜의 샘은 솟쳐 흐르는 내와 같으니라"(잠 18:4).

◻ 첫 번째 생명의 샘, 치유학교

우리 부부의 첫 번째 생명의 샘은 치유학교 사역이다. 이 곳에는 교회를 초월하여 모인다. 많은 숫자는 아니지만 매주 한번씩 6주를 모이면서 삶의 깊은 면을 만진다. 대중 앞에서는 너무 깊은 상처들이나 창피한 경험들을 드러내지 않도록 하면서 마음을 만져 나간다. 누가 들어도 괜찮은 이야기들만 나누게 하는데도 놀라운 치유와 회복이 일어난다. 6주 동안에 모든 치유와 회복이 이루어질 수는 없지만 중요한 시작점이 된다. 물꼬가 트이는 것이다.

그때부터 주님이 직접 일하시는 것을 각자가 알게 된다. 우리 부부는 주님께서 그들의 굳게 닫혀 있던 마음의 벽장문을 여시는 것을 보면서 그들의 상한 마음에 주님이 생명수를 쏟아 부으시는 작업에 동참할 뿐이다. 그리고 우리도 그 생명수를 함께 마시며 함께 변하고 성장해 간다.

치유학교를 통해서 많은 사람들이 치유를 받고 눈이 열려 가정이 새로워진다. 교회가 부드러워지고 망가진 관계들이 살아난다. 새 힘을 얻는 것이 보인다. 지혜로운 사람들이 되어 가며 성장 해가는 것이 보인다. 그 이상은 우리가 할 일이 아니다. 주님이 직접 하신다.

◻ 두 번째 생명의 샘, 선교지 방문 치유사역

첫 번째 샘보다 더 크고 깨끗한 샘이다. 첫 번째 샘에서는 맛보기 어려운 상쾌함과 시원함, 그리고 달콤함이 있다. 바로 선교지 치유사역이다. 몇 년 동안 밴쿠버를 찾아오는 여러 선교사들을 조금씩 치유하면서 기도로 준비하다가 그들의 삶의 현장을 찾아가는 믿음의 발걸음을 시작했다. 주님은 항상 신실하게 모든 것을 공급하시며 우리 부부를 이끄셨다. 모든 일정과 만남을 세세히 인도하시고, 방문하는 지역마다 막힌 것을 해결하시며 생명 샘을 열어주셨다.

선교지에서 선교사들간의 관계가 어려운 경우가 많고, 그 결과 부부 사이까지 많이 힘들어진다. 팀 사역을 하는 곳마다 대부분 관계의 어려움을 겪고 있다. 그래서 우리가 찾아가면 모두들 다른 일들을 중지하고 하루 종일 모이는 것이 보통이다. 관계의 어려운 상황이 급하고 그 어려움을 해결해야겠다는 간절함이 있기 때문이다. 며칠 동안 함께 웃고 함께 운다. 깊은 샘이 열리는 것이다. 3일, 4일, 또는 5일간의 세미나가 끝날 때면 합창이 나온다.

"목사님, 사모님, 너무 행복해졌어요."

"두 분 오시기 전에는 꼭 죽을 것 같은 마음이었어요. 다 포기하려고 했어요. 그런데 이제는 살 것 같아요. 숨통이 열렸어요."

"이제 소망이 생겼습니다. 이제 서로를 불쌍히 보는 눈이 열렸어요. 팀장도 불쌍하고요, 저를 보아도 불쌍하네요. 이제는 무슨 일이든 견딜 수 있겠어요."

"전에는 남편의 모든 것이 섭섭하기만 했는데 이제는 감사하기만 해요. 너무 행복해요."

'이런 특권과 하나님의 위로와 은혜를 어떤 사람들이 누리고 있을까?' 라는 생각이 들 때가 아주 많다. 이 엄청난 은혜에 그저 감사하며 감격할 뿐이다.

중앙아시아의 치안이 불안한 한 도시에서 한나절 세미나를 참석하기 위해 소속 단체를 초월하여 선교사 가족들 30명이 모였다. 한국에서 온 방문객들도 있어서 나눔이 더욱 재미있었다. 때로는 눈물을 흘리며 또 한편으로는 깔깔대고 웃으며 각자의 삶의 이야기들을 나누었다. 다들 워낙 갑급한 상황이라서 바로 주님의 치유가 시작되었다.

다섯 시간의 모임이 끝나고 나서 모두들 너무나 충격을 받았다. 가장 충격적인 것은 그들이 자기 자신에 대해서, 아내와 남편에 대해서, 또 함께 사역하는 동료 선교사와 그 가정들에 대해 너무나 몰랐다는 것을 깨달은 것이다. 그 모임의 리더 역할을 하는 형제가 이렇게 고백한다.

"오늘 이 자리에서 나온 이야기들은 모두 제가 처음 듣는 것이었습니다. 제가 우리 형제자매들을 몰라도 너무 몰랐네요. 우리 선교사 가족들이 그런 상처와 아픔과 안타까운 마음을 가지고 있는 것을 전혀 모르면서 제가 그 사람들을 돌보는 사람이라고 생각했던 지난 세월이 너무나 창피합니다. 목사님, 꼭 다시 와서 우리를 더 도와주십시오."

한 젊은 선교사는 이렇게 고백한다.

"저는 그동안 제가 어려울 때마다 저를 도와주시는 선배 선교사님의 형편을 너무 몰랐습니다. 그냥 형편이 되서 마음 좋게 도와주시는 것으로 알고 편하게 잘 받았습니다. 그런데 그게 아닌 것을 오늘 알게 되었습니다. 자신이 그렇게도 어려운 중에 저를 도와주신 것을 알고나니까 마음에 너무나 큰 감동과 감사가 넘칩니다. 제가 사람을 보는 눈이 오늘 크게 바뀌었습니다."

또 그는 자기 아내에 대해서도 몰랐던 것을 깨달았다.

"이제야 제가 아내를 알았어요. 처녀 때는 그렇게 담대하고 당당하던 아내가 결혼 후에 왜 그렇게 연약한 모습으로 변해 버렸는지 이제 알았어요. 제가 너무 무지했네요. 목사님, 너무나 감사해요. 내가 그렇게 사랑스러운 아내와 살고 있다는 것을 가르쳐 주서서 너무나 감사합니다. 너무 행복합니다."

참석했던 한 자매 선교사가 이렇게 고백한다.

"저는 오늘 처음으로 남편의 깊은 상처를 알게 되었어요. 그래서 남편이 결정적인 순간마다 왜 나를 그렇게 실망시켰는가를 알게 되었어요. 이제는 그 남편이 더욱 사랑스럽습니다. 그리고 더욱 사랑할 것입니다. 너무 행복해 졌습니다."

이런 이야기를 듣는 것은 바로 주님의 생명수를 함께 마시는 것이며 잠언 말씀이 이루어지는 것이다.

> "눈의 밝은 것은 마음을 기쁘게 하고 좋은 기별은 뼈를 윤택하게 하느니라"
> (잠 15:30).

많은 선교사들의 가정에서 부부간에 마음과 마음이 나누어지는 대화가 시작되었다. 새로운 사역을 시작하고, 일으키고, 성장시키는 것에 삶의 최우선 순위를 두었던 사람들이 이제 부부가 한 몸이 되어 함께 살게 하신 하나님의 귀한 뜻을 깨닫기 시작하는 것이다. 아내나 남편이 자신의 사역을 지원하기 위해서 보내진 일꾼이 아니라, 서로를 사랑하고 섬김으로써 하나님의 마음을 깨닫고 하나님께 가까이 나아가게 하는 천사라는 것을 확실히 알게 된 것이다.

그리고 훌륭한 선교사란 나와 나의 가족을 희생시키는 사람이 아니라 자신과 자신의 가족을 더욱 사랑함으로써 현지인들에게 그 사랑을 나누고 전하는 사람들이라는 것을 깨닫고 경험해가기 시작한 것이다.

우리 부부는 오늘도 우리가 만나고 온 여러 선교사들과 메일을 주고받는다. 그럴 때마다 너무나 감사하고 기쁜 마음이다. 그들이 치유되고 성숙해져 가는 아름다운 소식들이기 때문이다. 그러면서 '한 가족을 선교사로 파송하려면 얼마나 많은 노력과 에너지와 재정이 들어가는데…' 라는 생각을 자주 한다. 선교비를 지원하지는 못하지만 그들의 마음을 치료하고 마음의 눈을 뜨게 하며 하나님의 위로를 전하고 있다는 생각을 하면 마음에는 세상 어떤 것과도 비교할 수 없는 기쁨과 만족이 차오른다. 우리 부부가 어쩌다가 이런 귀한 사명을 받았는지… "주님, 저희는 참으로 행복한 종들입니다" 라는 고백이 자연스레 흘러나온다.

우리 부부가 하나님의 귀한 사역자들의 가정을 치유하고, 그들의 자녀들을 치유하는 일은 바로 그 다음 세대의 선교사를 만들고 그 민족 전체를 치유하는 일이라는 확신이 든다. 우리 선교사들과 그 자녀들이 치유되고 새로워지면 그 나라의 교회를 이끌고 나갈 현지인 지도자들이 치유되고 회복될 것이고 그 나라의 교회의 기초가 넓고 견고하게 놓일 것이라는 믿음을 부어 주신다.

나아가서 치유사역을 통해서 그 민족들, 특히 이슬람권의 눌려 있는 여성들에게 새로운 소망이 부어지는 것을 믿음의 눈으로 바라보면 흥분이 되어서 잠이 잘 오질 않는다. 우리 인생을 몇 번 드려도 아깝지 않은 귀한 일이라는 확신이 날마다 새로워진다. "우리는 참으로 행복한 하나님의 일꾼이구나"라는 감사의 고백이 흐른다. 이것이 바로 결코 마르지 않는 깊은 생명 샘이 아니겠는가!

■ 세 번째 생명의 샘, 다운타운 치유사역

우리의 세 번째 생명 샘은 거리의 사람들(street people) 치유사역이다. 일주일에 한번 정도 밴쿠버 다운타운에 있는 원주민 선교 센터에서 치유 강의를 한다. 그들은 현재 노숙자는 아니지만 얼마 전까지 마약을 하던 거리의 사람들이기에 보통 사람들과는 아주 다른 환경에서 살아간다. 자존감이 바닥을 친 사람들이고 패배감에 찌든 사람들이다. 그래서 아주 불안정하다. 강의에도 들락날락한다. 고정적인 사람도 몇 있지만 몇 번 나왔다가는 사라지는 사람들이 더 많다. 백인도 있고, 중국인도 있지만 대부분은 원주민이거나 그들과의 혼혈인 사람들이다. 어느 날은 학생이 열 명이 넘다가 또 어느 날은 한두 명 뿐이다.

누추해 보이고 냄새 나는 곳에서 처음에는 큰 기대 없이 강의를 시작했다. 그런데 한 주 두 주 강의를 계속하는데 무언가 좋은 느낌이 들기 시작한다. "어! 성령님이 여기서도 일하시는구나." 강의를 통해서 그들의 상한 마음이 치유를 받으며 자아상이 회복되고 있는 것이 분명히 보이는 것이다.

계속되는 강의를 통해서 그들이 말씀의 깊은 것을 깨달으며 지혜로워지고 있다는 사실 또한 믿을 수 없이 기쁜 일이다. 나아가서 그들의 인생에 하나님의 귀한 계획이 열려가기 시작했다는 것을 깨닫는 것은 생각하지도 못했던 충격이고 기쁨이다.

주님의 은혜가 한쪽 방향으로만 흐르는 경우는 전혀 없다는 것을 여기서도 날마다 확인하니 그들이 참으로 귀하게 다가온다. 깨어질 대로 깨어지고 낮아질 대로 낮아진 사람들이기에 어떤 말씀을 전해도 겸손하게 받아들인다. 내 속에서 솟아나는 주님의 생명수가 그대로 걸림 없이 그들에게로 흘러 내려가는 것이다. 강의를 끝내고 나면 내 속이 너무나 시원해진다. 주님의 생명수가 나를 통해서 넘치게 흘렀기 때문이리라. 그들에게서도 수시로 "너무 행복해요"라는 소리가 나온다.

"지난 몇 주간 마약이 생각도 나지 않아요."

"제 마음 속에서 쏴하고 생명 샘이 솟아오르는 소리가 들리는 것 같아요."

"우리 센터의 분위기가 많이 바뀌었어요."

"이곳에 밥 먹으러 오는 사람들을 전도하기가 너무 쉬워졌어요. 우리 모두가 한 마음이 되어서 그런 것 같아요."

"우리하고 같이 고향 마을에 좀 가 주세요. 거기 사람들에게도 치유 메시지가 너무나 필요해요."

이제는 그들 중 신실한 사람들에게는 강의를 연습시킨다. 계속 새로운 사람들이 들어오기 때문에 한번 강의로 끝낼 수가 없는 상황이어서 이런 방법을 시도해 본 것이다. 그런데 놀라운 것은 사람들이 내가 강의할 때보다 자신의 동료가 강의할 때에 강의에 더욱 집중하는 것이다. 얼마 후에는 자신이 그 자리에 설 것이라는 기대가 일어나기 때문이다. 그들 중에서 귀한 치유사역자들이 일어나는 모습을 그리며 내 마음에 감동이 흐른다. 벤쿠버는 물론이고 캐나다 전역과 북미 대륙으로 치유사역자들이 퍼져 나가는 모습을 상상해 본다.

데이빗과 셜리 이야기

캐나다 원주민인 데이빗과 셜리 부부의 이야기이다. 다운타운 원주민 선교 센터에서 처음 강의를 시작했을 때부터 셜리 자매가 눈에 들어왔다. 신중하고 중심이 있어 보였다. 첫날 강의에서 은혜를 받기 시작하더니 다음 시간에 남편을 데려왔다. 셜리는 센터의 주방장 역할을 하고 있었다. 스태프 몇 사람은 시내 큰 식품점들을 다니며 무료 식품을 받아오고 셜리와 몇 사람은 주방에서 음식을 만든다. 하루에 두 번씩 예배를 드리고 그 후에는 식사를 제공하는 것이다. 매번 수십 명을 먹이는 일이라 일이 무척 많았다.

그런데 알고 보니 셜리가 살아 있는 화산(火山)이었다. 누가 조금만 기분을 건드리면 그냥 폭발하는 것이다. 그래서 주방에 늘 긴장이 감돌았다. 남편인 데이빗은 참 부드러운 사람이다. 아버지가 원주민 마을을 돌아다니는 순회 전도자였고 자신도 오랫동안 아버지처럼 돌아다니며 복음을 전해 왔다. 그러다가 부부가 많이 지쳤고 좀 쉬겠다고 밴쿠버로 내려온 것이다.

센터에서 일하는 사람들은 대부분 공동생활을 하는 사람들이기에 그들 사이의 관계가 개선되는 것은 아주 중요한 일이다. 한 사람이 문제를 일으키거나 날카로워지면 모두가 괴로움을 겪는다. 셜리가 강의를 들으면서 자신의 문제를 깨닫기 시작했다. 그러면서 대중 앞에서 자신의 어두운 과거를 담대히 드러내기 시작한다.

"저는 여러분이 상상할 수 있는 모든 Abuse (학대)를 당했습니다. 어려서부터 정부에 의해서 이집 저집에 보내졌고 (Foster Care: 정부에서 돈을 주며 아이들을 돌보아 주게 하는 집들) 그때마다 많은 학대를 겪었습니다. 그래서 말 없는 아이가 되었습니다. 일찍 결혼해서 애들을 낳았는데 그 아이들에게 나의 분노를 있는 대로 쏟아 부었습니다. 그런데 몇 년 전에 제 큰딸이 자살했습니다. 그리고 다른 아이들과도 좋은 관계가 아닙니다.

듣는 사람이 감당하기 어려운 아픔들을 눈물도 없이 쏟아낸다. 그 이야기를 들으면서 셜리가 당한 수많은 성폭행은 다른 아픔에 비하면 오히려 작은 문제처럼 보였다. 그러나 셜리의 자녀들과의 관계에 대한 어려움은 셜리가 당한 성폭행들에 뿌리를 두고 있는 것이 분명하게 보였다. 물론 그녀의 아주 어린 시절에 겪은 부모들의 어려운 관계와 알코올 중독의 후유증도 엄청나게 큰 것이지만 먼저 성폭행의 상처가 치유되어야만 했다.

나는 일체 개인 상담을 하지 않았고 학생들에게 말씀의 암송을 계속해서 강조했다. 하나님이 셜리를 그때도 지키셨고 지금도 지키시고 앞으로도 지키시리라는 말씀들을 골라 주었다. 특히 강조한 것은 이사야 41장 10절이다. 셜리의 이름을 부르며 암송하게 했다.

셜리야, 두려워 말라 내가 너와 함께 함이니라

셜리야. 놀라지 말라 나는 네 하나님이 됨이니라

셜리야, 내가 너를 굳세게 하리라

셜리야, 참으로 너를 도와주리라

셜리야, 참으로 나의 의로운 오른 손으로 너를 붙들리라

셜리가 전심으로 따라왔다. 완벽하게 말씀들을 암송했다. 놀라운 속도로 변해가기 시작했다. 그와 함께 딸의 자살로 말미암은 엄청난 죄책감을 해결해 주어야 했다. 딸이 자신의 무관심과 분노의 폭발로 자살하게 되었고 그 결과 천국에 가지 못했다고 믿고 있었기 때문이다. 다행히도 그 딸이 구원의 믿음이 확실한 사람이었기에 이렇게 말해주었다. "셜리 자매, 딸이 권총 자살이 아니었기에 다행입니다. 자살을 시작하고 죽음이 눈앞에 다가왔을 때에 자신의 자살 행위가 잘못된 것이라고 주님 앞에 회개할 시간이 충분히 있었을 것입니다. 몇 초면 충분하기 때문이지요. 숨이 끊어지기 전에 회개하고 주님의 용서를 받았을 것입니다. 마치 십자가 위의 강도처럼 말입니다. 당신이 천국에 도착하면 아마도 그 딸이 맨 앞에서 당신을 마중할 것입니다."

셜리가 눈물을 흘리며 그 말을 믿음으로 받았다. 죄책감이 어깨에서 떨어

져 내린 것이다.

남편 데이빗의 이야기

(이 부부는 모두 전 배우자와 사별했고 재혼한 부부이다.)

"제 아내 셜리가 변하고 있습니다. 셜리가 남편인 저는 물론이고 주위 사람들을 수시로 어렵게 하는 것을 잘 알지만 믿음이 확실한 사람이고 많은 사람을 지도하는 사람이라서 제가 무어라고 권면을 할 수가 없었습니다. 한마디만 하면 오히려 제게 바로 설교를 시작하기 때문입니다. 그런데 이제 아내와 많은 대화를 나누게 되었습니다. 셜리가 제 말을 듣는 것입니다. 이제 우리 삶은 마치 흑암에서 광명으로 나온 느낌입니다. '주님의 기적이 바로 이런 것이구나!' 하는 고백이 나옵니다. 아내는 주야로 말씀을 암송하고 있습니다. 목사님이 주신 것 뿐 아니라 자신이 찾아가면서 계속 암송해 가고 있습니다. 마음과 얼굴이 모두 얼마나 편안해지는지요, 정말 신혼 같은 삶이 되었습니다"

주방에서 함께 일하는 형제의 이야기

"셜리 자매가 완전히 바뀌었습니다. 그동안은 얼마나 스트레스를 받았는지 모릅니다. 여자하고 다툴 수도 없고, 여러 번 주방 봉사를 그만두고 싶은 생각이 들 정도였지요. 그런데 지난 몇 주 사이에 완전히 변했습니다. 셜리가 화를 전혀 내지 않는 것입니다. 전 같으면 터져도 몇 번을 터질 일들인데 그냥 웃으면서 지나가는 것입니다. 기적입니다 !!"

셜리 본인의 이야기

"이제는 거의 화가 나질 않습니다. 목사님 말씀대로 화를 내지 않기로 결심하기도 했지만, 제 속에 있던 죄책감과 부정한 느낌이 다 빠져 버렸기에 자연스럽게 그렇게 되는 것 같습니다. 그리고 강의 말씀을 통해서 제가 얼마나 귀중한 사람인가를 날마다 확인하게 되니까 옆의 사람들의 귀중함이 보이기 시작하는군요. 그 사람들이 얼마나 귀한 사람들인지요, 그냥 감사가 나온답니다."

고향으로 돌아가기 전에 주일 예배에 그들을 초청했더니 이렇게 감동적인 간증을 하는 것이었다. "저는 어려서 양부모집을 전전할 때에 제가 많이 운다고 성질 급한 양부모가 제 머리를 마룻바닥에 여러 번 쾅쾅 소리 나게 부딪친 적이 있습니다. 그 이후로 저는 아무것도 기억하지 못하는 사람이 되었습니다. 그래서 예수님을 믿고 나서도 성경 말씀을 하나도 암송하지 못했습니다. 목사님의 치유강의를 들으면서 정말 처음으로 암송을 시작했습니다. 그런데 암송이 됩니다. 그리고 암송을 통해서 제 마음에 놀라운 변화가 일어나는 것입니다. 매우 기쁘고 재미가 있어서 목사님이 강의 중에 인용하는 말씀을 다 암송하기 시작했습니다." 그러면서 여러 말씀을 연달아서 줄줄이 암송하는 것이다. 내가 중지를 시켜야만 했다. 나에게는 감동 그 자체이었다. 그 말씀들이 마음속에서부터 솟구쳐 오르고 있는 것을 분명히 보고 들을 수 있었다. 성령의 기름 부으심이었다.

셜리와 데이빗 부부는 얼마 후에 북쪽 고향 마을로 돌아갔다. 지금도 계속해서 치유 메시지를 전하고 있다. 그들의 섬김을 주님이 기뻐하실 것을 생각할 때마다 내 마음에 생명수가 소리치며 쏟아져 들어온다.

맺는 말

당신은 지금까지 우리 부부를 안내자로 삼아서 제법 긴 여행을 해왔다. 당신이 살아온 세월, 그리고 당신의 부모님께서 살아온 세월을 함께 여행했고 나아가서, 당신 자녀의 삶 속에도 들어가 보면서 많은 것을 알고 깨닫게 되었다. 그러면서 이런 생각이 들 것이다 "아~~ 거기에 다시 가봐야만 해~, 그 벽장문을 열다가 말았어. 그 문을 꼭 열어봐야만 했어, 너무 두려웠지만…" "아~~ 그때는 내가 너무 잘못했어, 창피해서 어떡하지? 그 실수를 어떻게 사과해야 하지?"

이 책을 한번 다시 읽으면서 그 장소들을 꼭 다시 가보고, 그 벽장문을 완전히 열어보기를 부탁한다. 그리고 아무리 창피한 일도, 또 아픈 일도 담대하게 용기를 내서 대면하기를 부탁한다. 혼자서 적당히 해결하려 하지 말고 가족 중의 누군가와 함께하기를 권한다. 그리고 주님이 당신 옆에서 당신을 도우신다는 것을 절대로 잊지 마시라. 그러면 당신은 그곳에서, 그 벽장 속에서, 또 그 창피한 일이 벌어진 곳에서 당신의 영혼을 소생시키며 당신의 온 가족들을 멋지게 살려내는 절대로 마르지 않는 생명의 샘을 발견하게 될 것이다.

이 책을 한번 다시 읽으면서 그 장소들을 꼭 다시 가보고, 그 벽장문을 완전히 열어보기를 부탁한다. 그리고 아무리 창피한 일도, 또 아픈 일도 담대하게 용기를 내서 대면하기를 부탁한다. 혼자서 적당히 해결하려 하지 말고 가족 중의 누군가와 함께하기를 권한다. 그리고 주님이 당신 옆에서 당신을 도우신다는 것을 절대로 잊지 마라. 그러면 당신은 그곳에서, 그 벽장 속에서, 또 그 창피한 일이 벌어진 곳에서 당신의 영혼을 소생시키며 당신의 온 가족들을 멋지게 살려내는 절대로 마르지 않는 생명의 샘을 발견하게 될 것이다.

이제 당신은 한 걸음 더 나갈 수 있다. 아니 더 나가야만 한다. 당신의 생명 샘에서 나오는 생명수를 이웃에게 전하는 일이다. 그들의 눈이 당신의 눈처럼 열리게 도와주는 것이다. 물론 치유하시는 의사는 오직 예수님이시다. 그러나 전능하신 주님도 혼자서 이 일을 이루시기를 원하지 않으신다. 우리와 함께 일하기를 원하신다. 우리에게 중요한 일을 부탁하신다. 어디로 가서 누구에게 치유를 받아야 할지를 모르는 아픈 사람들을 응급 처치를 하며 주님께로 데려오는 일이다. 그 과정을 반복하면서 당신은 서서히 주님의 간호사가 되어갈 것이다. 주님과 함께 일하는 멋있고 보람 있는 삶이 되어 갈 것이다

독자후기

책을 읽고 제게 찾아온 빛

　목사님의 관심과 사랑에 참 감사합니다. 여태껏 "삶은 그냥 적당히 포기하고 용서하는 거야." 하며 살아왔습니다. "마음 속 깊은 진실한 이해와 용서"가 우리 부부 사이에 가능한 일이라고 기대한 적이 없었습니다. 그런 저희 부부에게 2009년 3월은 참 사랑이 회복되는 순간이었습니다. 저는 그 은혜의 시간을 잊을 수 없습니다.

　뉴저지 집회를 마치고, 우리가 차를 타고 집으로 돌아오는 길이었습니다. 남편에게 책에 있는 목사님의 운동화 이야기를 해주었지요. 저는 남편의 지나친 LP판 수집(오디오 마니아거든요)의 문제를 풀어보려고 시도한 것인데, 별 반응이 안 나오더라고요. 그래서 오히려 저 자신의 그림물감 사재기에 대해 말하기 시작했습니다. "나도 물감을 많이 사재기는 하지." 하면서요. 사실 참새가 방앗간 못 지나가듯이, 저는 화방에만 가면 물감을 수 백불 어치씩 사오곤 했거든요. 한국은 물감이 저렴한데, 캐나다는 한 개에 10불 정도하니 엄청 부담되었지만, 저는 물감과 붓을 잔뜩 쌓아놔야만 했지요.

　저는 그림 그리기에 소질이 있어서, 어렸을 때 상을 많이 탔답니다. 미술 시간이 끝나면 다음 날 아침 거의 항상 제 그림이 교실 뒷벽에 붙곤 했거든요. 그런데 그 순간 신기하게도 초등학교 5학년 때 교실 뒷벽을 바라보고 있는 친구들과 제가 보였어요. 제 귀에 선명하게 "은혜는 스케치는 잘하는데 색칠이 너무 흐려……"하는 친구들의 속삭임이 들렸고요. 그 말을 듣고 슬픔에 북받치는 제가 보였어요.

조심성이 많았던 저는 네 형제가 돌려가며 사용했던 그림물감이 떨어져도, 어머니께 사달라고 한 번도 말하지 못했답니다. 다른 형제들은 그림에 별로 큰 관심이 없었지요. 저는 항상 빈 물감튜브를 짜느라 애썼습니다. 그래서 제 그림은 항상 흐렸죠. 저는 진한 물감을 칠한 친구들의 그림이 너무나 부러웠지요.

제가 남편에게 이 이야기를 할 때 눈물이 주르륵 흘렀답니다. 얼마 후에 휴게소에 잠깐 내렸는데, 차 밖으로 나오는 순간 마음이 너무 가볍고 기뻤어요. 그래서 남편에게 "어머, 나 물감 얘기하면서 치유 되었나봐. 너무 마음이 기뻐요." 하고 고백했답니다.

저는 집에 와서도 책을 계속 읽으면서 기막힌 치유를 경험했습니다. 우리 큰아들은 능력이 참 많은데도 수줍어하고 소극적이어서 항상 걱정이었지요. 작은딸 아이는 자기 밥그릇을 다 챙기는 편이죠. 큰아이는 물어보지도 않고 "엄마, 그런 건 안 돼."하고 스스로 포기하는 경우가 많고요.

책을 읽으면서 큰 아이 임신 때를 생각해보니 제가 우울증에 많이 시달렸더라고요. 큰아이 임신 전에 급성신우염 때문에 임신했던 아이를 포기해야만 했었거든요. 저는 죄책감에 매일 악몽을 꾸는 상태에서 그다음 아이 (지금의 큰아이)를 임신했고, 열 달 내내 악몽을 꾸고 슬퍼했어요. 아이를 품에 안으면 그냥 재가 되어 없어져 버리는 꿈이었지요. 그런 사실을 남편이나 친정엄마에게도 말하지 않고 혼자 앓았던 것 역시 제가 "말이 없고 조심성 많은" 사람이었기 때문이겠지요. 큰아이가 태어났는데 얼굴을 찡그리고 있더라고요. 10세까지는 굉장히 마르고 예민했었지요. 지금은 제가 너그러워지니 아이의 몸도 살찌고 느긋해졌지요.

책에 말씀하신 대로 아이에게 그 일들을 다 이야기해 주었습니다.

"아들아, 네가 자신 없어 하고 남들에게 네가 원하는 것을 제대로 표현하지 못하는 것은 네 잘못이 아니야. 엄마가 너를 임신하기 전에 마음 아픈 유산을 했고, 엄마는 그 죄책감 때문에 너무 무서운 꿈을 매일 꾸었어. 너도 엄마 뱃속에서 함께 무서워했겠지? 미안해. 엄마가 그때 신앙생활을 잘했더라면 그런 꿈이 사단이 속이는 것이라는 사실을 알았을 텐데……."

그 이후로 거짓말처럼 아들이 많이 밝아지면서 놀라운 변화가 일어났습니다. 10학년인 지금까지 어떤 말로 설득해도 한 번도 참여하지 않던 스포츠에 등록해서, 즐겁게 하는 거예요. 그것도 '럭비'를요. 친구들도 자기가 모았답니다. 선생님도 놀라고, 친구들도 "네가 웬일이냐?"하며 놀랐다지요. 하나님이 하신 치유입니다! 할렐루야!

제 작은 아이는 딸입니다. 흠 잡을 것 없는 아이인데, 밤에 잘 때 블라인드를 끝까지 내리고 불을 꼭 켜고 자지요. 새벽에 살짝 꺼 놓으면 아침에 다시 켜 있습니다. 임신인 줄 몰랐을 때(임신 3주) 여행을 가서, 두려워하며 제트 스키를 탄 것이 생각이 났지요. 그래서 아이에게 그 이야기를 해 주었습니다.

"딸아, 네가 잘 때 꼭 불을 켜고 자는 것은 엄마 잘못이란다. 네가 엄마 뱃속에 있는 것을 모르고 그 무서운 제트 스키를 탔구나. 네가 그때 엄마 뱃속에서 얼마나 무서웠겠니……. 살려주세요! 살려주세요! 그랬을 거야. 미안해. 다시 안 그럴게. 너는 엄마의 생명보다 더 소중해……."

아이는 활짝 웃으며 "괜찮아, 엄마! 난 생각도 안 나는데."라고 했지요. 몇 시간 뒤에 침대에 굿나잇 인사하러 온 아빠에게 "아빠, 엄마가 나 보고 잘 때 불 켜는 거, 하고 싶을 때까지 실컷 하랬어."라며 신나게 소리 치는 것이 제 방까지 들리더라고요. 아마, 불 켜고 자면서도 스스로 죄책감을 가졌었나 봐요. 아이가 날마다 밝아지고 있답니다.

늦었다고 생각될 때가 가장 빠른 거라고 했나요? 아직은 아이들과 함께 할 수 있는 시간이 있는 것이 얼마나 감사한지요. 저를 치유하신 하나님의 그 온전한 사랑이 아이들 가슴에 찍힌 상처의 발자국도 멋지게 메우실 것입니다.

캐나다 토론토에서, 정은혜 집사

■ 참고문헌

*** 단행본

데이빗 씨맨즈, 상한 감정의 치유- Healing for Damaged Emotions
   - (송헌복 역), 두란노, 1986.
데이빗 씨맨즈, 어린 아이의 일을 버려라- Putting Away Childish Things
   - (윤병하 역), 두란노, 1992.
데이빗 씨맨즈, 좌절된 꿈의 치유 - Living with your Dreams
   - (이갑만 역), 두란노, 1994.
데이빗 씨맨즈, 탓- if Only - (윤종석 역), 두란노, 1997.
데이빗 씨맨즈, 치유하시는 은혜 - Healing Grace - (윤종석 역), 두란노, 1990.
폴 트루니에, 모험으로 사는 인생 - (L')aventure de la vie
   - (정동섭 역),IVP,2005.
폴 트루니에, 서로를 이해하기 위하여 - To understand each other
   - (정동섭 역), IVP, 2000.
폴 트루니에, 고통보다 깊은 - Face ′a la Souffrance - (오수미 역), IVP, 2004.
폴 트루니에, 여성 그대의 사명은 - (La)mission de la femme
   - (홍병룡 역), IVP, 2004.
팀 슬레지, 가족치유 마음치유 - Making Peace with your Past
   - (정동섭 역), 요단 출판사, 1996.
데일 라이언, 중독 그리고 회복 - Addiction and recovery
   - (정동섭 역), 예찬사, 2005.
찰스 크레프트, 깊은 상처를 치유하시는 하나님
   - Deep Wounds, Deep Healing - (이윤호 역), 은성, 2003.
스티브 멕베이, 내게 찾아오시는 하나님의 은혜 - Grace walk
   - (정동섭 역), 예영, 2004.

고든 맥도날드, 내면세계의 질서와 영적 성장 - Ordering Your Private World
 - (홍화옥 역), IVP, 2004.
게리 콜린스, 효과적인 상담 - Effective Counselling
 - (정동섭 역), 두란노, 1984.
로렌스 형제, 하나님의 임재 연습 - The practice of the presence of God
 - (윤종석 역), 두란노, 1996.
제임스 답슨, 자신감 있는 자녀로 키우자 - The New Hide or Seek
 - (정동섭 역), 에스라 서원, 1974.
롤프 가복, 하루에 한 번 자녀를 축복하라 - The Family Blessing
 - (이기승 역), 두란노, 1997.
베벌리 · 톰 로저스, 영혼을 치유하는 사랑 - Soul Healing Love
 - (윤귀남 역), 예영 커뮤니케이션, 2004.
알버트 쉬, 자살을 애도하며 - Grieving A Suicide - (전현주 역), 세복, 2004.
존 그레이, 화성에서 온 남자, 금성에서 온 여자 - Men are from Mars,
 Women are from Venus - (김경숙 역), 친구 미디어, 1993.
주서택, 내 마음 속에 울고 있는 내가 있어요, 순 출판사, 1997.
주서택, 엄마 가지마, 순 출판사, 1997.
주서택, 결혼 전에 치유 받아야 할 마음의 상처와 아픔들, 순 출판사, 2001.
이성훈, 상한 마음을 찾으시는 하나님, 두란노, 1994.
정태기, 숨겨진 상처의 치유, 규장, 2002.
추부길, 행복한 임신 행복한 가정, 한국가정사역연구소, 2002.
정회성, 아버지, 이제는 사랑한다고 말할 수 있어요, 죠이 선교회, 2004.
김수지, 저는 너무 자주 화를 냅니다, 두란노, 1988.
정진호, 떡의 전쟁, 홍성사, 2005.

*** 외국 단행본

Anne Ortlund, *Children are Wet Cement*, Power Books, N.J, 1981.
David A. Seamands, *Healing of Memories*, SP Publications Inc, New
 York,1985.
David A. Seamands, *Freedom from the Performance Trap*, SP Publications
 Inc, New York, 1988.